Wolfgang Weißgerber

Eberstädter Geschichten aus zwölf Jahrhunderten

782–1982
Jubiläumsausgabe

H. L. Schlapp Darmstadt

Inhalt

I.
Eberstadt in der Karolingerzeit

A. *Die Erstnennung im Jahre 782*
1. Die älteste Urkunde — 10
2. Der Tag von Lorsch — 12
3. Eine erste Auswertung — 13

B. *Kleines Skizzenbuch von Land und Leuten*
1. Landschaft am Mittelrhein — 14
2. Die Reichsabtei Lorsch — 17
3. Die zweigeteilte Gesellschaft — 20
4. Dienheim – Stelldichein der großen Welt — 22
5. Pfungstädter Panorama — 25

C. *Ein Bild von „Eberstat"*
1. Anlage und Struktur der ältesten Siedlung — 28
2. Blick in einen Gutshof — 29
3. In Feld und Flur und Wald — 30
4. Am Sonntag in der Kirche — 32
5. Vom Essen und Trinken — 34
6. Wenn die Leute krank werden — 36
7. Riphwin und Stahal, die Eberstädter Zeugen — 39

II.
Von der Einzelhofsiedlung zur Herrschaft Frankenstein

1. Einleitung — 44
2. Die Herren von Breuberg, von Weiterstadt und von Frankenstein — 44
3. Lehen vom Reich und vom Bischof zu Mainz — 50
4. Die alte Kirche — 52
5. Das Eberstädter Straßenbild im Spiegel der Geschichte — 56

III.
Unter den Grafen von Katzenelnbogen

1. Die Obergrafschaft Darmstadt — 66
2. Burg und Herrschaft Frankenstein — 68
3. Das Dorf Eberstadt — 75
4. Die wiederentdeckten Pastoren — 80
5. Die Eberstädter Seelbücher — 86

IV.
Im Glanze der Residenz

1. Die Prinzessin mit der goldenen Kutsche — 92
2. Pilgerfahrt ins Heilige Land — 94
3. Festtage und Gerichtstage — 101
4. Einkäufe auf Messen und Märkten — 105
5. Der Katzenelnbogener Erbfall — 108

V.
Unter den Landgrafen von Hessen

1. Neuausstattung der alten Kirche — 114
2. Irmela von Frankenstein, geb. von Cleen – (1494–1532) — 115
3. Erzwungene Reformation — 122
4. Das Dorf bewahrt seine Rechte und sein Eigenleben — 126

VI.
Die Landgrafschaft Hessen-Darmstadt

1. Ein neuer Herr, das alte Lied — 136
2. Das Frankensteiner Eselslehen — 137
3. Das Schulhaus am Pfaffenberg — 139
4. Die Betzekammer und das Schützenfest — 141
5. Eine vollständige Kirchbaurechnung, 1604 — 143
6. Der Dreißigjährige Krieg — 152
7. Die Frankensteiner geben auf — 157

VII.
Nachkriegszeit

1. Pfarrer M. Agricola legt ein neues Kirchenbuch an — 162
2. Daniel Geibel, der Dorfschmied, legt ein Hausbuch an — 164
3. Pater Joseph reist zum Büchermarkt nach Frankfurt — 169
4. Diese eigenwillige Gemeinde! — 171
5. Auch Stoffelius geht auf Reisen — 173
6. Geheime Personenbeschreibung — 180
7. Lebenslauf eines achtbaren Mannes — 184

VIII.
Das Dorf im Jammertal

1. Der pompöse Rahmen — 188
2. Bauernelend — 189
3. Der beschwerliche Schulstaub — 192
4. Strafen über Strafen — 195
5. Gottesdienst und Kirchenbuße — 196
6. Die widerspenstige Braut — 203
7. Einquartierung — 205

IX.
Aufstieg zu besseren Zeiten

1. Ludwig IX., die Große Landgräfin und ihr Minister — 210
2. Neues aus dem Blättgen — 212
3. Wendel Geibel macht sein Testament — 217
4. J. W. Goethe im Eberstädter „Ochsen" — 219
5. Portrait eines Aufklärers — 223
6. Kartoffeln und Dung befördern den Wohlstand — 227

X.
Von der Postkutsche zur Eisenbahn

1. Das Monument zu Darmstadt — 238
2. Briefe an einen Studenten — 242
3. Die Rezepte der Frau Hofmetzgermeisterin — 244
4. Spaziergang nach Eberstadt — 248
5. Mit der Lokomotive „Karl der Große" nach Heidelberg — 250
6. Als Handwerksbursche unterwegs — 257
7. Der erhöhte Kirchturm — 261
8. Dorfbeschreibung 1857 — 264

XI.
Notizen aus der Chronik

1. Endstation Wartehalle — 268
2. Eine Vorstadt wächst heran — 279
3. Zwischen der Jahrhundertwende und dem Ersten Weltkrieg — 285
4. Erster Weltkrieg – Nazizeit – Zweiter Weltkrieg, Zusammenbruch — 297
5. Hoffnungsvoller Neuanfang — 303

Widmung

Hiermit widme ich das neue Geschichtenbuch meinem lieben Eberstadt, das uns nach einem über fünfzigjährigen Hiersein zur rechten Heimat geworden ist. Zu meiner besonderen Freude konnte es zur Zwölfhundert-Jahr-Feier am 1. September 1982 vorgelegt werden.

Das Buch ist eine stark erweiterte Neuauflage des ersten „Eberstädter Geschichtenbuches" von 1975, das vergriffen ist. Insbesondere ist eine ausführliche Darstellung der Karolingerzeit und ein Bild von Eberstadt, wie es um 782 etwa ausgesehen hat, hinzugekommen. Des weiteren wurden etliche Katzenelnbogener und Frankensteiner Geschichten nebst zahlreichen Ergänzungen im einzelnen aufgenommen.

Das Ganze präsentiert sich, nunmehr im neuen Gewande, mit schöner klarer Schrift und vielen Bildern ausgeschmückt, recht wohlgefällig. Möchte es daher auch mit neuem Interesse und Vergnügen betrachtet und studiert werden.

Wolfgang Weißgerber
Pfarrer i. R.

I.
Eberstadt in der Karolingerzeit

A.
Die Erstnennung im Jahre 782

1. Die älteste Urkunde

Schenkung von Walther und seiner Gemahlin Williswind in Eberstadt im 14. Regierungsjahre Karls des Großen, unseres Herrn, unter Abt Helmerich

Wir, Walther und meine Gattin Williswind, machen im Namen Gottes eine Vergabung an den heiligen Märtyrer Christi Nazarius, dessen Leib in dem in pago rinensi (im Oberrheingau) am Flusse Wisscoz (Weschnitz) gelegenen Kloster Laur (esham = Lorsch) ruht. Sie gelte in gleicher Weise jener heiligen Gemeinschaft von Mönchen, welche ebendort Gott dienen, und denen bekanntlich der ehrwürdige Helmerich als Abt vorsteht. Wir wünschen, daß unsere Gabe für alle Zeiten bestehen bleibe und bestätigen, daß sie durchaus freiwillig erfolgt. Wir schenken unseren Grundbesitz in pago rinensi (im Oberrheingau), und zwar in Eberstat, nämlich alles, was wir, wie allgemein bekannt, dort haben. Wir übergeben Hofreiten, Felder, Wiesen, Weiden, Wege, Wälder, Wasserstellen und Wasserläufe. Wir übergeben und übertragen alles zusammen vom gegenwärtigen Tage an aus unserem Besitz- in das Herrenrecht des Hl. Nazarius. In Gottes Namen soll es sein ewiges Besitztum bleiben. Von heute an soll es jener heiligen Stätte beziehungsweise den Vorstehern derselben jederzeit zum Nutzen und zur Ertragsmehrung dienen.

Laut vorliegender Fertigung geschehen im Kloster Laur (esham = Lorsch) am 1. September (782). Handzeichen von Walther und seiner Ehefrau Williswind, welche diese Schenkung erstellt haben. Handzeichen der (Zeugen) Riphwin und Stahal. Ich, Donadeus, habe dieses geschrieben.

Deutsche Übersetzung nach K. J. Minst
Urkunde 230 (1. September 782 – Reg. 1771)

Donatio walthers ē̄ ūgis ei willisuuinde in oberstat. Anno VIIII. regni
Nos Indi noie walthers ꝛ uxor mea suuillisuuinda dona- dñi ñri karoli ꝛꝛa
mus ad scm nazariū m̄rem api q̄ requiescit in corpe qui. Helmericho ab
in pago renensi in monasterio qd uocat̄ laures̄ sup fluuium bate.
wisgoz situ. ut ad illā scām ēgregationē monachoꝛ quę
ibidē dō seruire uidet̄. ubi ꝓnūc uenerabilis helmericus
abbas ꝑ ē̄ dinoscet̄. donatiūq; ī ꝓpetuū ē̄ uolum̄ epm
ptissima uoluntate ōfirmam̄. hoc ē̄ rem n̄rām in pago
renensi in oberstat. q̄d q̄d ibi uisi fuim̄ hr̄e. tā mansis eam
pis pt̄s. pascuis. p̄uis siluis. aq̄s. aquariū ue decursibus.
ad integrū adie p̄sente deuut̄ m̄o. in uis ꝑdominatione
scī nazarii tradim̄. atq; transfundim̄. in dī noie ꝑpetū
alit̄ ad possidendū. ita ut abbas ꝑsenti die ad ipsū locū scm
ut ad agentes ipsius oīm tempe ꝑficiat in aug̃mtūl Stipul-
sub nixa. debit in moīi laures̄ sub die. kl̄. sept. Sig̃ walthi
ē̄ ūgis ei willisuuinde. q̄ hanc donationē fieri. ē̄firma
ri rogauerī. ❡ Ruphwin. Stahel. Ego donad scripsi.

Ersturkunde vom 1. September 782

2. Der Tag von Lorsch

Der Stadtteil Darmstadt-Eberstadt wird unter dem 1. September 782 erstmals in der Geschichte urkundlich genannt, und zwar in einer Schenkungsurkunde. Walther und Williswind übergeben ihren Besitz in „Eberstat im Oberrheingau" dem Kloster Lorsch.
Der Vertragsabschluß wird in Lorsch im Beisein der Schenkgeber und ihrer Zeugen Riphwin und Stahal vollzogen. Das Original ist nicht mehr vorhanden. Doch hat ein vorsorglicher Abt in der zweiten Hälfte des 12. Jahrhunderts sämtliche 3836 Urkunden in einen riesigen Folianten übertragen lassen. Diesem „Lorscher Kodex" verdanken wir nun auch die Kenntnis von der Eberstädter Schenkung.

**Ausschnitt aus der Ersturkunde 782:
in der Mitte der Name „Eberstat"**

3. Eine erste Auswertung

Diese Urkunde gibt auf den ersten Blick nicht allzuviel her. Doch steht eine Reihe von Hilfsmitteln zur Verfügung: die zahlreichen Urkunden aus benachbarten Orten, die genaue Kenntnis der Landschaft am Mittelrhein, zu der unser Ort gehört, und nicht zuletzt die Erträgnisse gerade der jüngsten historischen Forschung. Mit dem allem erscheint jenes ferne und fremde „Eberstat" bald in einem unerwartet helleren Lichte.

Der Name Eberstat leitet sich nach Hans von der Au von einem Personennamen, nämlich Eberhard, und nicht von einem Eber ab, woran wir festhalten möchten. Die Orte mit der Endsilbe -stat (= Ort, Platz oder Gehöft) rechnet man dem 7. Jahrhundert zu.

Hierbei müssen frühere Angaben berichtigt werden, nach denen Eberstadt aus einem königlichen Forsthof, einer Wildhube der Dreieich, hervorgegangen sei. „Eberstat" gehörte niemals zum Wildbann Dreieich (wie sich hier auch kein Königsland befand), sondern zu dem südlich anschließenden Forstbezirk Forehahi, dem Föhrenwald, der sich bis zur Weschnitz erstreckte. Die Modau bildete hier eine deutliche Grenze.

Die Schenkung von Walther und Williswind umfaßte offensichtlich einen einzelnen Gutshof mit allem Zubehör, Hofreiten, Feldern, Wiesen und Wäldern. Daneben gehörten weitere Gutshöfe zum Ort.

Von den Schenkgebern selbst liegen keine genaueren Nachrichten vor. Um so reicher fließen die Quellen hinsichtlich der Zeugen Riphwin und Stahal.

Zur weiteren Kenntnisnahme soll nun zuerst eine Umschau in der Landschaft am Mittelrhein folgen, zu der „Eberstat" gehört.

B.
Kleines Skizzenbuch von Land und Leuten

1. Landschaft am Mittelrhein

Es gibt keinen Ort, der für sich allein lebt. Jeder Ort wie auch jede Gemeinschaft ist in eine bestimmte Landschaft eingebettet, in ihrer Geschichte verwurzelt, mit ihren Geschicken auf Gedeih und Verderb verbunden.

Eberstadt gehört zur Landschaft am Mittelrhein, die von den großen Strömen Main, Rhein und Neckar und vom Odenwaldgebirge begrenzt ist. Man kann sie zur Karolingerzeit sehr wohl als eine hochentwickelte Kulturlandschaft bezeichnen.

Im Blick auf die Anlage der Siedlung „Eberstat" haben wir im besonderen auf die ökonomischen Verhältnisse zu achten, die in der seitherigen Heimatkunde ein wenig zu kurz gekommen sind.

Das Hauptpotential der karolingischen Wirtschaft bildet mit etwa 80 % Anteil die Landwirtschaft. Grund und Boden befinden sich zu je einem Drittel in der Hand des Königs (fiscus), der Klöster und einer großen Anzahl privater, meist adliger Grundbesitzer. Die Königshöfe, Klosterhöfe und privaten Gutshöfe sind als landwirtschaftliche Großbetriebe anzusehen, die auf Gewinn, genauer auf Produktion, Absatz und Export angelegt sind, wie wir heute sagen würden.

Unter Karl dem Großen erlebt die Landwirtschaft einen bedeutsamen Aufschwung durch verbesserte Planung, verbesserte Ausnutzung des Bodens, verbesserte Geräte, darunter beispielsweise den eisernen Pflug auf Rädern, Hufeisen für die Pferde, Ausbau der Wassermühlen und anderes mehr.

Starke Impulse zur Intensivierung der Landwirtschaft gehen nicht zuletzt von den Klöstern aus, z. B. Lorsch, Fulda, Prüm (Eifel), Weißenburg (Elsaß), die allesamt nach der Regel des hl. Benedikt leben mit ihrem berühmten Grundsatz: Bete und arbeite.

„Hier wird zuerst mit der Zeit gewirtschaftet, der Tag vernünftig eingeteilt und ausgenutzt, das Vergehen der Stunden gemessen und durch Glockenschlag verkündet. Das Prinzip der Arbeitsteilung wird zur Grundlage der Produktion und wird auch im Ver-

Karl der Große im einfachen fränkischen Gewand
und eine seiner Frauen, 817—823

hältnis der verschiedenen Klöster zueinander durchgeführt" (Pörtner). Es besteht kein Zweifel, daß sich Gleiches auf den Königshöfen und den Gütern der privaten Grundherren vollzogen hat.

Unter diesen Voraussetzungen spielen Warenaustausch, Handel und Verkehr eine besondere Rolle. Hierfür stehen in der Karolingerzeit die meist noch intakten Römerstraßen zur Verfügung, dazu die Wasserwege Neckar, Rhein und Main und die Märkte einschließlich der Hauptumschlaghäfen in Mainz.

Am Schiffsverkehr sind die königliche Flotte mit ihren kleineren Boten wie auch die großen seetüchtigen Schiffe der friesischen Händler beteiligt. Königshöfe und Klöster haben ebenfalls eigene Boote.

Ein aufsehenerregender Fund wurde vor mehreren Jahren in dem ehemaligen, versandeten Hafen Dorestad (Holland) gemacht. Man entdeckte sechzehn Brunnen, deren Verschalung aus ursprünglichen Faßdauben bestand, und diese wieder gehörten zu den Weinfässern, in denen die Händler ehedem die rheinischen Weine bis nach England und Skandinavien verschickten. Diese Annahme wurde durch die Untersuchung des Holzes belegt. Es erwies sich, daß das Eichenholz der Weinfässer den Funden in Altrip am Rhein bei Ludwigshafen wie auch an der bekannten Einhardsbasilika im Odenwald aufs Haar glichen.

Im Großhandel kommen aus England Textilien, Blei und Fische, aus Rußland über Skandinavien Honig, Wachs und Felle, aus Südfrankreich und Italien Gewürze, Früchte und Öl. In den Mainzer Häfen werden Getreide aller Art, Wein, Salz und Lebensmittel umgeschlagen.

Aus der Eifel bringen die friesischen Händler die Mayener Kochtöpfe und vom Kölner Vorgebirge Keramikerzeugnisse auf der Rückfahrt mit nach Hause. Im Hafen von Dorestad fanden sich schließlich die klassischen „Pilgerflaschen", die auf den Kreuzzügen gebraucht wurden und später in ihrer Form zum bekannten „Boxbeutel" der fränkischen Weine wurden.

Auf größeren Königs- und Klosterhöfen waren allerlei Werkstätten im Betrieb, besonders Manufakturen für Wolle- und Leinenbekleidung. Daraus erklärt sich der überwiegende Anteil von Frauen im Heer der Leibeigenen. Unter anderem wurde das friesische Manteltuch hergestellt, von dem Karl der Große seinem „Freunde", dem Kalifen Harun al Raschid (aus „Tausendundeiner Nacht"), einige auserlesene Stücke zum Geschenk übersandte. Als Gegengabe bekam er u. a. vom Kalifen einen weißen Elefanten. Als dieser dem König sogar in den Sachsenkrieg folgen mußte, ging er in den kalten nordischen Wäldern elend zugrunde.

2. Die Reichsabtei Lorsch

Zur Geschichte

Der Name Lorsch ist eine Verkürzung des Wortes „Lauresham", eines Ortes an der Weschnitz westlich von Bensheim. Hier besaßen der Gaugraf Cancor und seine Mutter Williswind einen Gutshof, den sie im Jahre 764 ihrem Verwandten, dem Erzbischof Chrodegang von Metz, zur Einrichtung eines Benediktinerklosters übergaben. Sechzehn Mönche aus dem Reformkloster Gorze in Lothringen richteten sich darin ein. Ein Jahr später bekamen sie durch Chrodegang von Papst Paul I. die Gebeine des stadtrömischen Heiligen Nazarius als kostbare Reliquie übersandt. Sie wurden in der Lorscher Peterskirche neu bestattet und fanden in kürzester Zeit eine weitreichende Verehrung.
Nachdem sich die Lage des Klosters im Weschnitzgrund als ungünstig erwiesen, begann man schon 767 mit einem völligen Neubau auf einem benachbarten Hügel. Das Grundstück stiftete Graf Thurincbert, Bruder des Grafen Cancor.
„Lorsch war also eine Stiftung der mächtigen ostfränkischen Grafenfamilie der Rupertiner, die damals eine führende Rolle im fränkischen Reiche spielte und ihrem Kloster damit von vornherein eine auch politisch hervorragende Stellung anwies. Doch bald geriet Lorsch (wie vorher Fulda) unter die königliche Schutzherrschaft. Dazu bot der Streit zwischen dem Kloster und Heimerich, dem Sohn seines Gründers, der Ansprüche auf Lorsch erhob, den Anlaß. Er kam damit vor dem Pfalzgericht zwar nicht durch, jedoch sah sich Abt Gundeland veranlaßt, das Kloster 772 dem königlichen Schutz zu unterstellen. Lorsch wird somit Reichsabtei." (K. Demandt).
Am 1. September 774 konnte die neue Abteikirche St. Peter mit den Reliquien des hl. Nazarius durch Erzbischof Lul von Mainz feierlich geweiht werden. Es assistierten die Bischöfe von Trier, Würzburg, Metz und Passau. Solche Reisen legte man damals offenbar mühelos zurück. Mit Stolz vermerkt die Klosterchronik, daß auch der König, Karl der Große, mit seiner Familie und dem gesamten Hofstaat an den Feierlichkeiten teilnahm.

Das Kloster – eine kleine Stadt

Zunächst ist es ein Ort der Stille, der Eucharistie und des Gebetes, der Wissenschaft und der Kunst. In seinen Gärten werden „Rosen, Verbenen und Nelken um des schönen Anblicks und des Duftes wegen gezogen" (Ric. Huch).

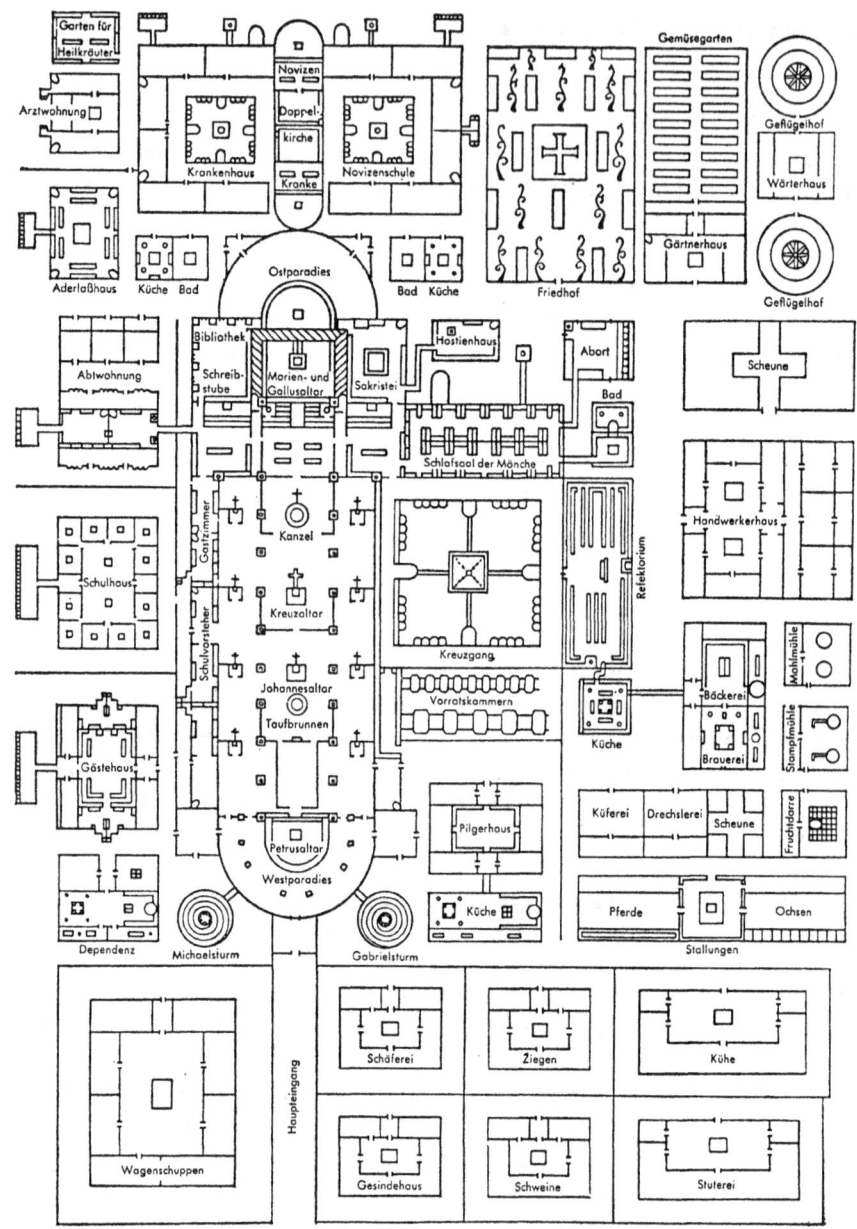

St. Gallener Klosterplan um 820

Daneben aber ist die Abtei ein „ungeheurer Komplex von Wohnhäusern, Kirchen, Werkstätten, Lagerhäusern, Schreibstuben, Schulen, Krankenhäusern und Arbeitshäusern" (bei Pörtner).
Um das Jahr 820 ist ein Modell eines benediktinischen Klosters, der St. Gallener Klosterplan, entstanden. Siehe die Abbildung, zu der wir einen kurzen Überblick geben. Die Mitte bildet die Kirche mit zahlreichen Altären, Taufbrunnen, Kanzel und Sakristei. Daran schließt sich die Klausur an, der den Mönchen vorbehaltene Trakt mit dem Refektorium, dem Speisesaal, den Schlafsälen, Küche, Vorratskammer, Bädern und Abort. An die Kirche angeschlossen sind schließlich die Residenz des Abtes, Schreibstuben und Bibliothek.
Auf der linken Seite des Planes finden wir Gästehäuser und das Schulhaus. Die obere Seite nimmt die „medizinisch-pharmazeutische" Abteilung ein: Krankenhaus, Aderlaßstuben, Ärztehaus, Heilkräutergarten, Küche und Bäder. Es folgt die hierzu gehörige Kirche, die aber zur Hälfte den Novizen zugeteilt ist, die nebenan untergebracht sind. Der Friedhof schließt sich an.
Auf der rechten Seite breiten sich die Ökonomiegebäude samt Werkstätten aus. Es fehlt hier nichts, was zur Ernährung und Unterhaltung der kleinen Stadt notwendig ist.
Im Schatten der Kirche finden sich schließlich das Pilgerhaus mit eigener Küche, Gesinde- und Vorratshaus. Soweit der St. Gallener Klosterplan.

Die hohe Bedeutung der Reichsabtei auf wissenschaftlichem und künstlerischem Gebiet kann hier nur angedeutet werden. Ihre Bibliothek galt lange Zeit als die umfassendste und großartigste in ganz Deutschland.
„Die Lorscher Torhalle ist eines der eigenartigsten und schönsten Bauwerke der karolingischen Epoche, die in unserem Lande vorhanden sind. Es ist kein Sakralbau, sondern als Triumphaltor zu deuten, das ganz aus römischer Tradition geschaffen ist und offensichtlich zum repräsentativen Empfang der Könige auf ihren zahlreichen Besuchen im Kloster diente." (K. Demandt).
Ob die Leibeigenen und kleinen Leute in Eberstadt davon wußten, ist mehr als fraglich. Trotzdem darf angenommen werden, daß die Siedlung seit der Schenkung des Gutshofes durch Walther und Williswind 782 in den Einflußbereich Lorschs einbezogen worden ist.

3. Die zweigeteilte Gesellschaft

Durch die Gesellschaft des Frankenreiches zieht sich, wie seit eh und je in den germanischen Völkern, ein tiefer, schier unübersteigbarer Graben. Es ist dies die Trennung zwischen den Freien und den Unfreien. Die Freien haben alle „bürgerlichen" Rechte inne, während die Unfreien, das sind die Hörigen und Leibeigenen, praktisch fast rechtlos sind.
Maßgebend für die Zugehörigkeit zu der einen oder der anderen Gruppe ist die Abstammung, die Geburt. Wer von Freien geboren ist, ist frei, und wer von Unfreien geboren ist, ist eben unfrei. In der Regel bleibt er es auch sein Leben lang, obwohl unter gewissen Umständen Freilassung möglich ist. Persönlich hat jeder Unfreie einen Herren „über sich".
Die Unfreiheit beruht in der Wurzel auf der völligen Rechtsunfähigkeit dieses Standes. Der Hörige oder Leibeigene – um diese Begriffe einmal zur besseren Übersicht anzuwenden – kann keine Rechtsgeschäfte abschließen. Er darf seinen Ort nicht ohne Erlaubnis verlassen; von irgendeiner Freizügigkeit ist also keine Rede. Die persönlich einschneidendste Fessel liegt darin, daß der Unfreie ohne die Genehmigung seines Herrn nicht einmal heiraten darf. Umgekehrt kann ihm der Herr aber nach Gutdünken eine Lebensgefährtin bzw. einen Lebensgefährten zuweisen. Daß die Prügelstrafe seitens des Herren Rechtens ist, ist in diesem Zusammenhang kaum verwunderlich.
Manche Gutsherren nutzen die Abhängigkeit ihrer jungen Mägde schamlos aus, indem sie ihnen keine Heiratserlaubnis geben. Die Folge ist das (für den Herren billigere) Konkubinat. Die Kinder aus solchen Verhältnissen bilden zugleich den billigen Nachwuchs für den Hof.
Solche und ähnliche Methoden bleiben natürlich nicht unwidersprochen. Hier sind es vor allem die Bischöfe, z. B. ein Jonas von Orléans oder der weitsichtige Abt zu Fulda, Hrabanus Maurus, die in Fastenpredigten und Schriften die Verwilderung schonungslos geißeln. Auch Einhard, der Biograph Karls des Großen, ist den Unfreien stets zur Hilfe bereit.
Doch aufs Ganze gesehen „konnten auch sie sich nicht vorstellen, wie eine Gesellschaft ohne Stände aussehen würde" (Fr. Staab). Offenbar waren die alten Traditionen trotz aller Christlichkeit in den Seelen der Menschen und damit auch in ihren Vorstellungen noch allzu tief eingewurzelt.
Auf der anderen Seite zeigen die wirtschaftlichen und sozialen Verhältnisse der Unfreien eine weitgehende Differenzierung. Der selbständig wirtschaftende Hörige ist naturgemäß besser dran als

Einhardsbasilika 827, Inneres nach Osten

der Leibeigene im Gesindehaus. Zwar muß auch jener die Drei-Tage-Fron (drei Tage Arbeit auf dem Herrenhof) und eine gehörige Portion von Abgaben und sonstigen Diensten leisten. Er hat aber seine Wohnstätte, Scheune und Stall und das nötige Ackerfeld, um auskömmlich leben und – bei Fleiß und Anstelligkeit – auch ein Stückchen Geld auf die Seite legen zu können.
Doch selbst die Leibeigenen, die als Diener des Herren bzw. als Kammerzofe der Herrin eingesetzt sind, leben gewiß erträglicher als der Kuh- und Schweinehirt in den Wäldern oder die ledige Kuhmagd mit ihren 4 oder mehr Kindern, die vom Herren keine Heiratserlaubnis bekommen hat.

Anmerkung: Den langen Weg, der vom ursprünglichen reinen Schutzbedürfnis in die totale Abhängigkeit führte, können wir hier nicht im einzelnen nachzeichnen.

4. Dienheim, Stelldichein der großen Welt

In diesem heute noch bekannten Weinort südlich von Oppenheim am Rhein waren rund 200 private Grundherren in irgendeiner Weise begütert, wenn auch kaum einer dort ansässig war. Daneben hatten nicht weniger als sieben bekannte Klöster ihre Liegenschaften: Lorsch, Fulda, Hersfeld (die drei Reichsabteien) sowie St. Maximin in Trier, St. Alban in Mainz, Prüm in der Eifel und Weißenburg im Elsaß.
Zur Gemarkung zählte reichliches Ackerfeld sowie 500 Weinberge größeren oder geringeren Ausmaßes.
Zudem befand sich am Ort ein Königshof mit einer Eigenkirche, eine Schiffslände (vielleicht sogar ein Hafen), ein Markt mit einer öffentlichen Kelter und einer öffentlichen Waage.
Um diese Waage hatte Graf Ruprecht II. vom Oberrheingau um das Jahr 796 einen Rechtsstreit mit der Abtei Fulda vor dem königlichen Kammergericht zu schlichten. Das Kloster gewann ihn. Eine Auswahl „edler Männer" aus der gehobenen Gesellschaft gehörte dem Gericht als Schöffen an, darunter der Vizegraf Zeizo (s. u. bei Pfungstadt), der Zentenar (Urkundenführer) Waluram, Vater des berühmten Abtes Hrabanus Maurus zu Fulda und späteren Erzbischofs zu Mainz, und viele andere.
Ferner wären aus dem Hochadel zu nennen die Bischöfe Ermbrecht von Worms, Richbod von Trier, Freido von Speyer und Abt Ansuer von Prüm, die alle in Dienheim begütert sind.
Auch einige geistliche Damen sind hier zu finden, wie die Äbtissin Aba, die ein ganzes Kloster im Rodgau ihr eigen nannte, und die be-

rühmte „ancilla dei" (Magd Gottes) Ada von Bretzenheim bei Mainz, Stifterin des berühmten Ada-Kodex', eines kostbaren Evangeliars. Und wie sollte auch Riphwin fehlen, der mit seinem Bruder Stahal 782 die Eberstädter Schenkung bezeugte?
Vor diesem imposanten Bilde ist die Bezeichnung „Stelldichein der großen Welt" für Dienheim wohl berechtigt. Wer in der Gesellschaft links und rechts des Rheines nur irgend Rang und Namen hat, scheint hier zum mindesten ein Äckerchen oder einen kleinen Weinberg sein eigen zu nennen. Selbstverständlich kennt man einander persönlich, pflegt Besuch, Freundschaft und Verwandtschaft, betreibt miteinander Geschäfte und hie und da wohl auch eine Eheberedung.
Auf der Gegenseite stellt sich jedoch für den Ort selbst eine ganz praktische Frage, die gerade hier nicht zu kurz kommen sollte. Sie heißt: Wer aber trägt die Last und Hitze der täglichen Arbeit? Wer hält die Hofreiten und Straßen in Ordnung? Wer führt die Organisation, Planung, Einteilung und Beaufsichtigung bei der Aussaat, der Heumahd, der Getreideernte und der Weinlese? Wer besorgt den Transport von Frucht und Öl und Wein zu den Märkten, zu den Klöstern, zu den weit im Lande verstreuten Grundherren, die in Dienheim Besitz haben?
Hier geben vor allem die Urkunden aus den Klöstern Aufschluß. Die ganze Arbeit liegt in der Hauptsache auf den namenlosen Leibeigenen, Frönern, Hörigen und kleinen Zinsbauern im Dorf!
In den Stoßzeiten, Ernte und Weinlese, werden beispielsweise Arbeitskolonnen aus einem dem Kloster hörigen Nachbarort zusammengestellt, die einander aushelfen. Für die gegenseitige Verbindung zwischen Dienheim und auswärtigen Grundherren gibt es einen regelmäßigen Kurierdienst zu Pferde. Auf den Gütern am Rhein, z. B. in Westhofen, Gernsheim, Nierstein, sind die Hörigen zu Schiffsdiensten und Transporten verpflichtet. Das Kloster Weißenburg im Elsaß unterhält eine ganze Schiffsflottille.
Ein Weintransport zur Abtei Prüm in der Eifel, wo die geistlichen Herren auch etwas von ihrem Dienheimer Wein genießen wollen, geht folgendermaßen vor sich. Von Dienheim werden die Fässer mit dem Schiff nach St. Goar gebracht, wo das Kloster eine Niederlassung mit einem Rasthaus unterhält. Hier wird auf die schweren Karren umgeladen, die meist von Ochsen gezogen werden, und die lange Reise über den Hunsrück nach Trier und weiter über Mayen und Bittburg beginnt, mit einigen Stationen unterwegs.
Es liegt auf der Hand, daß diese erstaunliche Organisation nicht allein von „stumpfsinnigen Leibeigenen, die nicht auf drei zählen können", allein getragen wird. Unter den zahlreichen selbstwirtschaftenden Hörigen (s. o. B/3) sind genug helle Köpfe, Praktiker

Karrenfahrer (karolingische Kopie)

und einsatzfreudige Leute, die den Betrieb (nach Anordnungen des Grundherren) weithin selbst leiten können. „Dies alles wäre völlig unmöglich gewesen ohne die Leibeigenen und selbständig wirtschaftenden Hörigen – auch nicht unter Zuhilfenahme moderner Fahrzeuge und Maschinen" (Fr. Staab).

5. Pfungstädter Panorama

Während Eberstadt nur über die eine Urkunde aus der Karolingerzeit verfügt, besitzt das benachbarte Pfungstadt deren sechs. Da beide Orte nahe beieinander liegen und die gleiche Struktur der Einzelhofsiedlung aufweisen, können uns die dortigen reichhaltigen Urkunden als ideales Vergleichsbild dienen.

Dorf und Gemarkung

Zur weitausgedehnten Gemarkung zählen außer dem Dorfe selbst die Weiler Hasalahe und Geroldeshusa (s. u. Hähnlein). Die „phungestetero marcha" bietet ein farbiges Bild an fruchtbarem Ackerland, Wiesen und Weiden, Gemüsegärten und Obstplantagen, Straßen und Wegen, Brunnen und Wasserläufen.
Unter den stattlichen Gutshöfen wird ein „Herrenhaus" in Geroldeshusa besonders hervorgehoben. Zu den Höfen gehören die Wohnstätten der selbständig wirtschaftenden Hörigen. An der Modau werden fünf Mühlen und zwei Mühlplätze genannt. Dabei taucht erstmals auch der Name des Flusses auf: die „Muotdaha".

Die adligen Grundherren

Unter ihnen finden sich einige, die zweifellos als „repräsentativ" für die Oberschicht am Mittelrhein anzusehen sind.
Gleich der erste, Werinher, wird in einer Schenkungsurkunde von 785 genannt. Er stammt aus dem Geschlechte der Vidonen, aus dem die deutschen Salierkaiser hervorgegangen sind. Seine Frau Engiltrud ist eine Rupertinerin, und zwar die Enkelin der Klosterstifterin Williswind.
In den Jahren 792 und 804 tritt der Vizegraf und Großunternehmer Zeizo auf, dessen zweite Frau Helmswind mit der königlichen Familie verschwägert ist. Ihre Kusine Geilswind ist mit dem Grafen Udo verheiratet, dem Bruder der Königin Hildegard, dritte Ehefrau Karls des Großen.

Als dritten nennen wir Batdagis, einen Vasallen des Grafen Guntram, der im Auftrag seines Herren 837 eine Schenkung in Pfungstadt tätigt. Der Graf ist mit der Rupertinerin Otthrud verehelicht. Seine Eltern sind Waluram, hoher königlicher Beamter, und Frau Waltrada, die in Hofheim, dem heutigen „Philippshospital" bei Goddelau, einen Alterssitz haben. Deren älterer Sohn ist Hrabanus Maurus, Abt zu Fulda.

Die Zeugenliste dieser Schenkung führt Graf Rupert IV. an, der als Robert der Tapfere in die Geschichte einging. Er ist der Begründer des französischen Königshauses. An zweiter Stelle der Liste steht Engilhelm, Vasall des Grafen Werinher. Er residiert mit seiner Frau Moda in einem „Herrenhof mit vornehmem Wohnhaus" zu Dornheim bei Groß-Gerau.

Dieser Graf Werinher wird schließlich (um 830) als Gaugraf im Oberrheingau Nachfolger der Rupertiner, die in ihr Stammland in Ostfrankreich zurückkehren.

In der langen Liste von 62 Zeugen zu Pfungstadt ist schließlich auch Riphwin zu finden, der 782 mit seinem Bruder Stahal den Zeugendienst bei Walther und Williswind leistete. Hier tritt er mit einem weiteren Bruder Giselhelm auf, und zwar bei dem Vizegrafen Zeizo.

Die Unternehmungen des Herrn Zeizo

In der Schenkung des eben genannten Zeizo von 804 fallen drei ungewöhnliche Posten auf, die wir sonst in keiner anderen um diese Zeit im ganzen Oberrhein- und Ladengau gefunden haben: Das „Beutelwerk" in einer Mühle in Pfungstadt, „Leinenzeug und Hausrat" in Hasalahe und ebenda 17 mit Namen genannte Leibeigene. Hierbei scheint sich Zeizo als fortschrittlicher Unternehmer zu erweisen.

Das Beutelwerk ist eine technische Neuerung. In den herkömmlichen Mahlmühlen wird das Mahlgut durch einen Durchlaß (Zargen) in der Holzeinfassung des unteren Mühlsteines direkt in die Mehlkiste befördert. Hier ist nun an den Zargen ein Leinensack angehängt, in dem das Mahlgut mittels eines vom Mühlrad bewegten Getriebes kräftig gebeutelt (geschüttelt) wird. Das feine Mehl dringt durch den Leinensack und fällt in den darunterstehenden Mehlkasten. Die grobe Kleie wandert weiter in einen zweiten Kasten.

Der zweite auffällige Posten sind das „Leinenzeug" und der „Hausrat", die neben einigen Gebäuden in Hasalahe an das Kloster Lorsch übergehen. Wir schätzen, daß hierin ein besonderer Wert steckt, sonst hätte man diese Posten nicht so hervorgehoben. Es

handelt sich wahrscheinlich um größere Bestände, Material, Halbfertig- und Fertigwaren einer Manufaktur und einer Werkstatt für Holzgeschirre, die im Inventarverzeichnis nicht fehlen durften.
Damit dürften sich schließlich die 17 Leibeigenen erklären, die man bisher für einen Rodungstrupp hielt. Bei näherem Zusehen stellt sich nämlich heraus, daß unter den 17 nicht weniger als neun Frauen sind, die man sich nur schlecht mit schweren Äxten bewaffnet in den Wäldern vorstellen kann. Viel eher passen sie in ein „Mägdewerk", eine Spinn- und Webstube, wie sie oft auf den Königshöfen zu finden sind. Warum aber sollte der tatkräftige Zeizo nicht auch eine solche Manufaktur in Hasalahe betrieben haben? Der große Vorrat an „Leinenzeug" bestätigt diese Annahme.
Genauso liegt es mit dem Hausrat, den die acht Männer von den 17 in einer Drechslerei und Schreinerei hergestellt haben.
Der Originalität halber setzen wir die Namen der 17 hierher: Männer Willigis, Ruottis, Dietergis, Liobger, Ratger, Erpger, Embricho, Nantger; Frauen Otbreth, Hilditrud, Lioblind, Ruotheit, Duoda, Wigbreth, Sigihilt, Elihilt, Engildrud.
N. B. Nicht anders mögen auch die unbekannten und namenlos gebliebenen Einwohner Eberstadts geheißen haben.

C.
Ein Bild von „Eberstat"

1. Anlage und Struktur der Erstsiedlung

Hans von der Au hat bereits 1953 das älteste Eberstadt eindeutig bestimmt als „Einzelhofsiedlung mit größeren Gütern" zwischen der Modau und der Dünenhügelkette, „im Besitz einzelner Adliger".

Für die Anlage im Modaugrund waren zweifellos die agrarpolitischen Faktoren bestimmend, die wir oben (I/B) geschildert haben. Die großen Güter sind als Großbetriebe auf Gewinn angelegt. Hier versprechen die Ablagerungen von der Modau mit Löß und Humus lohnende Ernten. Noch heute ist die dortige Gewann „Im Escholl" die fruchtbarste in der Eberstädter Gemarkung.

Für den „Export" der Erntegüter und den Rücktransport der Marktwaren bot die südlich der Modau hinziehende ehemalige Römerstraße des Kaisers Domitian (82–96 n. Chr.) die besten Möglichkeiten. Sie führte einst als Etappenstraße von Gernsheim über Pfungstadt und Eberstadt nach Dieburg. Umgekehrt verband sie jetzt Eberstadt mit dem Nachbardorf Pfungstadt sowie dem Königshof Gernsheim und dem dortigen Rheinhafen.

Später bekam die alte Straße den Namen Kirchgasse, da in ihrem Bereich die älteste Eberstädter Kirche auf dem Dünenhügel lag, an Stelle der heutigen Dreifaltigkeitskirche. Sie zog durch die Einzelhofsiedlung etwa von der (heutigen) Eschollmühle her durch die Büschel- und Odenwaldstraße bis zum alten Frankensteiner Hof (Odenwaldstr. 41). Die Kirchgasse ist somit die Haupt- und Kernstraße des alten Eberstadt durch Jahrhunderte hin. Von einem alten „Ortskern" kann im engeren Sinn deshalb keine Rede sein.

Den Verlauf der alten Kirchgasse kann man übrigens noch heute im Stadtplan gut erkennen. Man kann ihn sogar bei einem bedächtigen Spaziergang mit den eigenen Füßen abschreiten.

Die ehemalige Römerstraße zog durch den Hainweg weiter zum „Alten Dieburger Weg", einer Etappenstraße von Ladenburg nach Dieburg. Mit diesem führte sie über die Drusbrücke an der Koppenmühle nach Ober-Traisa, die Eiserne Hand, Roßdorf und Gundernhausen nach Dieburg. Bis zum Ende des Mittelalters diente diese

Straße als Hauptverkehrsstraße aus dem Pariser Becken über Metz, Kaiserslautern, Worms, Gernsheim, Eberstadt nach Würzburg. Soviel zur Lage des ältesten Eberstadt.

2. Blick in einen Gutshof

Die Einzelhofsiedlung ist der Vorläufer des uns geläufigen, aber wesentlich späteren Bauerndorfes mit Kirche und Rathaus in der Mitte und umgeben von der Schule, dem Gasthaus und einer Reihe stattlicher Bauernhöfe. Die „kleinen Leute" hausen am Rande.
Dagegen besteht die Einzelhofsiedlung aus mehreren großen Gutshöfen, die jeder für sich einen geschlossenen Wirtschafts-, Arbeits- und Wohnkomplex bilden. Das Ganze ist umgeben von einem starken Zaune, weniger um der Diebe als um des Wildes willen.
In der Mitte liegt das Herrengut.
Zu ihm gehören das Herrenhaus oder die Hofreite des Verwalters, Scheunen und Ställe, Vorratshäuser, ein Gesindehaus (für die Leibeigenen), Werkstätten, Schmiede und die alleinstehende Küche. Verschiedene Höfe mögen einander in der Anfertigung von Geschirren, Werkzeug, Kleidern gegenseitig unterstützen, der eine mit der Schmiede, der andere mit der Schreinerei; denn die Höfe stellen einen Großteil des eigenen Bedarfs selbst her.
Zu diesem Bezirk gehören schließlich die Gärten und Obstpflanzungen, wahrscheinlich auch einige Blumenbeete, zumal viele Blumen damals noch als Heilpflanzen galten.
An den Herrenhof schließen sich die Hofreiten („Bauernstellen") der selbständig wirtschaftenden Hörigen an mit Wohnhaus, Scheune und Stallungen, Garten, Obstpflanzungen und dergleichen mehr.
Das Leben und Treiben, Viehhaltung und so fort werden in verschiedenen Quellen beschrieben, am anschaulichsten in einem Reichsgesetz Karls des Großen von 794 mit dem Titel „Capitulare".
Es folgt ein Auszug:
Die Pferde spielen eine besondere Rolle und nicht nur für den Krieg. (Die Heere Karls des Großen sind Reiterheere!) Sie werden sowohl als Reittier wie als Lasttier benutzt. Das Pferd ist „das gehobene Verkehrsmittel der Menschen höheren Standes" (Fr. Heer).
Den Verwaltern der Königshöfe wird äußerste Sorgfalt bei der Pflege der Pferde geboten. Übrigens befand sich in jener Zeit ein Gestüt im heutigen „Philippshospital" bei Goddelau.
Die Ochsen und Kühe dienen als Zugtiere der schweren Karren.

Die Milch der Kühe wird hauptsächlich zu Käse verarbeitet, einem der wichtigsten Nahrungsmittel jener Zeit.

Schafe und Ziegen gehören zu jedem Hof. Von ihnen hat man alljährlich fettes Pökelfleisch an die Königspfalz abzuliefern.

Das eigentliche Fleischtier für die Ernährung ist das Schwein. Im Sommer werden die Schweine in die Wälder getrieben zur Eichel- oder Bucheckernmast. „Das Schwein der Karolingerzeit sieht sehr viel anders aus als die Schweine der Gegenwart: mit kurzem, aufrechtem Ohr, langem Kopf, spitzer Schnauze, scharf vorragenden Eckzähnen, hohen dünnen Beinen und schwarzer Farbe steht es dem Wildschwein viel näher als dem heutigen Zuchtmaterial der Fleischindustrie" (Fr. Heer).

Das Schaf gilt in erster Linie als Wolleproduzent. Ein Großteil der damaligen Kleidung wird aus Wolle hergestellt. Von der Milch gibt es Schafkäse, und aus dem Fett der Schafe werden Kerzen gegossen.

Das Kostbarste von allem ist jedoch das Pergament für die zahlreichen Urkunden und Malereien der vergangenen Zeiten, das von den Häuten der Schafe stammt.

Neben den gewöhnlichen Hühnern sind die kastrierten Hähne, die Kapaunen, hochgeschätzt. Daneben hält man auf den Höfen Gänse, Enten und Tauben. Zur Königstafel werden Mastgänse und Mastenten befohlen. Karl der Große soll außerdem das Fleisch der Kraniche und Schwäne geschätzt haben.

Zur Zierde soll man schließlich auf dem Königshof etliches Geflügel halten wie Pfauen, Fasanen, Rebhühner und Turteltauben.

Die Bienen sind die unentbehrlichen Spender von Honig und Wachs. Da es weder Zuckerrüben (noch gar Zuckerrohr) gibt, steht der Honig allein zum Süßen der Speisen zur Verfügung. Man mischt ihn allerdings auch unter den Wein, wenn dieser allzu sauer geraten ist.

3. In Feld und Flur und Wald

Vom Aufschwung der Landwirtschaft in der Karolingerzeit wurde schon gesprochen (s. o. I/B). Auch „Eberstat" dürfte daran seinen Anteil gehabt haben, besonders seitdem das Kloster Lorsch hier mit einem Gutshof vertreten ist.

Größere Erträge werden seit der Einführung der „Dreifelderwirtschaft" erzielt. Dabei wird, jährlich wechselnd, das erste Feld für die Wintersaat mit Korn, Weizen und Dinkel (Spelz) bestellt. Das zweite Feld dient der Frühjahrsaussaat mit Hafer, Gerste, Hirse sowie Bohnen und Erbsen, die als Hauptnahrungsmittel in großen Mengen nicht im Garten, sondern auf dem Acker gezogen werden. Das dritte Feld bleibt indes brachliegen. Man treibt die Viehherden dorthin, um Dung zu gewinnen.

Die Werte an Getreide und Brot lassen sich aus einem Erlaß Karls des Großen ersehen, in dem er Höchstpreise bestimmt, um dem Wucher vorzubeugen. Nach Maltern gemessen sind es: für Weizen = 4 Denare (Silberpfennige), Korn = 3 d, Gerste und Dinkel = 2 d, Hafer = 1 d.

Die Brotpreise dürfen höchstens 1 Denar betragen: für ein Dutzend Zweipfundlaibe Weizenbrot, 15 Laibe Kornbrot, 20 Laibe Gerstenbrot, 25 Laibe Brot aus Hafermehl.

Eine wesentliche Hilfe für die Landbestellung bringen die technischen Neuheiten. Statt der früheren Holzpflüge hat man jetzt eisenbeschlagene mit Rädern. Die Pferde werden mit Hufeisen beschlagen. Das Zugvieh erhält ein Kummet. Pflugscharen und anderes Gerät werden mit Schleifsteinen geschärft.

Für die Anpflanzungen in den Gärten gibt das schon genannte „Capitulare" Karls des Großen von 794 genaue Anweisungen. Diese sind allerdings gänzlich unsystematisch zusammengestellt.

Lilien, Rosen, Hornklee, Frauenminze, Salbei, Gurken, Kreuzkümmel und Feldkümmel.

Rosmarin, Kichererbse, Meerzwiebeln, Schwertlilien, Anis, Heliotrop, Bärenwurz, Brunnenkresse, Salat und Schwarzkümmel.Petersilie, Sellerie, Liebstöckel, Dill, Fenchel, Endivie und Senf.

Bohnenkraut, Pfefferminze, Rainfarn, Katzenminze und Tausendgüldenkraut.

Runkelrüben, Haselwurz, Eibisch, Malven, Karotten, Pastinaken, Melde und Mauskraut.

Krapp (zum Einfärben von Wolle u. dgl.), Kardendisteln, Pferdebohnen, Koriander, Kerbel, Wolfsmilch und Muskatellersalbei.

Anmerkung: Das „Capitulare" gilt in Fachkreisen teilweise als umstritten wegen der allzu groß erscheinenden Fülle der Pflanzen wie auch der Angaben in anderen Sparten. Ein Beweis dafür, daß solche Pflanzen auch in unseren Breiten gezogen wurden, findet sich nun in einem Lorscher Arzneibüchlein vom Jahre 820, in dem nicht weniger als dreißig der obigen Blumen und Kräuter als Heilpflanzen aufgeführt sind (s. u. Nr. 6).

In den Obstgärten soll man, wieder nach dem „Capitulare", ziehen: Verschiedene Sorten Apfelbäume, Birnbäume, Pflaumenbäume, Eberesche, Pfirsiche, verschiedene Kirschensorten sowie Nußbäume und Haselnußsträucher.

Unter den Apfelsorten werden genannt: Gosmaringer, Geroldinger, Krevedellen, Speierapfel – durchweg Daueräpfel. Ferner: „solche, die man bald verbrauchen muß". Schließlich auch „vier Arten Dauerbirnen, süßere und mehr zum Kochen geeignete Spätbirnen".

Neben den Gärten und Obstplantagen liefern die Flüsse und Teiche mit ihrem (heute fast unvorstellbaren) Fischreichtum einen wichtigen Nahrungssegen. Es gibt deshalb auch kaum eine Schenkungsurkunde jener Zeit, in der nicht fließende oder stehende Gewässer besonders genannt sind.

Unermeßlich weit und tief sind schließlich die Wälder, auch in den kultivierten Gebieten außerhalb der Wildbanne. Hier leben das halbe Jahr über die Schweine, die an Bucheckern und Eicheln gemästet werden. Buchen und Nußbäume liefern das kostbare Öl. An den wilden Obstbäumen holen sich die Bienen ihre Nahrung.

Der Wildreichtum ist unbeschreiblich: Hirsche, Rehe, Hasen, Dachse, wilde Kaninchen bevölkern sie, wie auch jagdbare Wildvögel als rote und graue Rebhühner, Wachteln, Wildtauben und Reiher. Einzelne Bären und Wolfsrudel bilden die ständige Gefahr für die Hirten und in der Winterszeit auch für die Siedlungen. Darum wird im „Capitulare" angeordnet: „Im Mai soll man die jungen Wölfe aufspüren und fangen mit Hilfe von Gift, Wolfsangeln, Gruben und Hunden."

Nicht zuletzt ist der Wald der unentbehrliche Rohstofflieferant an Holz. Er liefert: Bauholz für Pfalzen und Häuser, Brücken und Straßen, Schiffe und Karren, Pflüge, Tisch, Bank und Bett, Schindeln und Schüsseln, Bierkrüge, Feuerholz auf dem Herd und Kienspan an der Wand.

4. Am Sonntag in der Kirche

An der Stelle der heutigen Dreifaltigkeitskirche stand, wie vermerkt, vor Zeiten schon ein Gotteshaus, das dem heiligen Laurentius geweiht war. Es „gehörte dem Kreis der frühen Kirchen der fränkischen Epoche an" (Barbara Demandt).

Man darf vermuten, daß die älteste Kirche die Stiftung eines hiesigen Grundherren, also eine „Eigenkirche" gewesen ist. Die Könige haben in jener Zeit zahlreiche Kirchen gestiftet, und der Adel eiferte ihnen darin fleißig nach.

Diese Eigenkirchen – zur Ehre Gottes und zum eigenen Seelenheil dem einen oder anderen Heiligen dargebracht – blieben allerdings zugleich Eigentum des Stifters, der darüber nach Gutdünken verfügen konnte. Er konnte sogar seinen eigenen Priester anstellen, zu dessen Unterhalt meist auch ein Pfarrhof erstellt wurde.

Daraus folgert, daß man von einer Pfarrkirche oder Gemeindekirche nach den heutigen Begriffen ebenso wenig reden kann wie von einer Kirchengemeinde. Es lag an dem Eigenkirchenherren, in welcher Weise und in welchem Umfang er seine Kirche für das Volk öffnen wollte. Freilich darf angenommen werden, daß – zum mindesten seit der Übernahme des Gutshofes durch das Kloster Lorsch – in Eberstat öffentlicher Gottesdienst gehalten, die Kinder getauft und die Toten „ordentlich" begraben wurden.
Die Messe wurde in der Karolingerzeit nach der römisch-gregorianischen Weise gefeiert, um die sich bereits Bonifatius († 754) bemüht hatte. In der Praxis war jedoch die Meßfeier durch bodenständige galloromanische Riten von früher in weitem Maße belebt und bereichert worden. Diese zeichnen sich durch ihren blütenreichen Stil, rhetorische Entfaltung der Gebete und eine größere Lebendigkeit im Rhythmus des Kirchenjahres aus. Mehr und mehr schmolzen schließlich die beiden Formen ineinander.
Der Priesterstand bot in jenen Zeiten ein buntes Bild. Die Bischöfe – ein Bonifatius, Chrodegang, Hrabanus Maurus und andere – waren hochgebildete, ehrenhafte Männer, denen das Wohl der Kirche wie der Gläubigen einschließlich der „Armen" am Herzen lag.
Mit den Leutpriestern auf dem Lande mochte es zum Teil recht schlecht bestellt sein. Jedenfalls erließ Karl der Große, der auch „Kirchenherr" war, um 800 eine Verordnung, die das Mindestmaß an Wissen und Können für jeden Priester vorschrieb. Er muß „das Vaterunser, das Bußbuch, den Kalender (wegen der zu lesenden ‚Seelenmessen'), den Ritus der Teufelsaustreibung, die römische Ordnung (die Liturgie der Messe) und die Evangelienlesungen zum Sonntagsgottesdienst" kennen und können. Man möchte vermuten, daß mancher (des Lesens nicht eben kundig) das Ganze sich vorlesen ließ und auswendig lernte.
Eine seltsame Geschichte erzählt Bischof Agobard von einigen Grundherren seiner Zeit: „Sie nehmen sich aus ihrem eigenen Gesinde (den Hörigen) einen einigermaßen talentierten Mann, lassen ihn anlernen und schließlich auch zum Priester weihen. Ein Bischof findet sich dazu in der Verwandtschaft. Dieser billige Hauskaplan liest dann sonntags die Messe und werktags dient er der Herrschaft beim Auftragen der Speisen zu Tisch, beim Halten der Hundekoppel bei der Jagd, beim Steigbügelhalten der Damen, und schließlich darf er noch den Verwalter spielen." Der Bischof Agobard erzählt dies nicht ohne Ironie, jedoch des Zornes voll.
Versuchen wir, noch etwas von der „Religiosität" jener längstvergangenen Zeit zu ergründen. Es ist unverkennbar, daß die Menschen von einer tiefen Angst um das „Seelenheil" umgetrieben sind, das sie gleichzeitig durch zahlreiche Stiftungen, Schenkun-

gen und Gelöbnisse zu erwerben suchen. In der ältesten Urkunde im Lorscher Kodex lesen wir die Erklärung von Williswind und ihrem Sohne, dem Grafen Cancor, da sie zur Ausstattung des neuen Klosters ihr Hofgut schenken: „Möge die rächende Flamme [des Jüngsten Gerichtes] nichts an uns finden, was zu tilgen wäre. Möge vielmehr Gottes Güte etwas an uns sehen, was zu belohnen wäre."

Es ist aber mehr in den Menschen lebendig als nur Seelenangst oder gar nur „Loskauf" von den Ängsten! „Wie es scheint, standen die Dinge der Welt im frühen Mittelalter nicht vereinzelt da, im Gegenteil: sie durchdrangen einander, Himmel und Erde überschnitten sich. Engel und Heilige überschritten die Grenzlinie unbehindert. Das mittelalterliche Denken brachte die größten Widersprüche mühelos in Einklang. Die Gesellschaft war zerstückelt und ruhelos; dennoch genoß sie in ihrem Begriff von Christentum ein Gefühl der Einheit." (Gerald Simons).

5. Vom Essen und Trinken

Die verschiedenen Stände der Gesellschaft weisen einen entsprechend unterschiedlichen Lebensstandard auf. Nun ist es aber auch hier wieder so, daß wir vom „kleinen Mann" nicht viel zu wissen bekommen, während wir aus der gehobenen Schicht und nicht zuletzt von der königlichen Tafel allerlei Schmackhaftes und Erlesenes in den Urkunden vorfinden.

Das vielzitierte „Capitulare" von 794 wartet mit einer Reihe von Vorschriften für die Beschickung der königlichen Pfalz (in Worms oder Trebur, Ingelheim oder Frankfurt am Main) auf. Wir bringen einige Auszüge.

Sorgfalt und Sauberkeit sind oberstes Gebot

„Den Abgaben für unsere Tafel wende jeder Verwalter [eines Königshofes] besondere Sorgfalt zu, damit die Lieferungen von guter, ja bester Qualität, sowie sauber zugerichtet sind. Auch müssen Brot, Mehl, Fleisch und die übrige Speise in jeder Hinsicht tadellos sein.

Mit ganz besonderer Sorgfalt ist darauf zu achten, daß alles, was mit den Händen verarbeitet und zubereitet wird – wie Speck, Rauchfleisch, Sülze, Pökelfleisch, Wein, Essig, Brombeerwein, Würzwein, Most, Senf, Käse, Butter, Malz, Malzbier, Met, Honig,

Wachs und Mehl –, daß dieses alles mit der größten Sauberkeit hergestellt wird." (Herz, was begehrst du mehr im Jahre 794?)

Die Fastenspeise

Karl der Große selbst hielt vom Fasten nichts. Er meinte, daß es der Gesundheit schade. Deshalb wurde ein Gesetz erlassen, das jedem Franken erlaubte, sich durch eine Geldbuße von den kirchlichen Fastengeboten loszukaufen.
Der königliche Speisezettel sieht dennoch folgende Fastenspeisen vor: „Gemüse und Fisch, Käse, Butter, Honig, Senf, Essig, Kolben- und Fenchelhirse, getrocknetes und frisches Küchengewürz, Rettig und Steckrüben" – was alles vom Königshof zur Pfalz zu liefern ist.

Vom Keltern, Wein und Most

„Unsere Verwalter haben darauf zu achten, daß sich niemand untersteht, unsere Trauben mit den Füßen zu keltern, sondern daß alles ordentlich und reinlich zugeht. Den Wein haben sie in feste Behälter zu füllen. Es sollen stets gute, eisenbeschlagene Fässer auf Lager sein, die man zum Heer oder zur Pfalz schicken kann. Die Bütten soll man nicht aus Leder fertigen."

Bier und Apfelwein und frische Semmeln

„Jeder Verwalter lasse während seines Hofdienstes [in der Königspfalz] von seinem Malz abliefern und schicke zugleich auch Braumeister mit, damit sie dort ein gutes Bier brauen.
Jeder Verwalter soll auch in seinem Bezirk tüchtige Handwerker zur Hand haben – Leute, die Bier, Apfel- und Birnenmost oder andere Getränke bereiten können, sowie Bäcker, die Semmeln für unseren Hofhalt backen."
Von Karl dem Großen selbst, der übrigens eine Körperlänge von 1,92 m hatte, rühmt sein Biograph Einhard, daß er vor allem den einfachen, natürlichen und gehaltvollen Speisen zugetan war. Wild vom Spieß zog er jeder anderen Nahrung vor. Außer dem Fleischgang ließ er sich noch vier andere Gerichte auftragen.
Denkt man nun von der königlichen Tafel in der gesellschaftlichen Stufenleiter nach unten weiter: wie mag bei den Grafen, Bischöfen, adeligen Grundherren, Rodungsunternehmern, Beamten, Verwaltern, Ärzten, Händlern, Kaufleuten und Handwerkern bis zur leibeigenen Viehmagd mit ihren vier ledigen Kindern – wie mag da der Tisch (wenn überhaupt) gedeckt sein?

Die Bessergestellten und Reichen haben es in der Lebenshaltung höchstwahrscheinlich dem König, Grafen oder Bischof nachgetan. Ob der Bauer bzw. selbständig wirtschaftende Hörige am Sonntag sein (selbstgezogenes) „Huhn im Topf" hatte, mag dahingestellt bleiben. Die Landbevölkerung lebte jedenfalls den größten Teil ihres Lebens von Brei und Brot, Bohnen und Erbsen. Daß in bösen Zeiten sogar Hungersnot und Elend auch die „hochentwickelte Kulturlandschaft" überfielen, soll nicht verschwiegen werden.

6. Wenn die Leute krank werden

Von solchen Fällen liest man in den Heimatbüchern meistens nichts. Uns kommt hier ein Fund aus dem Kloster Lorsch zugute: ein Arzneibüchlein vom Jahre 820, das eine genaue Kenntnis der antiken Heilkunst verrät, zugleich aber auch eine Reihe von Rezepten enthält.

Darunter finden sich auch solche, die man zunächst in einem Männerkloster kaum vermuten möchte, z. B. das Rezept Nr. 3. Man muß jedoch bedenken, daß das Krankenhaus im Kloster Lorsch auch für Frauen zur Verfügung stand (s. o. B/2). Es darf im übrigen angenommen werden, daß die dortigen Ärzte in schweren Fällen auch den Leuten auf dem Lande, so im Lorscher Gutshof zu Eberstat, zur Hilfe bereit waren.

1. Ein Pulver gegen Juckreiz am Bein

Das Mittel führt manchmal zum Aufbrechen, manchmal zur Heilung. Man kocht Lupinenpulver bis zum Eindicken in Essig, streicht die Masse auf ein Tuch und bindet dieses darüber.
Desgleichen: Man streut pulverisierte Osterluzei auf und kann ebenso mit Weihrauchkörnern verfahren.
Erläuterung: Osterluzei ist ein Lehnwort aus dem Griechischen „aristologia", d. h. die beste Arznei, und zwar für Wöchnerinnen, um ihnen beim Abgehen der Nachgeburt zu helfen.

2. Gegen das Aftergeschwür

Reines Brot röstet man gut, zerreibt es und setzt eine kleine Menge Nelkenpulver zu. Man nimmt das Mittel morgens und abends ein. Am nächsten Tag trinkt man einen Absud von Benediktenkraut oder von Ruhrwurz.
Erläuterung: Das Aftergeschwür ist oft die Ursache ruhrartiger

Durchfalls. Benediktenkraut ist ein Verdauungsmittel, Ruhrwurz ein zusammenziehendes Mittel.

3. Zur Herbeiführung der Monatsregel

„Antidotus ad menstruam provocandam probatissima", bewährtes Mittel zur Herbeiführung der Menstruation, mit folgender Zusammensetzung.
Blätter von frischen Veilchen, Eibischsamen, Selleriesamen, Levkojensamen, Petersilien-, Malven- und Fenchelsamen, Samen der Poleiminze, weißen Roßminze und Großen Brennessel. Leberkrautwurzeln, Samen vom Großen Beifuß, Steinbrech, Betonie, Gewürznelken, Zimt, Kostwurz, Schwertlilie, Rhabarber und Pfeffer. Dies alles wird zu gleichen Teilen, dazu hinreichend Honig, in Form einer Haselnuß 3 Tage lang mit Wein eingegeben. Die Patientin soll sich jeder scharf gewürzten Kost enthalten und nur gekochtes Fleisch und leicht verdauliche Speisen zu sich nehmen.
Erläuterung: Eibisch: Mittel gegen Verschleimung – Levkoje, das weiße Veilchen der Antike: verteilt ungesunde Säfteansammlungen im Körper – Poleiminze oder Flohkraut: fördert die Menstruation – Leberkraut: durch seinen Haselwurzkampfer brechreizerregend – Großer Beifuß, auch Mutterkraut: gegen Menstruationsbeschwerden – Steinbrech: harntreibendes Mittel gegen Steinschmerzen (Gallen- oder Blasensteine) – Betonie: ein Brechmittel. Dieses Rezept ist den Pflanzennamen nach im Urtext griechischen Ursprungs.

4. Wie Galens-Gera einzunehmen ist

Vom Gera-Kraut 1 Quentchen abgewogen, ½ Quentchen Springwurz, ½ Quentchen Lärchenschwamm und 1 Quentchen Salz nehme man in Absud. Der Patient hat vorher abgekochtes, noch warmes Wasser zu trinken.
Erläuterung: Galens-Gera nach dem berühmten Arzt des 2. Jahrhunderts n. Chr. Galenus – Gerakraut: Eisenkraut, die „heilige Pflanze" – 1 Quentchen = Gewicht, 1 Denars oder 3,4 g – Springwurz: ein Purgiermittel – Lärchenschwamm, dem Zunderschwamm ähnlich, ebenfalls Purgiermittel – Das Ganze: „hochwirksames, nicht nur abführendes Mittel."

5. Ein Pulver zum Abschwellen des Halszäpfchens

3 Quentchen Bertramwurzel, 2 Quentchen Auripigment, 1 Quentchen Kostwurz, 1 Quentchen Kümmel und 3 Quentchen Pfeffer.

Erläuterung: Mit dem Halszäpfchen sind zugleich die Halsmandeln gemeint – Bertramwurzel = Ringelblume – Auripigment = gelbe Arsenblende, eine Farberde – Kostwurz = Schärfling.

6. Gegen Schwindsucht

Man kocht Eibischwurzeln in Wasser, entfernt die Rinde, gibt das Innere in einen Mörser und stampft es, bis alle größeren Stücke zerstoßen sind. Dann gibt man das Pulver in einen Topf mit abgeschäumtem Honig, läßt es bis zum Eindicken kochen, setzt Ingwer- und Zimtpulver nach Geschmack zu und nimmt davon je 2–3 Löffel morgens und abends ein.
Ein zweites Mittel: Man setzt frischen Dill mit seinem Samen, noch bevor dieser reif wird, in einer Glasflasche in Öl an, läßt ihn 1 Jahr lang ausziehen und wendet das Öl als Einreibemittel an der Kehle, dem Hals und den an die Kehle anstoßenden Partien an.

7. Gegen Zahnschmerzen

Aus pulverisiertem Hirschhorn und Kienharz formt man Kügelchen, gibt sie in einen Topf, läßt gut durchkochen, legt ein Kügelchen an die Stelle in der Mundhöhle, wo der Zahn schmerzt, behält es lange im Munde, und der Schmerz vergeht.

8. Zubereitung eines abführenden Würztrankes

1 Handvoll frischen Fenchel, frischen Sellerie und frische Raute und 6 Schoppen Wasser kocht man auf ein Drittel ein, seiht ab, setzt 1 Schoppen abgeschäumten Honig zu, kocht wiederum ein, diesmal bis auf die Menge des Honigs, läßt abkühlen und setzt folgendes Pulver zu: $1^1/_2$ Unzen Springwurz, $9^1/_2$ Skrupel Pfeffer, 5 Skrupel Petersilie und 5 Skrupel Dill. Ein Löffel davon eingenommen bewirkt mit Sicherheit fünfmaligen Stuhlgang.
Erläuterung: 1 Unze = eine Silber- oder Goldmünze im Gewicht von 27,3 g – 1 Skrupel = 1,1 g.

9. Heiltrank gegen Schwindsucht

Hiermit treffen wir auf ein magisches „Rezept", bei dem in der Hauptsache die Dreizahl wirken soll = 3 : 9 : 27.
Man kocht 1 vollen Stauf Honig, ebensoviel Salz, ebensoviel Dillsamen, 3 volle Stauf alten Wein, 1 volle Hand Sevenpulver zusammen auf *3 Stauf* ein, seiht dann durch ein sauberes Tuch ab, setzt 6 Stauf alten Wein zu und trinkt diese *9 Stauf* in *9 Tagen.*

Vor dem ersten Tag nimmt man soviel alten Speck, daß man daraus
3 Löffel Schmalz gewinnen kann, bindet ihn an einen Faden und
hängt ihn in *9 Nächten* unter dem Hausdach im Freien auf, bewahrt ihn aber tagsüber im Hause. Wenn man am 9. Tag den Trank
zu Ende getrunken hat, holt man den Speck und läßt ihn auf *3 Löffel* Schmalz aus, setzt *27 Pfefferkörner* pulverisiert zu und trinkt
das Schmalz noch lau auf 3 Löffel verteilt.
Erläuterung: Stauf = 1 Becher ohne Fuß, ein Humpen unterschiedlichen Inhalts, $1/4$ Liter und mehr — Sevenpulver: aus Nadeln und
Zweigen des Stinkwacholders, Seven- oder Sadestrauches.

7. Riphwin und Stahal, die Zeugen von 782

Von den eigentlichen ältesten Eberstädtern, die hier ansässig waren, wissen wir nichts. Es sind die Leibeigenen und Hörigen, die zu
den hiesigen Gutshöfen gehörten und hier auch ihr ganzes Leben
verbrachten. Sie sind aber leider namenlos geblieben. Die beiden
Schenkgeber Walther und Williswind zählen dabei nicht mit, da sie
offensichtlich nicht hier gewohnt haben.
So bleiben nur die beiden Zeugen aus der Urkunde von 782 übrig,
von denen wir wenigstens sagen dürfen, daß sie enge Verbindungen hierher hatten, mit den obigen Eheleuten vertraut waren und
wahrscheinlich des öfteren in „Eberstat" ein- und ausgingen. Sie
mögen denn das Bild beschließen, zumal wir von ihnen gleich eine
ganze Familiengeschichte erzählen können.

Die Familie

Der Vater heißt Liutwin oder Lütwin († vor 766). Die Mutter ist
Massa († nach 789). Die drei Söhne sind, dem Alter nach, Stahal
(† nach 789), Riphwin († nach 806) und Giselhelm († nach 817).
Nach dem Ansehen, das die Familie offenbar in der ganzen Landschaft genießt, und dem Vermögensstand, der sich in unzähligen
Schenkungen kundtut, darf man sie getrost dem karolingischen
Grundadel zurechnen.
Das Zentrum des umfangreichen Familienbesitzes ist Bensheim an
der Bergstraße. Vater Liutwin und seine Söhne betreiben, neben
vielem anderen, einen ausgedehnten Landesausbau in der Nähe
des Klosters Lorsch. Ein zweiter Schwerpunkt liegt im Raum an
der südlichen Bergstraße mit Handschuhsheim, Dossenheim und
den inzwischen ausgegangenen Orten Kloppenheim und Höllenbach. Im Zeugendienst finden wir die Brüder außer in „Eberstat"

noch besonders in Pfungstadt sowie in Schwanheim, Gau-Heppenheim, Framersheim b. Alzey und in Dienheim südl. Oppenheim am Rhein. Die Familie ist demnach in drei Gauen vertreten, dem Oberrheingau, dem Lobden- (oder Ladengau um Ladenburg a. N.) und dem Wormsgau.
Den gesellschaftlichen Rang der Brüder hebt ihre Teilnahme am Königsgericht von Schwanheim im Jahre 782 deutlich hervor, das im Beisein König Karls des Großen selbst abgehalten wurde.

Persönliche Notizen

Vater Liutwin tritt in den Urkunden nur einmal auf. Um so mehr ist Mutter Massa an den Geschäften der Familie beteiligt. Der ungewöhnliche Name dürfte aus der spätantiken christlichen Überlieferung jener Volksgruppe stammen, die um Ladenburg nach dem Zusammenbruch der römischen Herrschaft zurückgeblieben war. Frau Massa wird nach dem Tode ihres Mannes eine „deo sacrata", eine Gottgeweihte genannt. Sie hatte also den Schleier genommen, jedoch nur in einem dritten Orden, ohne das Armutsgelübde abzulegen.
Der älteste Sohn Stahal wird in einer Urkunde als „domnus" (dominus), d. h. Edelmann, bezeichnet. Er betreibt seine Geschäfte im Rodungszweig und im Weinbau. In einer seiner zahlreichen Schenkungen an das Kloster Lorsch findet sich in einem Weinberg eine besonders erwähnte Rebschule.
Der zweite Sohn Riphwin dürfte ein Vasall des Königs Karl des Großen gewesen sein. Das ist aus einer Urkunde von 792 oder 793 zu schließen, die zugleich ein Testament darstellt: „Ich, Riphwin, bin im Begriffe, mit dem Könige, meinem Herren, [auf Heerfahrt] nach der Lombardei zu ziehen. Ich übergab nun meinem Bruder Giselhelm alle Liegenschaften, die ich in Basinsheim [Bensheim] besitze mit folgender Bestimmung: Sollte ich nicht wieder in unser Vaterland heimkehren, so möge er meine Güter dem heiligen Nazarius [dem Kloster Lorsch] übergeben. Wenn ich aber zurückkomme, so soll er mir das ihm anvertraute Gut zurückgeben."
Karl der Große hatte um diese Zeit kriegerische Auseinandersetzungen mit den Langobarden in Italien. Der Weg, den die Kriegerschar mit Riphwin dorthin zurücklegte, dürfte der im Mittelalter übliche gewesen sein: über Straßburg und Solothurn nach „caput laci" oder Seehaupt, dem heutigen Villeneuve am Genfer See, sodann an der Rhone aufwärts bis St. Maurice. Hiernach begann der Alpenübergang über den Großen Sankt Bernhard.
Riphwin ist übrigens glücklich heimgekehrt und lebte noch um das Jahr 806, mit dem er aus dem Urkundenbestand ausscheidet.

Riphwin und Stahal leisten 782 den Zeugendienst in Eberstadt. In den folgenden Jahren finden wir Riphwin und den jüngsten Bruder Giselhelm zweimal als Zeugen bei dem Vizegrafen Zeizo in Pfungstadt vor.

Das Werk der zahlreichen Schenkungen an Lorsch krönt Giselhelm, da er hochbetagt im Jahre 817 die Eigenkirche der Familie in Bensheim mit Reliquien und einer Hofreite (Ausstattung für einen Priester) dem Kloster übergibt.

Damit schließt sich der Kreis.

Burg Breuberg

II.

Von der Einzelhofsiedlung zur Herrschaft Frankenstein

1. Einleitung

In den Jahren 948/50 wird „Eberstat" noch ein zweites Mal urkundlich genannt. Kaiser Otto I. genehmigt seinem „Getreuen", dem Diakon Liuther, einen Tausch zwischen Liegenschaften in Hemsbach und Eigengütern in Weiterstadt. Später folgt ein zweiter Tausch von insgesamt neun Hofreiten nebst 40 Leibeigenen in Pfungstadt und Eberstadt gegen Güter in Seeheim. Bemerkenswert ist hier die enge Verbindung der drei Orte Weiterstadt, Pfungstadt und Eberstadt, auch im Blick auf die künftige Entwicklung.

Zunächst ist damit jedoch das Ende des bisher so reichlichen Nachrichtenflusses aus dem hiesigen Raum gekommen. Es gibt auf lange Zeit hin keine Urkunden noch sonstige Hinweise auf Eberstadt. Erst um 1160 hören wir wieder etwas von Weiterstadt und Breuberg und vom Frankenstein gar erst 1252, da die Burg erstmals urkundlich genannt wird. Und dazwischen liegen nun diese 200 bis 300 Jahre einer urkundenlosen Zeit.

Trotzdem stehen wir mit diesem zunächst negativen Befund nicht unbedingt vor einem „historischen Niemandsland". Es läßt sich noch immer ein gewisses Bild der geschichtlichen Abläufe gewinnen, und zwar dank der erstaunlichen Kontinuität des Geschichtsganges gerade im Mittelalter, wie auch des zähen Festhaltens an überkommenen Rechtsbindungen und Rechtsbräuchen durch lange Zeiten hindurch. So kann man aus späteren Urkunden und sonstigen Belegen eine bestimmte Entwicklung von früh her recht gut erkennen. Ein hervorragendes Beispiel ist die Lehensbindung der Herrschaft Frankenstein an den König und an das Reich. Das gleiche gilt von Eberstadt, dessen ältester Teil ein frankensteinisches Lehen vom Erzbistum Mainz ist, hinter dem mit ziemlicher Gewißheit eine Verbindung zum Kloster Lorsch zu vermuten ist.

Wir stellen im folgenden vier Themenkreise zusammen, in denen sich längst Vergangenes mit den späteren Verhältnissen sichtbar verbindet. Damit werden gleichzeitig auch die Lücken der urkundenlosen Zeit zwischen 950–1160 ungefähr ausgefüllt.

2. Die Herren von Breuberg, von Weiterstadt und von Frankenstein

Die erste bekannte Urkunde von der Burg Frankenstein wurde 1252 durch Konrad II. Reiz von Breuberg und dessen Frau Elisabeth, einer geborenen von Weiterstadt, ausgestellt. Die Familien

Breuberg und Weiterstadt bilden sozusagen die Säulen, auf denen das Haus Frankenstein steht. Die Söhne der Obengenannten nennen sich später „Herren von und zu Frankenstein". Es folgt ein Überblick über die Familiengeschichte.

Die von Breuberg

Ursprünglich nannten sie sich nach einer Burg südlich von Neustadt im Odenwald „von Lützelbach". Nachdem die Burg Breuberg erbaut war, nannte man sich nach dieser Schutzburg der fuldischen Mark.
Der Vater des obigen Konrad II. Reiz ist Konrad I. Reiz von Breuberg, erstmals erwähnt 1222, † 1242. Seine Frau ist die Tochter des Edelherren Sibido von Jagstberg-Ebersberg.
Die Mark Umstadt war bereits um 755 durch König Pippin, Vater Karls des Großen, an die Reichsabtei Fulda geschenkt worden. Die Vorfahren der Herren von Breuberg waren als Vögte des Klosters „Reichskirchenministeriale". Ministeriale sind Unfreie im Dienste von Königen, Bischöfen, Äbten und Adligen. Allmählich gehen jedoch die Merkmale der Unfreiheit verloren. Die Ministerialen steigen auf, werden zum Teil sogar durch Heiraten mit Töchtern von Edelfreien diesem Stande zugeordnet. Der Bruder des obigen Konrad II. Reiz findet zum Beispiel durch seine Heirat mit der edelfreien Mechthild von Büdingen den Anschluß an den Hochadel.
Das Geschlecht gewinnt in einigen Generationen bedeutende politische Macht und kommt zu Reichtum. Es erlischt jedoch im Mannesstamm schon 1323. Die Haupterben sind die Grafen von Wertheim, von Trimberg und von Weinsberg.

Die von Weiterstadt

Es „gilt als gesichert, daß Konrad (II. Reiz von Breuberg) und seine Nachkommen, die Herren von Frankenstein, den Herrschaftsbereich an der Bergstraße als Erben der von Weiterstadt besaßen" (H. Gensicke). Und was Eberstadt anlangt: „Hier konnten verschiedene, zum Teil als Vögte des Klosters Lorsch eingesetzte Adelsgeschlechter, darunter die Ritter von Weiterstadt, grundherrliche Rechte erwerben" (Fr. Battenberg).
Als erster dieses Geschlechtes wird im Jahr 1178 Albert von Weiterstadt genannt. „Besser sind in der nächsten Generation Ulrich (1209), Conrad (1208–1237) und Bligger (1224) von Weiterstadt zu fassen. Der Name Bligger läßt mit einiger Sicherheit darauf schließen, daß deren Mutter aus dem Geschlechte der Herren von Steinach (sc. Neckar-Steinach) stammt. Sie könnte zeitlich etwa eine

Tochter des Minnesängers Bligger von Steinach (1152–1196) gewesen sein, bei dessen Söhnen die gleichen Vornamen Conrad, Bligger und Ulrich wiederkehren. Die Stellung dieser jungen Generation der Herren von Weiterstadt in den Urkunden deutet auf die gleiche edelfreie Abstammung hin, an der auch für die Herren von Steinach nicht zu zweifeln ist" (H. Gensicke).

Die von Frankenstein

Konrad II. Reiz von Breuberg und seine Frau Elisabeth hatten drei Söhne:
>   Konrad, genannt zwischen 1266 und † 1292
>   Ludwig (1268–1276), Kleriker
>   Friedrich (1268–1292), Burgmann zu Darmstadt

Nach der obigen Darstellung sind die Herren von Frankenstein ebenfalls als „edelfreies" Geschlecht anzusehen.

„Die weiträumigen Heiratsverbindungen dieser Familien lassen mehr, als die durchweg dürftigen Nachrichten über ihren Besitz, erkennen, daß diese ebenso wie die Grafengeschlechter jener Tage zu den Nachkommen des Reichsadels der Karolingerzeit gehören" (H. Gensicke).

Walther Möller, der die erste genaue Stammfolge dieser Geschlechter 1922 ff. herausgab, urteilt nicht anders: „Sie gehören zu den wenigen Geschlechtern, die ihre Stammtafel bis ins 12. Jahrhundert zurückführen und urkundlich belegen können. Sie sind ein echtes Odenwälder Geschlecht, hervorgegangen aus fränkischem Uradel" (W. Möller).

Die Gruft unter dem Chorraum

Im Jahre 1401 verstarb der Ritter Johann I. von Frankenstein und wurde in der Eberstädter Kirche beigesetzt, aller Wahrscheinlichkeit nach in der Familiengruft unter dem Chorraum. Die Grabplatte des Ritters ist in der Nordwand der Kirche eingelassen. Die stark verwitterte Umschrift konnte Baurat K. Krauß 1929 noch wie folgt entziffern

> vf · fant · famuels · dag · in · dem · jare · als ·
> man · zalt · nach · krift · geburt · m · cccc · primo † [ift · der ·
> edel · he]r · johan · her · vō · Frankenftein · von · dodes ·
> wegen · abegangen ·

Im heutigen Deutsch heißt das: „Auf Sankt Samuels Tag in dem Jahr, als man zählte nach Christi Geburt 1401, ist der Edelherr

Burg Reichenberg b. Reichelsheim/Odw.

(Edelmann) Johann, Herr von Frankenstein, von Todes wegen abgegangen."

N. B. Der Samuelstag am 26. August ist kaum bekannt. Jedoch fand ihn Verf. im „Offenbacher Volkskalender" von 1794 im Kalendarium noch vor.

Die Gruft, die erst 1910 „beseitigt" wurde (G. Haupt), diente der älteren Linie Frankenstein als Grablege. Im Jahre 1606 wurde Ludwig von Frankenstein hier beigesetzt, mit dem die Linie im Mannesstamm erlosch.

Die Grablege der jüngeren Linie war die Kirche zu Nieder-Beerbach. Hier ruhte auch Georg von Frankenstein, Hauptmann der hessischen Landmiliz, aud dem der „Ritter Schorsch" wurde.

Anhang

Von König Karl dem Großen zum Hause Frankenstein

Eine Abstammungslinie

(Nr. 1–17: entnommen aus „Beiträge zur Erforschung des Odenwaldes und seiner Randlandschaften." III, Breuberg-Neustadt 1980)

1. **Karl der Große** (742–814), ∞ Königin Hildegard
2. **Ludwig der Fromme** (778–840), ∞ Judith
3. **Karl II.** der Kahle (823–877), ∞ Ermentrud von Orléans
4. **Ludwig II.** (846–879), ∞ Adelheid
5. **Karl der Einfältige** (879–929), ∞ Edgiva, Tochter von Eduard, König von England
6. **Ludwig IV.** der Überseeische (920–954), ∞ Gerberga, Tochter des deutschen Königs Heinrich I.
7. **Karl,** Herzog von Ndr. Lothringen (953–991), ∞ Adelheid
   Deren Tochter:
8. **Adelheid** († n. 1012), ∞ Albert I. Grafen von Namur
   Deren Tochter:
9. **Liutgard,** ∞ Giselbert, Grafen von Loos († n. 1050)
10. **Emmo,** Graf von Loos († 1078/79), ∞ Swanhild († v. 1078)
11. **Arnulf I.**, Graf von Loos, Burggraf von Mainz, Graf von Rieneck (1060–1138), ∞Agnes (von Mainz)
12. **Ludwig I.**, Graf von Loos und Rieneck (1110–1171), ∞ Agnes
13. **Gerhard II.**, Graf von Loos und Rieneck (1140–1197), ∞ Adelheid von Geldern
14. **Gerhard III.**, Graf von Rieneck, Burggraf von Mainz (1175–1216), ∞ Kunigunde von Zimmern und Lauda
15. **Ludwig II.**, Graf von Rieneck (1216–1243), ∞ Adelheid, Gräfin von Henneberg (1228, † n. 1252)

16. **Gerhard IV.**, Graf von Rieneck (1243–1294), ⚭ Adelheid von Brauneck (1291, † n. 1326)
   Deren Tochter:
17. **Anna von Rieneck** († 1306), ⚭ Johann I. Schenk von Erbach-Reichenberg (1273–1296)
   Deren Tochter:
18. **Euphemia** (Femula) von Erbach-Reichenberg, ⚭ Erkinger von Frankenstein (1306–1321)

Es folgt die Linie Frankenstein

19. **Konrad II.** (1321–1366), ⚭ Elisabeth von Dienheim
20. **Konrad III.** (1361–1397), ⚭ Ida von Bickenbach
21. **Konrad IV.** (1402–1441), ⚭ Anna von Helmstadt
22. **Konrad V.** (1431–1469), ⚭ Margarethe von Rodenstein
23. **Konrad VI.** (1470–1504), ⚭ Apollonia von Kronberg
24. **Hans IV.** (1492–1558), ⚭ Irmela von Cleen
25. **Gottfried** (1512–1567), *Ockstädter Linie Frankenstein,* ⚭ Gertrud Kämmerer von Worms, gen. von Dalberg
26. **Bartolomäus** (1540–1603), ⚭ Maria Nagel von Dirmstein
27. **Philipp Christoph** (1575–1633), ⚭ Agathe von Hattenstein
28. **Philipp Ludwig,** (1612–1689), ⚭ Katharina von Erpe
29. **Johann Ludwig** (1649–1693), ⚭ Magdalena von Breitenbach
30. **Friedrich Gottfried** Rudolf Georg (1686–1738), ⚭ Margarete von Bettendorf
31. **Carl Friedrich** Ferdinand Valentin Xaver (1713–1755), ⚭ Therese von Kesselhuth
32. **Johann Friedrich** Franz Carl Xaver (1745–1832), ⚭ 1765 Franziska Helene von Frankenstein – *Sachsenhausener Linie,* die 1762 im Mannesstamm erloschen war
33. **Ludwig Anselm** Carl (1770–1822), ⚭ Ursula, Gräfin von Seinsheim
34. **Georg Carl** Friedrich (1798–1845), ⚭ Leopoldine, Gräfin von Apponye
35. **Georg Arbogast** (1825–1890), ⚭ Maria Theresia, Prinzessin zu Oettingen-Wallerstein
36. **Moritz** (1869–1931), ⚭ Maria, Gräfin zu Stolberg
37. **Georg** (1898–1965), ⚭ Caroline, Prinzessin von Schönburg-Hartenstein
38. **Heinrich Moritz** (geb. 1939), ⚭ Gabriella, Gräfin Zichy zu Zich und Vásonykeö
39. **Deren Kinder:**
   Georg, Hubertus, Carl, Paul, Johannes und Margarete von Franckenstein.

3. Lehen vom Reich und vom Bischof zu Mainz

Das Reichslehen

Unter dem 2. Juni 1402 übergibt König Ruprecht dem Herren Konrad (IV.) von Frankenstein die Burg Frankenstein, das Dorf Nieder-Beerbach und den Waldbezirk Dürrenmatt bei Malchen zum Reichslehen. Eine weitere Belehnung und Bestätigung empfängt Philipp II. von Frankenstein im Jahre 1442 durch Kaiser Friedrich III.

Die Fachwelt ist sich darin einig, daß schon die erste Belehnung von 1402 nur die Bestätigung eines längst auf der Burg und dem Dorf Nieder-Beerbach ruhenden Reichslehens ist.

Durch diese Belehnung wird die Burg Frankenstein „Reichsunmittelbar", d. h., sie untersteht weder einem Landesfürsten noch einem anderen Herren außer dem Kaiser. Niemand darf sie ohne Zustimmung des Burgherren betreten. Es ist aus den vorangegangenen Jahrhunderten bis zum Verkauf der Burg an den Landgrafen von Hessen im Jahre 1662 keine Verletzung dieser Reichsunmittelbarkeit bekannt.

In der Belehnung fällt auf, daß sie sich nur auf die Burg und Nieder-Beerbach erstreckt, die anderen Dörfer der Herrschaft Frankenstein, z. B. auch Eberstadt, jedoch davon ausgeklammert sind. In diesem Zusammenhang macht schon H. E. Scriba, Pfarrer in Nieder-Beerbach, 1851 darauf aufmerksam, daß es vor der Erbauung der heutigen Burg bereits eine andere Burg Frankenstein gab, die auf dem „alten Burgberg" im Nieder-Beerbacher Tal gelegen war.

Nun besteht Einigkeit darüber, daß die Herren von Lützelbach-Breuberg und die mit ihnen verwandten Grafen von Wertheim einst im Bachgau (südwestlich von Aschaffenburg) Besitz und landesherrliche Rechte von jenen Grafen von Beerbach ererbt haben. Es könnte also durchaus sein, daß sich ein zweites Erbstück auf den Komplex Frankenstein erstreckte. Damit wäre auch genugsam erklärt, warum Konrad II. Reiz von Breuberg und seine Frau Elisabeth von Weiterstadt ihre neue Burg, die offenbar von Anfang an die Reichsunmittelbarkeit innehat, gerade hier erbauen.

Damit könnte in Zusammenhang stehen, daß sämtliche Urkunden, die nach der ersten von 1252 auf der Burg Frankenstein ausgestellt werden, Besitztümer im besagten Bachgau betreffen. Elisabeth überläßt, als Witwe Konrads II. Reiz, im Jahre 1264 „apud Frankenstein" einen Besitz in Biebigheim bei Wenigumstadt der Johanniterkommende zu Mosbach. 1268 übergeben sie und ihre Söhne derselben Kommende Höfe in Raibach und Eisenbach. Eberhard von Breuberg, der Bruder Konrads II. Reiz, verkauft 1274 zwei Höfe in Eisenbach und im obigen Biebigheim an das Stift Aschaffenburg.

Das Lehen vom Bischof zu Mainz

In einem frankensteinischen Weistum (einer von den Gerichtsschöffen beeidigten Beurkundung) um das Jahr 1560 lesen wir: „Das Dorff Eberstadt ist beider Stem [Stämme] Franckenstein, wie sollichs von ihren Voreltern auf sie kommen, [und zwar] das Halbtheil der jungen Jungkern, Jungker Georgen Oswalds sone [Söhne] Hans Conrats und Ludwigen gebruder [Brüder] zu Franckenstein und ist ihr Theil lehen [Lehen] von dem Churfürstlichen Stifft Meintze [dem Erzbistum Mainz], das ander Halbtheil [des] Jungkers Philipsen zu Franckenstein."
Das Dorf Eberstadt gehört demnach den Herren von Frankenstein. Der eine Teil ist, als Lehen des Erzbistums Mainz, Besitz des älteren Stammes, während der andere Teil privater Besitz des jüngeren Stammes ist.
Die genannten „Junker" sind vom älteren Stamme: Hans Conrad und Ludwig, die Söhne des bereits 1548 verstorbenen Junkers Georg Oswald. Dieser war ein Sohn von Hans IV. von Frankenstein († 1558) und dessen Frau Irmela von Cleen. Der jüngere Stamm ist hier durch Junker Philipp V. († 1568) vertreten.
Das Weistum kann ziemlich genau eingegrenzt werden zwischen dem Jahre 1558, dem Sterbejahr des damals „Ältesten", Hans IV., und dem obengenannten Junker Philipp, der 1568 verstorben ist.
In diesem Weistum folgt nun eine genaue Grenzbeschreibung des, dem älteren Stamme zustehenden Dorfteiles von Eberstadt: „. . . und scheidet beede Stem [Stämme] Frankensin im Dorff die straßen [Straße], so vom Eschel herein [zieht] an die Straßen, so von Bensheim uff Darmstadt zugeht biß ahn [an] die Reuttersbach [die Modau] und vorthin [forthin] durchs Dorff uff Ramstadt [Nieder-Ramstadt] zu".
Die Straße vom „Eschel" her ist die ehemalige Römerstraße, die spätere Kirchgasse, an der einst die Einzelhofsiedlung angelegt wurde. Die Straße von Bensheim nach Darmstadt ist die heutige Heidelberger Landstraße. Die Grenze geht allerdings nur bis zur Modaubrücke (in früheren Zeiten „die Reutersbach") und folgt danach der Modau selbst nach Osten in Richtung Nieder-Ramstadt. Dieser Dorfteil des älteren Stammes kann mit Sicherheit als das älteste Eberstadt von der Karolingerzeit her angesehen werden.
Die Begrenzung dieses Lehensgebietes und damit des ältesten Dorfteiles geht auf die uralte Grenze zwischen den beiden Forst-

und Wildbannbezirken, der „Dreieich" und dem „Forehahi" (Föhrenwald) zurück. Die Dreieich reichte bis zum rechten (Nord-)Ufer der Modau, während der südlich angrenzende Forehahi am linken Modauufer begann. Diese genaue Grenzziehung finden wir nun auch bei der Anlage der ersten Einzelhofsiedlung bereits vor. Darin ist zugleich ein deutlicher Hinweis auf die Herkunft des Lehens gegeben: Es gehörte mit aller Wahrscheinlichkeit ursprünglich zum Kloster Lorsch, das seinen ersten Eberstädter Gutshof (von Walther und Williswind) schon im Jahre 782 erhielt. Sehr wahrscheinlich kamen dann die Herren von Weiterstadt (s. o. II/1) als Klostervögte in den Besitz dieses Lehens, das 1232 mainzisch wurde, als Kaiser Friedrich II. die Reichsabtei mit allen ihren Besitztümern dem Erzbistum Mainz zum Geschenk machte.

Wir erkennen in dem allem die weitgespannten Bögen über die Jahrhunderte hinweg.

4. Die alte Kirche

Die Laurentiuskirche

Es dürfte unbestritten sein, daß bereits zur Einzelhofsiedlung „Eberstat" eine Kirche gehörte, die das Patrozinium (Schutzherrschaft) des hl. Laurentius trug. Sie war vermutlich die Stiftung eines adligen Grundherrn als Eigenkirche (s. o. I C/4).

Für die frühere Heimatkunde stand fest, daß die älteste Kirche Eberstadts im Jahre 1523 erbaut wurde, und zwar an Stelle einer „kleinen Kapelle". Man dachte allerdings noch nicht an ein Patrozinium Laurentius, das ungefähr in die Karolingerzeit zurückweist. Man wußte auch nichts von gewichtigen Archivfunden aus den Jahren 1955 und 1975, die das Vorhandensein einer bedeutenden Kirche lange vor 1523 dokumentieren.

Die Eberstädter Seelbücher

Im Archiv für mittelrheinische Kirchengeschichte veröffentlichte A. Riese 1955 eine Arbeit über diese „Seelbücher", die im frankensteinischen Archiv Ullstadt aufbewahrt werden, jedoch unbekannt waren. Es handelt sich um einen Kalender, in dem die jeweils fälligen „Seelenmessen" eingetragen wurden mitsamt den Stiftern und den entsprechenden Stiftungen für die „ecclesia" (Kirche) Eberstadt. Die Entstehung der Seelbücher liegt ungefähr um 1420 bzw. 1500; sie enthalten jedoch auch Stiftungen aus weitaus früherer

Alte Kirche in Eberstadt

Zeit, die aufgrund von mündlicher Überlieferung nachgetragen wurden. Weiteres berichten wir in III/3 u. 5.

Hier genügt die Feststellung der Stiftungszeiten und näheren Umstände der Stifter nach folgenden Beispielen. Die früheste Stiftung stammt von Konrad II. Reiz von Breuberg und dessen Frau Elisabeth von Weiterstadt, also von den Erbauern der Burg Frankenstein. Konrad II. starb vor 1264.

Weitere Stiftungen stammen von namhaften Gönnern der hiesigen Kirche: 1392 von Junker Hans Kranich von Dirmstein, der den hiesigen Hof des Junkers Hans Walborn zum Pfand setzt. 1494 stiftet Petrus de Bibisheim eine Seelenmesse und vermacht der Kirche 10 Goldgulden und seine sämtlichen Bücher. Von 1501 stammt die Stiftung des Dietrich von Jugenheim für die „Pfarrkirche", wofür er als Pfand ein Ackerstück „in dem großen Esel", Lehen des Junkers Philipp IV. von Frankenstein, einsetzt.

Besonders aufschlußreich ist die Stiftung des Heinz Schäfer aus Eberstadt von 1494 zugunsten des Eberstädter Pfarrers und seines „Frühmessers" (Kaplans) zu gleichen Teilen.

Damit ist das Vorhandensein einer Kirche mit zwei „richtigen" Geistlichen und dementsprechend auch zwei Altären – lange vor 1523 – nachgewiesen.

Einsetzung von Pastoren und das frankensteinische Kirchenrecht

Eine weitere Entdeckung im Archiv Ullstadt (durch d. Verf.) brachte 1975 nicht weniger als dreizehn Anstellungsurkunden von Geistlichen in der Herrschaft Frankenstein zwischen 1333–1492 zum Vorschein (Näheres s. in III/4).

Die erste Urkunde ist eine notarielle Beglaubigung der Einsetzung des Plebans (Leutpriesters) Berchold in der Pfarrkirche zu Eberstadt durch den Junker Konrad II. von Frankenstein. Dabei verpflichtet sich der neue Pastor, einen „socius", einen Kaplan, mit einzustellen sowie täglich zwei Messen zu lesen bzw. lesen zu lassen. Berchold scheint adlig zu sein. Das gleiche ist bei den Nachfolgern Konrad von Bickenbach (1334) und Konrad von Rohrbach (1354) sicher, unter den gleichen Bedingungen wie oben. Einmal mehr geht aus den Urkunden hervor, daß die Eberstädter Kirche (mindestens seit 1333) eine Pfarrkirche mit zwei Altären ist und dazu offenbar eine gute Pfründe (Pfarreinkommen) aufweist.

Weitaus bedeutsamer aber ist die Bestätigung eines offenbar uralten Kirchenrechtes. Es umfaßt die sogenannte „Kollatur", das Recht zur Berufung und Einsetzung der Pfarrer in den frankensteinischen Kirchen, die „Geistliche Gerichtsbarkeit" mit der Visi-

**Grabplatte des Ritters Johann I. von Frankenstein († 1401)
in der alten Kirche**

tation von Pfarrern und Gemeinden und die „Aufsicht über die Kirchengüter" mit der Prüfung der Kirchenrechnungen. Dabei erweist sich dieses Recht mehr und mehr als unangreifbare Bastion zur Erhaltung der Souveränität des „Kleinstaates Frankenstein" und bekommt somit eine eminente politische Bedeutung.

Das gilt besonders nach der Einführung der Reformation in Hessen im Jahre 1526, in die auch Eberstadt zwangsläufig einbezogen wird. Nur: die Herren von Frankenstein bleiben nach wie vor katholisch und behalten gleichzeitig ihr angestammtes Kirchenrecht! So wird der erste lutherische Pfarrer, Michael Scheffer, durch Hans von Frankenstein 1542 in die Pfarrei eingesetzt, was dieser durch Brief (Urkunde) und Siegel ausdrücklich bestätigt.

Diese geradezu absurde Situation dauert an bis zum Verkauf der Herrschaft 1662 an Hessen.

Nun sind wir nicht zu Schiedsrichtern über die Geschichte berufen, wie seltsam diese auch zuweilen verlaufen mag. Daß sie aber in Sachen „Frankensteinisches Kirchenrecht" so verlief, resultiert allein aus der erstaunlichen Beharrlichkeit alter Rechtsbindungen im Mittelalter.

Das gilt in besonderem Maße sowohl für das „Kirchenrecht" wie auch für die Lehensbindung der Frankensteiner an den Bischof zu Mainz bzw. das Kloster Lorsch. Beide blieben bis zum Verkauf der Herrschaft 1662 unangetastet! Beziehen wir noch das Urteil von Gensicke und Möller (s. o. II/2) mit ein, nach dem die Vorfahren der Herren von Frankenstein dem karolingischen Reichsadel zuzurechnen sind, so schließt sich der Kreis mit der Feststellung, daß wir es hier mit uralten, bis 1662 niemals aufgegebenen Rechten zu tun haben.

Die Lehensbindung an Mainz-Lorsch dürfte von uralten Vogteirechten herrühren, während „das Kirchenrecht" sehr wohl seine Wurzel in einem ursprünglichen Eigenkirchen-Recht (s. o. I C/4) haben mag.

5. Das Eberstädter Straßenbild im Spiegel der Geschichte – Ein Überblick

Die Kirchgasse

Die Straße der Einzelhofsiedlung, Adelshöfe und Bauernhöfe
Wir unternehmen einen Spaziergang durch das heutige Eberstadt, ausgehend von der alten Kirchgasse, der heutigen Büschel- und Odenwaldstraße.

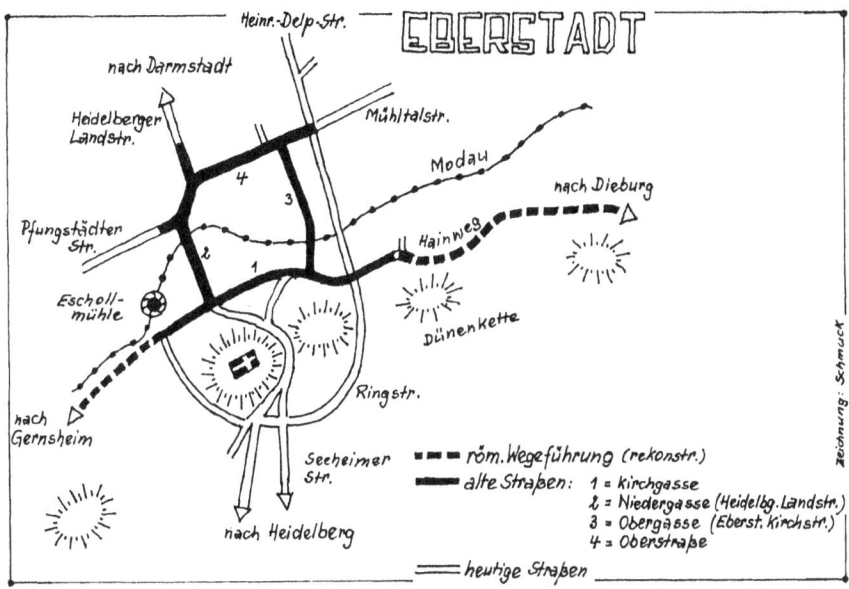

Planskizze von Peter Schmuck

Das noch feststellbare älteste Gebäude war die Vorgängerin der heutigen Dreifaltigkeitskirche an der gleichen Stelle. Weiterhin lagen in der Kirchgasse das älteste Rathaus und das älteste Gasthaus, genannt „Zur Kande". Zur Pfarrei gehörten das Pfarrhaus am Pfaffenberg und das „Frumeß-Hauß" des Kaplans, der die erste Messe am Tage zu lesen hatte.

Eine besondere Stellung nahmen die stattlichen Adelshöfe in der Kirchgasse ein, in denen wir die Nachfolger der großen Gutshöfe aus der ehemaligen Einzelhofsiedlung sehen können.

Der in der ältesten Urkunde vom Frankenstein 1252 erwähnte Burgmann „dominus C. von Wambold" könnte hier begütert gewesen sein. Noch 1516 besaßen die Herren von Wambold (nach H. von d. Au) hier einen eigenen Zentbezirk.

Seit 1307 sind die Herren von Bickenbach (Alsbacher Schloß) mit drei Höfen nachweisbar: dem Metzenhof, dem Kolbshof und dem Siegfriedshof, dem „Syfrittengüt in der Gasse". Das letztere wurde später in acht Hofreiten (Bauerngüter) aufgeteilt, ein Vorgang, der sich schließlich auf den meisten adligen Hofgütern abspielte.

Im Jahre 1392 stiftete der Junker Hans von Dirmstein, genannt Kranich – von dem das Schloß Kranichstein seinen Namen hat –, ein Jahrgedächtnis, eine „Seelenmesse" in der hiesigen Kirche. Als Pfand setzte er den hiesigen Hof des Junkers Hans von Walborn ein. Es handelte sich vermutlich um den sogenannten „Gansenhof".

Haus „Kirchenwiemer" (abgerissen) und alte Dorflinde am Kirchenaufgang

In der alten „Kirchgasse", Odenwaldstraße

Haus des Schultheißen J. W. Mack, Niedergasse (abgerissen)

Den Herren von Buseck gehört der Gilbrechtshof. Gilbrecht von Buseck verfügte 1422 in Pfungstadt über namhafte Liegenschaften und mehrere Mühlen.
Die Herren von Steinach (Neckarsteinach) könnten bereits vor den Herren von Frankenstein hier begütert gewesen sein, da die Herren von Weiterstadt eng mit den Landschade von Steinach liiert waren.
Ähnliches ist von den Familien Kämmerer von Worms, gen. von Dalberg, von Kleeberg und von Berlichingen aus späteren Zeiten zu sagen.
Der ehemalige „Frankensteiner Hof" (Odenwaldstr. 41) ist mit einem Teil des Hauptgebäudes und tiefen Kellern noch erhalten (heute Haus Hagen).
Der angebliche unterirdische Gang zum Frankenstein hinauf ist allerdings reine Phantasie – oder: „Wer sollte das bezahlt haben?"

Zur Geschichte

Zwischen 950 und etwa 1150 bzw. 1252 haben sich einschneidende Veränderungen vollzogen. Wir fassen die Daten zusammen: Die Grafen von Katzenelnbogen haben als Ober- und Landesherren Macht und Einfluß ausgebaut. Die Herren von Frankenstein haben ihre kleine, aber souveräne Herrschaft begründet. Die ehemalige Einzelhofsiedlung ist ein Bauerndorf geworden.
Dazu gehört noch folgende Ergänzung.
Wirtschaftspolitisch entwickelt sich Frankfurt mit seiner 1240 privilegierten Herbstmesse zur großen Handelsmetropole. Damit verlagert sich der seitherige „Trend nach Westen" zu einem neuen Trend zum Main hin. Schließlich wird im Jahre 1330 Darmstadt zur Stadt und wenig später zur gräflichen Residenz erhoben.
Im Zuge dieser bedeutsamen Veränderungen entsteht in Eberstadt die Niedergasse (heutige Heidelberger Landstraße) als Komponente zur alten Kirchgasse. Sie wird zur Straße der Wirtshäuser und großen Einstellgasthöfe mit zunehmendem Durchgangsverkehr.
Das frankensteinische Weistum von etwa 1560 nennt als gleichrangige Verkehrsverbindungen die „Straß, so vom Eschel hereingeht", die alte Römerstraße und spätere Kirchgasse und die „Straaße, so von Bensheim uf Darmstadt zugehet", die Niedergasse oder „Bergstraße", die damit erstmals urkundlich in unserem Raume erscheint.
Ihre beherrschende Stellung als Kern- und Hauptstraße Eberstadts behielt die Kirchgasse durch Jahrhunderte. Außerdem durchlief mit ihr eine Hauptverkehrsstraße von Westen nach Osten den Ort. Sie führte aus dem Pariser Becken über Metz, Kai-

serslautern und Worms, Gernsheim am Rhein, Eberstadt, Ober-Ramstadt nach Würzburg.

Die Niedergasse

Straße der Wirtshäuser und Einstellgasthöfe
Wir beginnen einen Rundgang auf der linken Straßenseite mit dem Ausgangspunkt Kirche. Sie bekam zwischen 1506—1523 eine großartige Neuausstattung durch Philipp IV. von Frankenstein: einen silbergoldenen Kelch St. Barbara, eine neue Glocke St. Anna (die heute noch geläutet wird) und einen massiven Turm. Im Jahre 1526 führte Landgraf Philipp der Großmütige als Landesherr die Reformation in Hessen ein. So mußte Hans IV. von Frankenstein seinen Widerstand 1542 aufgeben und den ersten lutherischen Pfarrer in der Kirche einsetzen. Die Frankensteiner blieben jedoch selbst katholisch — und behielten ihre kirchlichen Rechte. Damit setzte ein erbittertes Ringen um die Souveränität in der kleinen Herrschaft ein, das erst durch den Verkauf an Hessen 1661/62 sein Ende fand. Die Gemeinde bewahrte sich dazwischen mit ihrer Dorfordnung von 1557 eine gewisse Eigenständigkeit.
Neben dem Kirchenaufgang stand das Bäckerhaus von 1577, ein charakteristisches Fachwerkhaus, das jedoch abgerissen werden mußte.
Einige Schritte weiter erhob sich die „Herberge zum Roten Hirsch", in der 1605 eine Zweitschrift der Dorfordnung feierlich beschworen wurde.
Das langgestreckte Bürgerhaus Nr. 271 zeigt über der Toreinfahrt ein Küferwappen und die Buchstaben T D = Tobias Diefenbach, mit dem diese bekannte Familie ihren Einstand in Eberstadt begann.
Am „Gäßchen" stand das schöne Fachwerkhaus des Schultheißen J. Wendel Mack, das vor einigen Jahren zugunsten neuer Kaufhäuser der Spitzhacke zum Opfer fiel, zusammen mit dem alten Einstellgasthof zur „Güldenen Cron", später „ans Hilße Eck", Ecke Pfungstädter Straße.
Den Rückweg treten wir gegenüber am Haus Nr. 220 an, das dem Bierbrauer und Oberschultheißen Paul Heß gehörte. Hier wurde später die „Thurn- und Taxissche Postexpedition" eingerichtet. Das Haus soll zur 1200-Jahr-Feier renoviert werden.
Vor der Modaubrücke kommen wir zum einstigen „Güldnen Wolf", Gasthaus und Bierbrauerei. Das Geschäft betrieb Peter Wolff, hiesiger Pfarrerssohn und gelernter Bierbrauer.
Hinter der Modaubrücke stand seit 1564 das Rathaus. In der großen Ratsstube tagte das Ortsgericht. Daneben fanden Ehebesprechungen, Verhandlungen über Hauskäufe, Verdingungen von

Handwerkern und ähnliche Rechtshandlungen statt, die mit „Weck, Wurst und Wein" erledigt wurden. Der Ratsdiener (in der Dorfordnung der „Stubenknecht") wartete auf und sorgte für Ordnung. – Die am gleichen Platz 1914 erbaute Synagoge wurde 1938 ein Opfer der Kristallnacht.

Ein paar Schritte weiter stand (Nr. 238) das Gasthaus zum „Ochsen", in dem Johann Wolfgang Goethe auf der Reise nach Italien 1775 während der Mittagspause sein berühmtes Tagebuch begonnen hat: „Hier läge denn der Grundstein meines Tagebuchs". (Das Haus wurde abgerissen.)

Zum Schluß kommen wir zur alten „Herberge zur Güldenen Sonne", an der man heute noch die beiden Tore sehen kann. Zum einen fuhren die Fuhrleute abends hinein, um Pferde und Frachtwagen unterzustellen, und zum anderen am Morgen wieder hinaus. Hier und in der oben genannten „Güldenen Krone" konnten bis zu 80 Pferde mit Wagen, Kutschen und Karren Unterkunft finden.

Pfarrer J. May nennt die Niedergasse eine „frequente Straße", auf der allerdings auch die Eberstädter Buben die Kraftausdrücke der Fuhrleute begierig aufnahmen.

Die Obergasse

Gemeint ist damit die heutige „Alte Eberstädter Kirchstraße", die noch im Weistum von etwa 1560 Obergasse heißt. Von den beiden Straßen, die über die Modau führen, ist sie sinngemäß die „obere" gegenüber der unteren, der Niedergasse.

Die Modau scheidet auch die beiden Dorfhälften. Der südliche alte Teil (das Lehen des Bischofs zu Mainz) gehört dem älteren Stamme Frankenstein. Der nördliche ist Eigenbesitz des jüngeren Stammes und fällt um 1612 den Grafen von Schönburg (bei Wesel am Rhein) als Erben zu.

Die Obergasse ist fast ausschließlich mit bäuerlichen Gehöften besetzt. Die frankensteinisch-schönburgische Kellerei liegt hingegen in der heutigen Oberstraße.

Die „neue" Obergasse

Straße der Brauereien und Brennereien

Wir nennen sie hier so, um Verwechslungen mit der ursprünglichen alten zu vermeiden. Gemeint ist die heutige Oberstraße, die man als eine dritte Komponente zur Kirchgasse (Straße der Gutshöfe) und zur Niedergasse (Straße der Wirtshäuser) als Straße der Brauhäuser, Branntweinbrennereien und Mühlen bezeichnen könnte.

Als erstes Gebäude stand hier (an der Stelle des heutigen Rathauses

Oberstraße 11) die frankensteinische Kellerei. Um 1500 wurde dieser gegenüber die neue frankensteinische und spätere schönburgische Kellerei errichtet.
Der Name kommt von den großen Kellern her, in denen die Ablieferungen der Untertanen bis zum Weiterverkauf gesammelt wurden. Im Ganzen umgreift das Wort die Verwaltung der Liegenschaften, Steuern und Einnahmen der Herrschaft. Der Verwalter hieß dann kurzerhand Keller bzw. Amtskeller.
Im vorderen Teil der Schönburgischen Kellerei wurde nach Auflösung der Herrschaft um 1700 die Brauerei Harnischfeger errichtet, wie überhaupt der Ausbau der Obergasse erst im 17. und 18. Jahrhundert erfolgte. Wir sehen uns wieder ein wenig um.
Vom Haus Nr. 20 wissen wir das Baujahr: 1663. Erbauer ist der Schmiedemeister Daniel Geibel, der dies in seinem Hausbuch eintrug. Dort steht auch zu lesen, daß neben ihm der Mitnachbar Michael Dober um 1661 eine Brauerei eröffnete. Aus ihr wurde gegen Ende des Jahrhunderts die Dörner-Diefenbachische Großbrauerei (Haus 16–18). Das schön renovierte Kühlhaus ist im Hofe zu sehen. Neben dem Geibelhof erkaufte der Sergeant Eberhard Neusel 1735 eine Behausung. Er war der Oberste der Eberstädter Polizei. Einige Schritte weiter stand die Herpel'sche Brauerei zum „Schützenhof" mit riesigen Kellern, die abgerissen wurde.
Auf der rechten Seite der Obergasse kann man noch heute die stattlichen Höfe der Harnischfeger, Delp, Büttel und anderer alteingesessener Eberstädter Familien bewundern.
Am Eingang der anschließenden Mühltalstraße lag neben der (1565 erbauten) Dorfmühle die ansehnliche „Fürstliche Brandenweinbrennerei und Brauerei", die einen eigenen Zentbezirk bildete. Die Mühltalstraße selbst war bis 1839 keine Durchgangsstraße nach Nieder-Ramstadt. Damals erst wurde die riesige Felsbarriere zwischen Koppenmühle und alter Kaisermühle weggesprengt.

Die Mühlen

In der Gemarkung Eberstadt gibt es zehn Mühlen aus sehr verschiedenen Epochen.
Die ältesten, die *Obere* und die *Untere Wiesenmühle* im Mühltal, werden 1315 in einem Katzenelnbogener Wirtschaftsbuch mit Abgabeverpflichtungen genannt. Sie sind später in frankensteinischem Besitz.
Kurz hintereinander werden durch die Landgrafen von Hessen erbaut: die *Eschollmühle* (1563), die *Dorfmühle,* Mühltalstraße 5 (1565) und an der Ostgrenze der Gemarkung die *Koppenmühle* (1569/70).

Im Jahre 1607 entsteht eine zweite Dorfmühle, diesmal jedoch auf Initiative einiger Eberstädter Bürger: Hans Wilhelm, Wilhelm Hill und Adam Ros. Nach dem letzteren heißt sie auch die *Rosenmühle* (Mühltalstraße 19).
In der nächsten Epoche werden (im Zusammenhang mit den Hessen-Darmstädtischen Bemühungen, die Schäden des Dreißigjährigen Krieges endlich durch wirtschaftliche Neuanlagen zu überwinden) folgende Mühlen errichtet: Die *Alte Kaisermühle* (1681), die *Mahrsmühle* im Beerbachtal (die zur Gemarkung Eberstadt gehört, 1684), die *Engelsmühle* im Kühlen Grund (1707) und die *Neue Kaisermühle* (1716).

Zur Geschichte
Der Dreißigjährige Krieg war mit großen Verheerungen über das Dorf hingegangen. Die Herren von Frankenstein hatten 1661/62 ihre Herrschaft an den Landgrafen von Hessen-Darmstadt verkauft. Im 18. Jahrhundert folgte eine neue Elendszeit durch die immer höheren Steuern, Wildschäden und Parforcejagten der absolutistischen Fürsten.
Unter der „Großen Landgräfin" Caroline und ihrem Minister Fr. Carl von Moser gelingt schließlich der Durchbruch zu besseren Zeiten, wie ihn der hiesige Pfarrer Johannes May 1791 in seinen „Ökonomischen Anmerkungen" beschreibt.
Für den aufblühenden wirtschaftlichen Wohlstand zeugen in Eberstadt (nach Johannes May) drei „nahrhafte" Brauhäuser, fünf „starke" Branntweinbrennereien, eifrig betriebener Wein-, Obst- und Kartoffelanbau und dergleichen.

Die Situationskarte des Artillerieleutnants Haaß

Im Jahre 1789 gibt der Leutnant eine fein gestochene „Situations-Charte" von Darmstadt und Umgebung heraus, auf der auch Eberstadt gut zu sehen ist. Wir wollen diese kurze Übersicht mit ihr abschließen. Die Gegend südlich der Dünenkette ist noch unbebaut. Die Büschel- und Odenwaldstraße bilden hier die Dorfgrenze. In der Pfungstädter Straße stehen nur zwei Häuser: die oben geschilderte „Güldene Cron" und gegenüber die Brauerei und Brennerei Darmstädter. Die Oberstraße schließt das Dorf nach Norden ab. Die Heinrich-Delp-Straße reicht nur bis etwa zum Steigertsweg. Im „Hirtengrund" gibt es weder eine Straße noch eine Brücke über die Modau.
Das ganze Geviert umfaßt eine Fläche von höchstens 500 mal 500 Metern. Und auf diesem engen Raum hat sich zwischen 782 und 1789 eine tausendjährige Geschichte abgespielt.

III.
Unter den Grafen von Katzenelnbogen

1. Die Obergrafschaft Darmstadt

Das Geschlecht leitet seinen Namen von der 1095 erbauten Burg Katzenelnbogen im Taunus ab. Seit 1135 führt es den Grafentitel. Die Treue und die engen Verbindungen zu den staufischen Kaisern Friedrich I. und Heinrich VI. (1152–1197) ermöglichten ihm den Aufbau eines eigenen mächtigen Herrschaftsgebietes. Die Burg Rheinfels, 1245 über St. Goar errichtet, wurde zur Residenz der Niedergrafschaft.
Seit 1222 sind Besitzrechte der Grafen in Darmstadt, Bessungen und Groß-Gerau nachzuweisen, aus denen sich die spätere Obergrafschaft mit der Residenz Darmstadt entwickelte.
„Zu der auffallenden politischen Begabung der Grafen von Katzenelnbogen tritt ergänzend ihre Befähigung für Verwaltung und Wirtschaft. Das zeigt sich in der großangelegten Rechnungsführung und Finanzverwaltung. Dazu kamen eine ertragreiche Landwirtschaft, die regelmäßig große Korn- und Weizenverkäufe an die mittelrheinischen Städte ermöglichte; eine ergiebige Forstwirtschaft, die insbesondere aus dem Odenwald erhebliche Gewinn zog; eine ausgedehnte Viehhaltung, besonders in riesigen Schafherden mit dem entsprechenden Wollgeschäft, und schließlich eine sorgsame Teich- und Flußwirtschaft, die über die besten Salmengründe des Rheins verfügte." (K. Demandt).
Das alles aber wurde noch von der geschickten Zollpolitik übertroffen, die den Grafen die Zölle von Gernsheim über Mainz, Koblenz, St. Goar, Boppard, Bonn und Düsseldorf bis an die holländische Grenze einbrachten.
In Darmstadt errichteten die Grafen von Katzenelnbogen im 13. Jahrhundert eine Wasserburg. Als Graf Wilhelm II. im Jahre 1355 mit der Gräfin Else von Hanau die Ehe schloß, verlangte diese den Ausbau der Wasserburg zu einem standesgemäßen Schloß als Witwensitz. Die Arbeiten begannen jedoch frühestens 1360 mit dem an das alte Herrenhaus angelehnten „Hölzernen Haus", einem Fachwerkbau, sowie der Burgkapelle, deren Altar 1377 geweiht wurde. Im Untergeschoß wurde die Badstube eingerichtet.
Die Bedürfnisse der Gräfin Else dokumentieren sich in einem Einkaufszettel (von etwa 1380) für die Frankfurter Messe. Es wurden eingekauft: Welsche Leinwand, mai- und saatgrünes Arraser Tuch, rote, weiße, grüne und schwarze Tücher von Mecheln, dreifarbig grün-rot-weiße, grüne und schwarze Seide, seidene Tücher, blauer, roter und grüner Seidenzwirn, schwere Borten, breite und schmale Besätze, große und kleine Perlen, goldene Gewandheften, verschiedene Gold- und Silberarten, darunter Zyperngold und Zypernsilber, farbige Seidenschnüre zum Anlegen des Goldes und

**Frankensteiner Tor und Hof,
ehemaliges Burglehen in Darmstadt**

Silbers, weiße Seidenbänder zum Aufreihen und Anheften der Perlen und dazu noch vieles andere an Tüchern, Schnüren, Borten, Gold- und Silberstücken.

Der Kulturstand der gräflichen Schloßbewohner ist am Inhalt der Bibliothek abzulesen. Sie enthält eine große deutsche Bibel, das Passional, den Titurel des Wolfram von Eschenbach, das Lied von Troja. Die Bücher waren so wertvoll, daß Gräfin Else sie nur für ihre Lebenszeit benutzen durfte. Nach ihrem Tode fielen sie wieder an das Haus Katzenelnbogen zurück.

Die erste politische und zugleich persönliche Verbindung von der Burg Frankenstein zu den Grafen Katzenelnbogen vollzog sich im Jahre 1292. In diesem Jahr starb Konrad I. von Frankenstein, Sohn des Burgerbauers. Ihm folgte als „Ältester" des Hauses dessen Bruder Friedrich, der noch im gleichen Jahre die Burg dem Grafen Wilhelm I. von Katzenelnbogen „öffnete". Dadurch bekam jener das Recht, in Kriegszeiten die Burg zu besetzen und gegen Feinde zu verteidigen.

Bei dem Vertragsabschluß waren Zeugen auf der frankensteinischen Seite die Ritter Heinrich Wambold, Hartmut von Rohrbach und Johann von Ramstadt, sowie der Schultheiß und die Schöffen von Eberstadt. Die Teilnahme der letzteren dürfte anzeigen, daß das Dorf eine gewisse Vormachtstellung in der Herrschaft Frankenstein einnahm.

Friedrich von Frankenstein wird im gleichen Jahre 1292 als erster Burgmann der Grafen in der Burg Darmstadt urkundlich genannt. Das entsprechende Burglehen war der nachmalige Frankensteiner Hof, auf dessen Gelände im Jahre 1629 das berühmte Darmstädter Pädagog errichtet wurde. Das Burglehen blieb bis 1560 in der Hand der Familie.

Friedrich begründete eine Nebenlinie des Hauses Frankenstein, die jedoch keine besondere Bedeutung erlangte und bereits 1424 im Mannesstamm erlosch.

2. Burg und Herrschaft Frankenstein

Die älteste Urkunde vom Frankenstein, auf der Burg ausgestellt, ist datiert 1252 „am Sonntag vor dem Feste des Bonifatius". Die Aussteller sind „Conradus dictus Reis de Brueberc" (Konrad, genannt Reis von Breuberg) und seine Frau Elisabeth, die als eine geborene von Weiterstadt identifiziert ist. Durch einen Vergleich werden Streitigkeiten mit Friedrich von Stein-Callenfels über Güter in Weiterstadt abgeschlossen.

Älteste Urkunde von der Burg Frankenstein, 1252

Am Ende der zweitletzten Zeile lesen wir die Ortsangabe: "super castro in Frangenstein", d. h. in der Burg auf dem Frankenstein. Die Urkunde wird von den ersten Burgmannen Konrad Wambold (allenfalls zu Eberstadt), Sigfrid von Griesheim, Henn von Rengershausen (einem Adligen zu Nieder-Ramstadt), Hartleben "de Cimbere" und Emgo von Glattbach bestätigt.

Die Burg Frankenstein besteht nur aus den Gebäuden, die den innersten Burghof umgeben. Für ihre Anlage war, wie bei allen auf Bergen gelegenen Burgen, ledigleich die Zweckmäßigkeit und die Sicherheit maßgebend, während die Bequemlichkeit der Bewohner erst in zweiter Linie in Betracht kam.

Ein Mantel von hohen starken Mauern mit Zinnen und Wehrgang umschloß diesen schmalen länglichen Hof, in dem die Wohngebäude und nötigsten Wirtschaftsbauten (meist wohl in Fachwerk errichtet) an die dicken Ringmauern angelehnt waren. Heute noch zeigen die West- und die Südmauer nahezu die ursprüngliche Höhe und Stärke. Letztere stellte sich, ohne Fensteröffnungen, wie ein Schild dem Angriff von der Bergseite her entgegen. An der Ost- und Nordseite ist kaum etwas über der Erdoberfläche noch zu erkennen.

Einen Bergfried, wie die benachbarten Burgen Tannenberg, Alsbacher und Auerbacher Schloß, hatte der Frankenstein offenbar nicht. Dafür war der Burghof mit den Gebäuden darin viel zu eng. An der allein für eine solche letzte Zuflucht möglichen Stelle befand sich der alte Burgbrunnen, der inzwischen zugeschüttet wurde. Was auf alten Stichen als Turm zu sehen und heute (nach der unglücklichen Renovierung 1835), mit einem hohen steilen Schieferdach bekrönt, die Westmauer überragt, war kein eigentlicher Bergfried, sondern ein Wohnturm (vlg. die Rekonstruktion).

Ein Wall mit Palisaden umgab diese älteste kleine Burganlage, und ein an der Südseite tief in den Felsen gehauener sogenannter Halsgraben, aus dem das Baumaterial für die Burg gewonnen wurde, sicherte sie noch besonders gegen Angriffe von dieser Seite.

In der Regel weisen die Wohngebäude einer mittelalterlichen Burg den „Palas", das Herrenhaus und die „Kemenate", das heizbare Frauenhaus, auf nebst den Unterkünften der Reisigen, Knechte und Mägde. Vorratshaus, Backhaus und Kapelle fehlen nicht. In der Burg Frankenstein standen Pferdestall und Kuhstall außerhalb der Mauer.

Da sich die Burg zum Teil selbst versorgen mußte, lagen um sie herum gerodetes Ackerland, ein Würzgärtlein, ein Erbsengärtlein und, zur Vergnügung der Herren, zwei Vogelherde.

Das Leben in einer solchen Burg ist alles andere als behaglich oder gar romantisch. Wie es in der Mitte des 13. Jahrhunderts, da die

Zeichnung von Franz Schütz d. J. 1751–1781
Einzig vorhandene Darstellung der Burg
vor dem endgültigen Zerfall

Burg Frankenstein erbaut wurde, hier etwa zuging, zeigt eine Schilderung von der *Wartburg*, in der die heilige Elisabeth zu Anfang gewohnt hat.

„Das Leben war streng geregelt. Die Frauen standen früh auf, wuschen sich in Badekufen, die von den Mägden in die Kemenate getragen wurden. Dienerinnen halfen den Frauen beim Ankleiden und flochten den Verheirateten die Zöpfe mit Bändern. Die jungen Mädchen trugen das Haar offen, nur von einem Stirnreifen gehalten.

Der Tag nach der Morgenmesse war häuslichen Obliegenheiten gewidmet. Die Bedürfnisse des Haushaltes wurden alle in der Burg befriedigt vom Gießen der Unschlittkerzen bis zum Weben und Nähen der Kleider, nicht nur der Herrschaft, sondern auch des Burggesindes. Die Männer gingen auf die Jagd oder begleiteten den Landgrafen zu den Verwaltungsgeschäften des Landes.

Besonders im Winter war das Leben auf der Burg manchen Unbequemlichkeiten ausgesetzt. Beim Einbruch der Winterstürme wurden die Fenster mit hölzernen Läden verschlossen, die erst im Frühling wieder entfernt wurden. Die Mauern strömten eisige Kälte aus. Die offenen Kamine gaben nur ungenügende Wärme.

Die großen Räume wurden mit Kienfackeln beleuchtet. In den Kemenaten standen eiserne, dreifüßige Leuchter, die oben in einen Dorn ausliefen, auf dem Kerzen aufgespießt wurden.

Die Kemenaten waren denkbar einfach möbliert. In der Mitte stand eine Liegestatt mit Lederkissen, über die bei Tag ein Teppich ausgebreitet wurde. Hierauf saßen die Frauen bei ihren Arbeiten, dem Spinnen, Sticken und Nähen. An den Wänden standen die Truhen, in denen das Gewand aufbewahrt wurde. Im Sommer fiel das Licht durch die hoch angebrachten Fenster, die gegen den Regen mit dünnen Tierhäuten geschützt waren, auf die arbeitenden Frauen. Zur Nacht wurden Leintücher über die Liegestatt gebreitet, auf denen Kinder und Frauen schliefen.

Die Mahlzeiten wurden von den Frauen und Männern getrennt eingenommen. Die Speiseräume hatten Bänke den Wänden entlang. Die Tische waren einfache, lange Bretter, die von Knechten vor den Sitzenden auf Böcken aufgestellt wurden. Große Suppenschüsseln wurden in die Mitte der Tafel gestellt, und jeder löffelte sich seinen Teil in eine Zinnschüssel. Fleisch und Gemüse wurden mit den Händen gegessen. Das Fleisch schnitten die Diener vor. Nach der Mahlzeit wurden Schüsseln mit Wasser herumgereicht zum Waschen der Hände. Dann trugen die Knechte die Tafel mit den Überresten wieder hinaus, während Frauen und Ritter zu ihren Beschäftigungen zurückkehrten."

Wenn es aber am Hofe eines großmächtigen Landgrafen so zuging, wie einfach und primitiv mag sich das Leben in der Burg Frankenstein in den ersten Zeiten abgespielt haben.

Am St. Margarethentag 1363 wird ein Burgfriede zwischen den Brüdern Konrad III. und Johann I. von Frankenstein abgeschlossen. Besonders wichtig sind die letzten Artikel:

„9. Soll unser keiner die Burgk Frankenstein verkauffen, versetzen, veräußern, auch niemdts ein offen Haus machen [Burgöffnung] ohne des anderen Willen und Wissen.

10. Auch sollen wir Unsern Wald, der under Frankenstein gelegen ist, nicht anders hauen, nießen [Nutznießung] und brauchen, denn zur Urbar [Unterhaltung] und Nutz unsrer Burgk Frankenstein.

11. Auch soll keiner Unsrer Erben und Nachkommen in die Burgk jemandts insetzen, noch inlassen, er habe denn den versprochenen Burgkfrieden gesichert und gelobt."

Dadurch wird das Haus Frankenstein vor dem Schicksal bewahrt, wie es manches andere Geschlecht betroffen hat, sich durch ständige Erbteilungen schließlich totzuteilen oder durch fortgesetzte Verpfändungen langsam und sicher an den Bettelstab zu kommen. Die Burg Frankenstein wird bis zum Erlöschen beider hiesigen Linien (1602 bzw. 1606) niemals verpfändet noch durch Erbteilung auseinandergerissen.

Um das Jahr 1400 errichtet man rings um die Vorburg eine starke Wehrmauer und schützte den so erhaltenen Vorhof (in dem das heutige Hotel steht) durch einen Torturm. Nun konnte man Wirtschaftsgebäude und Gesindewohnungen in die Vorburg verlegen und in der Kernburg Platz schaffen für die wachsende Zahl der Familienmitglieder aus den beiden Linien.

Im Jahre 1402 empfängt Konrad III. von Frankenstein durch König Ruprecht eine (Neu-)Belehnung über die Burg und das Dorf Nieder-Beerbach (s. o. II/4).

Die Reichsunmittelbarkeit von Burg und Dorf wird durch Kaiser Friedrich III. erneut besiegelt im Jahre 1442. Sie dauerte unangefochten weiter bis zum Verkauf im Jahre 1662.

Die Adelsherrschaft Frankenstein umfaßte sieben Dörfer und Dörfchen rund um die Burg mit Ausnahme von Bobstadt im Ried (s. u.). Das Zustandekommen dieses Territoriums läßt sich im einzelnen nicht mehr aufzeigen. Die Wurzeln reichen sehr weit zurück, wie sich aus der Reichsunmittelbarkeit der Burg und des Dorfes Nieder-Beerbach ersehen läßt (s. o. II/4).

In der Umgebung gab es etliche solcher „Kleinstaaten" (wie Bickenbach und Rodenstein), die den Landesherren stets ein Dorn im Auge waren. Man muß aber die Inhaber dieser Herrschaften verste-

Luftbild: Ruine Frankenstein (Selinger)

hen, wenn sie sich gegen die Beschneidung ihrer zum Teil uralten Rechte aufs äußerste wehrten.

Die Herren von Frankenstein verfügten über die sogenannte Niedere Gerichtsbarkeit, das Vogteirecht, Steuerrecht, Jagd, Fischerei und Weide, Verfügung über die Leibeigenen und ganz besonders ein ausgedehntes „Kirchenrecht" (s. o. II/4). Um dieses letztere wurde in späteren Jahren zwischen den Herren von Frankenstein und den Landgrafen von Hessen am eifrigsten gestritten, zumal hierin die Souveränität der Herrschaft am tiefsten verankert war. Es wurde auch bis zuletzt, bis zum Verkauf der Herrschaft gehalten.

Die sieben Dörfer sind folgende:

Eberstadt. Der Ort kann, nicht zuletzt auch wegen seiner günstigen geographischen Lage, als ein Vorort gelten (vgl. den nächsten Abschnitt).

Nieder-Beerbach. Dieser Ort hatte seine besondere Bedeutung darin, daß er in die Reichsunmittelbarkeit der Burg Frankenstein einbezogen war (s. o. II/4).

Ober-Beerbach. Der Ort gehörte zur Hälfte den Frankensteinern, zur anderen der Familie Forstmeister zu Gelnhausen, später von Schrautenbach. Die Kollatur an der Kirche hatten die ersteren allein inne (s. o. II/5).

Stettbach und **Schmal-Beerbach** waren Filialen, die den Herren von Frankenstein wahrscheinlich als Ganerben (Gemeinschaftserben) der nahen Burg Tannenberg gehörten.

Allertshofen war ein Lehen der Grafen von Katzenelnbogen. Kirchlich gehörte es zur Rodensteinischen Pfarrei Neunkirchen.

Bobstadt. Dieser Ort kam erst 1443 zur Herrschaft. Der Bischof von Worms belehnte mit ihm (vermutlich wegen guter persönlicher Beziehungen) Konrad V. von Frankenstein, und zwar als Burglehen „zum Stein". Die Burg Stein lag an der Weschnitzmündung.

3. Das Dorf Eberstadt

Dorfbild und Landschaft

Aus der Einzelhofsiedlung ist ein Bauerndorf geworden. Dabei hat sich das Bild kaum wesentlich verändert. Auf dem Dünenhügel steht die Laurentiuskirche bzw. deren Nachfolgerin. Die ehemalige Römerstraße, die jetzige Kirchgasse, ist nach wie vor die Haupt-

und Kernstraße. Einzelne Adelshöfe liegen inmitten der Bauernhöfe, darunter der „frankensteinische Gutshof" (Odenwaldstraße 41) oder der Hof des Junkers Hans Walborn, den Hans Kranich von Dirmstein 1392 als Pfand für eine „Seelenmesse" einsetzt. Nach diesem Junker führt heute das Jagdschloß Kranichstein seinen Namen.

Bei einem Gang durch die Gemarkung stoßen wir auf manchen Flurnamen, der uns auch heute noch geläufig ist. Wir entnehmen die Namen den Eberstädter „Seelbüchern" von 1420/1500, die jedoch noch weiter zurückreichen. Da ist ein Weingarten „hinter der Kirche", da wohnen Leute „in dem Sande" oder „auf dem Waasen". In der Nähe des Hainweges stoßen wir „auf Roda". Am Nordhang des Riedbergs liegen Ackerstücke „vor'm Burgberg", die „Mengers Wiesen" und in dem „Wolfpfad", dem heutigen Wolfhard, etliche Weinberge. Neben der Ackerwirtschaft wird offenbar ein gut florierender Weinbau betrieben.

Daneben gibt es Stücke, die überall vorhanden sein können: „des oleyers acker, bei den Nußbäumen, an dem Steine" und andere. Der letztere erinnert an den „Steinern Kreuzweg". Umgekehrt können Sigfrid und seine Frau Lucia „in der gasse" nur in der Kirchgasse wohnen; es gibt in jenen Zeiten nur diese eine.

Die ältesten bekannten Eberstädter

Auch diese finden wir in den „Seelbüchern", und zwar in dem dazugehörigen Wirtschaftsbuch der Pfarrei Eberstadt als Pächter und Abgabepflichtige. Die „ältesten" lassen sich leicht daran erkennen, daß sie noch keine Familiennamen tragen. Sie mögen bis in das 12. und 13. Jahrhundert zurückreichen.

Zunächst werden sechs Ehepaare genannt: Sigfrid und Lucia; Kulman, gen. Aar, und Lucia; Johan, gen. Aar, und Albrat; Heinrich, Sohn des Wickard und der Lucia; Konrad, der Krumpher, und Irmgard, sowie Sigfried, gen. Fürst, und Irmgard. Zu diesen 12 Personen kommen noch folgende einzelne, nach der Reihenfolge im Wirtschaftsbuch: Drudel, Demuda, Johan sartor (der Schneider), Wolflin, Lutz an dem Sande, Heinrich, Sigfrid, Heinrich auf dem Waasen und Sigello am Sande.

Unter diesen 21 Namen findet sich nur ein biblischer: Johan, und dieser zweimal. Die übrigen 19 sind teilweise sehr alte germanische Namen, wie z. B. Demuda und Albrat für die Frauen und Wikkard oder Sigello für die Männer.

Wir fügen schließlich auch die Abgabepflichtigen an, die zwar einen Familiennamen führen, deren Vorname jedoch zum großen Teil ebenfalls in frühe Zeiten zurückreicht: Peter Groß, Else Binthamer, Else Schneider, Konrad Weinsberg, Trude Wencker; Wernher, Konrad, Hilde, Guda und Metze, die ganze Familie Bodeheimer; drei Ehepaare namens Schönbecher, nämlich Heinrich und Gerlind, Heilman und Else, Wolfram und Frida; Heinz Groß, Hans Brunig, Wenzel und Metze Becker, Johan und Adelheid Steck, Kulman und Hildburg Klin, Heinrich und Herburga Knebel, Wernher und Adelheid Benk, Konrad und Jutta Marschall, Lutz und Else Menger (s. o. „Mengers Wiese"), Konrad Feder, Adelheid Minnerin, Konrad Durr und Else Greven.

Auffällig ist, daß auch die „domina Elisabeth", Witwe des Konrad II. Reiz von Breuberg, des Erbauers der Burg Frankenstein, sowie deren Enkel Erkinger von Frankenstein und Frau Femula hier aufgeführt sind, und zwar auf Grund ältester Traditionen.

Unter diesen 39 Personen finden sich nur neun mit biblischen Namen, d. h. sechsmal Else, zweimal Johan, Hans und einmal Peter. Der Name Femula, der Gattin Erkingers, ist ein Kosewort, aus Euphemia entstanden.

Zu diesen Rückschlüssen auf das Alter aus den Namen gesellen sich ähnliche aus der Art der Abgaben, wie sie das Wirtschaftsbuch verzeichnet. Zum Beispiel: „Peter Groß: 1 Pfund Öl für die Ampel" (das Ewige Licht in der Kirche), „Else Binthamer: 1 Pfund Wachs zu Ostern, für die Kerzen" (auf dem Altar), „Else Schneider: Wein ad communicandum homines" (zur Kommunion im Hl. Abendmahl). Auf sehr alte Verpflichtungen, an die auch die späteren Pächter oder Nachkommen gebunden sind, gehen die Abgaben von Wachs, Öl und z. T. auch Wein zurück. „Wachszinser" sind: Johan sartor (der Schneider), Heinrich, Sohn des Wickard und der Lucia, Konrad, gen. Krumpher, Konrad Feder und die obengenannte Else Binthamer.

Öl haben abzuliefern: Sigfrid in der Gasse, Sigello am Sande und die obige Trude Wenker. Auch unter den Weinlieferanten finden sich wieder die „ganz alten" Eberstädter, wie Johan, gen. Aaar, und Heinrich auf dem Waasen sowie acht andere Pflichtige.

Übrigens tragen die beiden Kastenmeister (Kirchenrechner), die für das pünktliche Aufkommen der Abgaben und deren Verwaltung zu sorgen haben, den Namen „die heyligen meister", da sie das Gut der „Heiligen" verwalten, denen die Altäre in der Kirche geweiht sind.

Schultheiß, Schöffen und Gemeinde

Seit 1397 ist diese dreifältige Verwaltung der Gemeinde belegt. Die Gemeinde selbst ist mit sämtlichen steuerpflichtigen Einwohnern im „Haingericht" vertreten. Eine Art Gemeinderat bildet das sogenannte Gericht oder Schöffengericht. Die Leitung der Gemeinde hat der von der Herrschaft eingesetzte Schultheiß.

Das Haingericht tritt nach altem Herkommen an vier bestimmten Tagen im Jahre zusammen, um über alle fälligen Gemeindeangelegenheiten zu beraten. Es ist eine eigene Rechtskörperschaft neben dem Schöffengericht.

Dieses Gericht setzt sich aus 12 auf Lebenszeit bestellten Schöffen zusammen, die in der Regel den alteingesessenen Familien entstammen. Sie bilden nach den heutigen Begriffen etwa den Gemeinderat unter Leitung des Schultheißen.

Der Schultheiß wird vom Ortsherrn, hier also den Herren von Frankenstein eingesetzt. Er ist der maßgebende Verwaltungsbeamte der Gemeinde.

Als Gemeindebeamte sind der Gerichtsschreiber, der Büttel (Polizeidiener), Nachtwächter und Flurschützen tätig. Eine besondere Verantwortung tragen die beiden, jeweils für ein Jahr gewählten Bürgermeister, die für das Wohl und Wehe der Gemeinde, ihre Finanzen, ihren äußeren Schutz und dergleichen zu sorgen haben.

N. B. Das Schultheißenamt erlischt in Hessen erst 1820 mit der neuen Verfassung. An die Stelle des Schultheißen tritt jetzt als Leiter der Gemeinde der Bürgermeister.

Eine zunächst sonderbar klingende Bezeichnung hat der „Stubenknecht", von dem es in der Dorfordnung von 1557 heißt: „Wer uns unseren Stubenknecht beleidigt oder angreift, oder wer auf unserem Rathaus Streit anfängt, soll mit 1 Pfund Heller gestraft werden." Danach ist der Stubenknecht der Diener in der Ratsstube des Rathauses. In ihr finden nicht nur die Gerichtssitzungen statt, sondern auch manche Schmauserei bei Verträgen, Eheberatungen und ähnlichem. Auch die „weinkäufliche Copulation" junger Eheleute wird in dieser Weise auf dem Rathaus gehalten. Darum heißt es ebenfalls in dieser Dorfordnung: „Wer einen Weinkauf auf dem Rathaus hält, soll die Stube wiederum reinigen, und was verwüstet und zerbrochen ist [an Geschirr und Gläsern] bezahlen und ergänzen."

Das älteste Rathaus stand mit ziemlicher Sicherheit in der Kirchgasse. Ein neues wurde 1564 an der Rathausbrücke über die Modau in der Niedergasse erbaut.

Die Verwaltung der Kirchengemeinde obliegt – entsprechend den Bürgermeistern in der bürgerlichen Gemeinde – den beiden Kastenmeistern (Kirchenrechner). Sie verrechnen die Einkünfte der Kirche und Pfarrei und sorgen für die Verpachtung der Grundstücke und die Unterhaltung der kirchlichen Gebäude. Die Aufsicht führen hier nach altem Recht (s. o. II/4) die Herren von Frankenstein, die bis 1662 auch die Kastenrechnung „abhören".

**Das Rathaus in Eberstadt,
erbaut 1564, abgerissen 1914**

Die frankensteinische Kellerei

Die Herrschaft unterhält zur Verwaltung ihrer Güter und Einkünfte die sogenannte Kellerei. Das Wort wird von den Kellern abgeleitet, in denen die Naturalabgaben zunächst gesammelt werden. Dementsprechend heißt schließlich der Verwalter selbst kurzerhand der „Keller". Die älteste Kellerei lag in der heutigen Oberstraße an der Stelle des späteren Rathauses (Nr. 11).
Aus den vielseitigen Aufgaben und Funktionen, die gerade der Keller auf sich hat, läßt sich ein guter Einblick in das gesamte Dorfleben gewinnen.
Die herrschaftlichen Äcker, Wiesen und Weingärten mußten verliehen (verpachtet) oder bestellt werden. In diesem Fall war Saatgut bereitzustellen, der Frondienst festzulegen und zu kontrollieren, die Feldbestellung zu leiten. Die Weingärten waren zu richten, Pfähle zu hauen, zu setzen, es war zu schneiden, anzubinden, zu hacken und schließlich die Traubenlese durchzuführen. Es waren die Wiesen zu mähen und das Heu einzufahren. Die eingesammelte Frucht war im Winter auszudreschen. An den Frontagen mußten die „Fröner" mit Brot und Suppe versorgt werden. Die frühere „Leibeigenschaft" ist nicht gänzlich abgeschafft. So wollten auch die Schnitter in der Ernte und im Herbst die Traubenleser und Kelterknechte bedacht werden.
Der Bäcker wollte sein Geld für Lieferungen und der Schmied für das Beschlagen der Pferde und Wagen. Eine lange Liste bilden die Anschaffungen, die alle durch die Hand des Kellers gingen: Fässer, Zuber, Wagen und Karren, Seile, Geschirre, Sättel, Pflüge sowie Ziegel, Backsteine, Stroh zum Decken der Dächer und Wied (Gerten) für das Fachwerk.
Nicht zuletzt hatte der Keller die Abgaben in Geld und vor allem in Naturalien einzusammeln, zu denen die meisten der Untertanen verpflichtet waren, wie auch Pachtzinsen und dergleichen. Da kamen Wein und Getreide, Eier, Hühner, Gänse und Kapaunen zusammen. Das alles mußte zunächst in Vorratshäusern und Kellern für den späteren Verkauf gestapelt und besorgt werden.

4. Die wiederentdeckten Pastoren

Im frankensteinischen Archiv Ullstadt entdeckte der Verf. 1975 eine Reihe von Anstellungsurkunden für Pfarrer an den Kirchen der Herrschaft Frankenstein (Eberstadt, Nieder- und Ober-Beerbach) wieder. Sie ruhten hier wohlverwahrt, waren aber der Fachwelt unbekannt geblieben. Die drei ältesten bringen wir teils in Übersetzung, teils im Wortlauf (s. o. II/4).

Herr Bercht(old) Pleban aus Mainz, 1333

Die Urkunde wird von einem Mainzer Notar in lateinischer Sprache ausgestellt, beglaubigt und besiegelt. Sie lautet in der Übersetzung:
Im Namen des Herren. Amen. Durch dieses gegenwärtige öffentliche Instrument (notarielle Urkunde) sei allen und vor allem denen, die es angeht oder angehen könnte, offenkundig, daß im Jahre von der Geburt des Herren 1333, in der 1. Indiktion (mittelalterliches Jahreszeichen), am 7. Tage des Monats Juni, im 17. Jahr des Papsttums des allerheiligsten Vaters in Christus und Herrn Papst Johannes XXII., vor mir, dem öffentlichen Notar und den nachbenannten Zeugen, erschienen ist der ehrbare Mann (Titel eines Geistlichen oder Adligen) Herr *Bercht(old)*, vordem Pleban (Leutpriester) der Kirche St. Stephan in Mainz, nun, wie er angibt, *Pastor der Pfarrkirche in Eberstad,* der sagte, vortrug und öffentlich erklärte, daß der Edelmann (nobilis vir) Herr *Konrad von Frankenstein,* Ritter und Patron derselben Pfarrkirche, ihm dieselbe Kirche einfach um Gottes willen derart und unter der Bedingung übertragen habe, und auch, daß er sie so von ihm empfangen habe, daß derselbe Pastor in dieser Kirche *ständige persönliche Residenz* (Anwesenheit) leisten müsse, und daß der *mit sich einen Genossen* (socium) ebendort gleichermaßen *ständig unterhalten müsse,* und daß er überdies *in derselben Kirche zwei Messen,* eine durch sich selbst morgens bei Tagesanbruch zum *Gedenken und Seelenheil* des vorgenannten Ritters, seiner Eltern und Vorfahren und seines weiland Oheims Konrad – die andre aber durch seinen Genossen pünktlich zur gewohnten Stunde feiern und halten lassen müsse, ohne List und Betrug.
Und wenn der Pastor selbst oder sein Genosse bei derartiger Feier der Messen zu irgendeiner Zeit ohne vernünftigen Grund oder legitimen Hinderungsgrund offenkundig *nachlässig* erfunden würden, daß dann der vorgenannte Ritter oder seine Nachfolger im Patronat den vorgenannten Pastor wegen dieser Nachlässigkeit vor Gericht oder außerhalb davon fordern und belangen könnte oder könnten, so wie es der Vernunft entspreche.
Wenn aber der vorgenannte Pastor nicht in der genannten Pfarrkirche residieren oder einen Genossen dort mit sich unterhalten wolle, wie er dies müßte, und dies ohne Grund und legitime und vernünftige Entschuldigung verweigere, dann können der vorgenannte Ritter und seine Nachfolger, wie ausgeführt, den genann-

ten Pastor von der vorgenannten Pfarrei entfernen und diese einem anderen ohne dessen Widerspruch übertragen.

Geschehen ist dies im Jahr, im Monat, in der Indiktion, im Papstjahr und am Tage, wie angegeben, um die 6. Stunde in der Gasse „imme Loche" nahe der Außenmauer in Mainz, in Gegenwart der ehrbaren Männer, der Herren Gernod von Ramstadt, Stiftsherr, Werner Glöckner und Heinrich von Wonsheim, Vikar der vorgenannten Kirche St. Stephan, die als Zeugen hierzu gerufen und gebeten waren.

Und ich, Ulrich, (Sohn) weiland Marquards von Freising, von kaiserlicher Vollmacht öffentlicher Notar, habe allem und jedem, wie ausgeführt, zusammen mit den vorgenannten Zeugen beigewohnt und dies, so geschehen, gehört und gesehen, daher dieses gegenwärtige öffentliche Instrument (Urkunde) darüber gefertigt und in öffentlicher Form abgefaßt und auf Bitten mit meinem üblichen und gewohnten Signet (Notariatszeichen, s. Abbildung) unterzeichnet.

Wir aber, Heinrich, Scholaster (Leiter der Schule) des Stifts St. Stephan zu Mainz, und Gernod von Ramstadt und Bercht(old), Pastor, wie vorgenannt, bestätigen hiermit, daß wir zum besseren Beweis der vorgenannten (Dinge) und größerer Sicherheit unsre Siegel an dieses öffentliche Instrument haben hängen lassen. –

Der Ritter und Kirchenherr ist Konrad II. von Frankenstein, Sohn Erkingers und Frau Euphemia, geb. von Erbach-Reichenberg. Der im „Jahrgedächtnis" neben Eltern und Vorfahren genannte Oheim ist der Johanniterkomtur Konrad, Erkingers Bruder. Zur Führung eines Siegels berechtigt sind der Scholaster Henrich von St. Stephan in Mainz und Herr Gernod von Ramstadt sowie der neue Pastor Bercht(old) selbst, der sich damit ebenfalls als Adliger ausweist. Die Zahl der hochmögenden Zeugen unterstreicht die Bedeutung des Vorgangs.

Herr Konrad von Bickenbach, 1334

Die Urkunde lautet in ihrem originellen Deutsch: „Ich, Gotfrit von Byckenbach, bekenne uffentlich an diesem brieve, daz ich globit und gesprochin han vor minen sun Conraden, den paffen, gein mime oheime Conrade von Franckenstein, daz Cunrat min sun dy kyrchen zu Ebirstat, dy yme min oheim Conrat, der vorgenanter, luterlich durch got unde durch unsir bede willen hat gegebin, sal besingen oder tun besingen mit zwein messen sin lebetagen mit siner kosten.

Der byschof, unser here von Menze, neme die pastorie dise dru jar oder neme er nit, so sollin zwene prister zwo messen da stedts unde allewege haldin von der vicarie also lange, byz yme dy pastorie darzu lediglich vellet.

Und ich Cunrat, der vorgenanter Pherrer zu Ebirstat, globin oych mit gudin truwen der pharre und den pharluten recht zu tun uf mine sele als verre, als ich ummer mich verstan, und waz darvor gereth ist, stete unde ganz zu haltene, recht als iz min vorfar uf mich bracht hat.

Ich versprechin oych, daz ich keinen zehinden vordern sol von allen den schafin, dy mins herrin von Franckenstein sin oder miner vrouwen seiner muter in aller miner pharre.

By disen redden ist gewest her Ulrich, here zu Byckenbach, her Henzchin Stumph, ein ritter, Henrich Sure und Bernoyt sin bruder, unde Rabenolt, edelknechte unde anders gudir lute vil.

Daz dise vorwort veste und stete bliben, des henkin ich, Gotfrit von Byckenbach vor mich unde minen sun Conraden myn yngesigel an disen brif und biden samenthaft, ich unde min sun, minen vetern Ulriche von Byckenbach vorgenanten, daz her sin yngesigel zu gezugnisse oych henke an diesen brif. Datum anno domini MCCCXXXIV dominica qua cantabatur cantate."

Hierzu die Übertragung: „Ich, Gottfried von Bickenbach, bekenne öffentlich in dieser Urkunde, daß ich gelobt und gesprochen habe für meinen Sohn Konrad, den Pfaffen, gegenüber meinem Oheim Konrad von Frankenstein, daß Konrad, mein Sohn, die Kirche zu Eberstadt, die ihm mein Oheim Konrad, der Vorgenannte, ehrlich durch Gott und auf unser beider Bitten gegeben hat, zwei Messen besingen oder besingen lassen soll sein Lebtag auf seine Kosten.

Der Bischof, unser Herr zu Mainz, nehme die Pfarrei diese drei Jahre oder nehme sie nicht: so sollen zwei Priester dort von der Vikarie zwei Messen stets und allerwege halten so lange, bis die Pastorie (Pfarrei) freigeworden ist und ihm (sc. Herrn Konrad von Bickenbach) zufällt.

Und ich, Konrad, der vorgenannte Pfarrer zu Eberstadt, gelobe auch in guter Treue, der Pfarrei und den Pfarrleuten (den Einwohnern) recht zu tun auf meine Seele auch fernerhin, wie ich mich verstehe, und, was oben geredet (abgesprochen) wurde, stets und ganz zu halten, wie es mein Vorgänger auf mich gebracht hat.

Ich verspreche auch, daß ich keinen Zehnten fordern darf von den Schafen, die meiner Herrin von Frankenstein (der Frau Konrads) oder deren Mutter gehören.

An diesen Besprechungen haben teilgenommen: Herr Ulrich, Herr zu Bickenbach, Herr Heinz Stumph, ein Ritter, die Edelknechte (Knappen) Heinrich und Bernot Sure, sowie Rabenolt und anderer guten Leute viele.

Daß diese Abmachungen fest und stets bleiben, des zum Zeugnis

hänge ich, Gottfried von Bickenbach, für mich und meinen Sohn Konrad mein Siegel an diesen Brief (Vertrag). Wir bitten gemeinsam meinen Vetter Ulrich von Bickenbach, den Vorgenannten, daß er sein Siegel zum Zeugnis auch an diesen Brief hänge.
Gegeben im Jahre 1334 am Sonntag, da man im Gottesdienst das „cantate" singt (am 4. Sonntag nach Ostern)."
Gottfried von Bickenbach ist (nach Philipp, † 1298) der 2. Sohn des Minnesängers Konrad II. und dessen Frau Guda von Falkenstein, Witwe des Schenken Konrad von Klingenberg am Main. Auf der dortigen Burg ist auch der Sitz der Familie.
Herr Gottfried siegelt zugleich für seinen Sohn, den Pfaffen (was zu jener Zeit noch eine reine Berufsbezeichnung ist).
Der „Vetter", Herr Ulrich von Bickenbach, ist ein Sohn von Otto I., Bruder des Minnesängers.
Unter den übrigen Zeugen ist der Ritter Heinz Stumph von der Burg Tannenberg bei Jugenheim, zu der wohl auch der Edelknecht Rabenolt gehört, bekannt.
Die beiden Damen, von deren Schafstall der Pastor Konrad keinen Zehnten fordern darf, sind Elisabeth von Dienheim, Ehefrau des Kirchenherrn Konrad von Frankenstein, und deren Mutter Elisabeth von St. Elben (s. o. III/2).

Konrad von Rohrbach, 1354

Diese Urkunde ist ein Revers, dem vorstehenden ähnlich, den der Adlige Konrad von Rohrbach gegenüber Konrad II. von Frankenstein ausstellt. Die Bedingungen sind die gleichen, vor allem verspricht auch er, *„zwo messen of der pharre zu Ebirstat zu halden"*.
Zeugen sind Diemar von Rohrbach, Vater des Pastors, Hartmann von Rohrbach, sein Bruder und Dielon Halsteyn von Twingenburg (Zwingenberg an der Bergstraße), die, nebst dem Pastor selbst, ihre Siegel an die Urkunde hängen.
Zwei Jahre später erscheint Konrad von Rohrbach als Pastor zu Bickenbach und Eschollbrücken und 1363 noch einmal als Pastor zu Bickenbach. Damit werden die engen Verbindungen zwischen den Häusern Frankenstein und Bickenbach wie auch Eschollbrücken und im Hintergrund dazu auch Weiterstadt ziemlich deutlich.

Es folgen:
1371 Konrad III. von Frankenstein (1361–1397) beruft Herrn Johan de Miltenberg „ad capellam S. Georgii", d. h. an den Altar der Georgenkapelle in Hahn bei Pfungstadt.
1392 Johann Wilderich de Arheylgen wird die „Parochia" in Eberstadt von Konrad III. übertragen („confertur").

1397 ist es wieder Konrad III., der Gernod de Ramstadt die „ecclesia parochialis" (die Pfarrkirche) in Eberstadt überträgt.
1406 Konrad IV. von Frankenstein (1402, † vor 1441) setzt den Pastor Johann Wilderich an den Georgenaltar zu Hahn bei Pfungstadt.
1413 „Conradus in Frangenstein" (auf dem Frankenstein) installiert den „dominum [Herrn] Johannem de Wolffkeln" in die Parochie zu Eberstadt.
Um die gleiche Zeit verzichtet Herr Konrad gegenüber dem Grafen Johann von Katzenelnbogen auf sein Recht, die Kirche in Nieder-Modau zu besetzen. Wenige Jahre zuvor hatte er noch bekundet, daß die Grafen zweimal und der Älteste von Frankenstein beim dritten Mal Kirche und Pastorie dortselbst zu besetzen hätte. Hier lag demnach eine Teilkollatur außerhalb der Herrschaft Frankenstein vor.
1420 Revers von Peter Rode von Urbach (Auerbach a. d. Bergstraße) über den von Philipp von Frankenstein dem Älteren (Bruder des obigen Konrad IV.) erhaltenen St. Katharinen-Altar zu Nieder-Beerbach.
1451 Am gleichen Altar wird Herr „Philippus Eschollbrucken" durch Konrad V. (1431–1469) eingesetzt.
1471 erhält Johann Gernold die Pfarrei Ober-Beerbach durch den Junker Konrad VI. von Frankenstein (1470–1504).
1482 „presentat [schlägt vor] Philippus senior de Frankenstein" (vom jüngeren Stamme) vermutlich seinem Vetter Konrad VI. den Pastor Johann Wetter an den Altar „beate Marie virginis" (der gütigen Jungfrau Maria) sowie des hl. Sebastian und der hl. Katharina in „Ewerstat" vermutlich zur Auswahl vor.
(NB: Das obige „beate Marie" ist kein Schreibfehler, sondern entspricht der damaligen Schreibweise. Im klassischen Latein heißt es „beatae Mariae" usw.)
1492 bestätigt Philips Walther von Gernsheim die von Konrad (VI.) empfangene „Frühmeß" am St. Katharinenaltar zu Nieder-Beerbach.

5. Die Eberstädter Seelbücher

Aus der alten Kirche stammt das *„Eberstädter Seelbuch"*, das zugleich das Wirtschaftsbuch der Pfarrei Eberstadt war. In ihm sind die jährlich zu haltenden „Seelenmessen" und daneben auch die Stiftungen dafür nebst den Stiftern vermerkt. Schließlich sind noch die abgabepflichtigen Pächter aufgeführt. Das einzigartige und einmalige Dokument dürfte aus dem frühen 15. Jahrhundert stammen.

Den Eintragungen liegt der für unsre Gegend älteste erhaltene Kalender zugrunde, von dem wir in der *Abbildung* einen Ausschnitt bringen: *die erste Aprilhälfte*. Wir sehen sie uns an.

Das *große Zeichen* links oben, im Original schön rot ausgemalt, bedeutet Kl = Kalendas, d. i. der Monatserste. Daneben stehen zwei Verszeilen in Form des altgriechischen *Hexameters:*

„April in Ambrosii festis ovat atque Tiburti.

Aprilis decima est undeno a fine minatur",

zu deutsch, dem Sinne nach: „Der April frohlockt an den Festtagen des Ambrosius und Tiburtius. Der zehnte Tag gehört ihm noch, der elfte folgt ihm unmittelbar."

Gemeint ist, daß von den zehn Festtagen im Monat der letzte auf den 30. April fällt und der elfte, der Walpurgistag, am 1. Mai folgt. Mit solchen Strophen über jedem Kalenderblatt prägte man sich die Fest- und Heiligentage ein

Am linken Rande des Pergamentes, von der schön verschnörkelten (im Original rot gezeichneten) Linie finden wir nebeneinander drei Spalten mit verschiedenen Kalenderangaben.

1. Die sogen. *Mondalter-Zahlen* zum immerwährenden Julianischen Kalender. Das ist aber eine so verzwickte Sache, daß wir uns hier nicht darauf einlassen können.

2. Es folgen untereinander die Buchstaben: g - a - b - c - d - e - f usw. Das sind die *Tagesbuchstaben* für je eine Woche. Sie beginnen jedoch nicht mit dem Sonntag, sondern mit dem 1. Januar des betreffenden Jahres, der den Buchstaben a erhält. Hier war der 1. Januar ein Samstag, so daß die Sonntage (ohne besondere Hervorhebung) den Buchstaben b tragen. c = Montag, d = Dienstag usw. durchlaufend bis g = Freitg.

3. Die eigentlichen *Kalenderdaten* stehen in der 3. Reihe, allerdings nach der alten römischen Zählweise, die im „Hl. Römischen Reich Deutscher Nation" seit dem frühen Mittelalter gebräuchlich war. Dafür sind 3 Richtpunkte maßgebend: die schon genannten *Kalenden,* der Monatserste, die *Nonen* = 5. Tag im Monat und die *Iden* = 13. Tag (im März, Mai, Juli und Oktober sind es der 7. bzw. 15. Tag).

In unsrer Abbildung sehen wir nach dem 1. April die Zahlen IIII, III, II und dann die *„Nonas",* den 5. April. Es wird also abnehmend auf die Richtpunkte hingezählt. So geht es denn weiter: VIII, VII, VI, V, IV, III, II auf die *„Idus"* hin, den 13. April.

4. Rechts neben der verschnörkelten Linie steht der *kirchliche Festkalender,* der hier vier Heilige enthält. Römisch II = 4. April: Ambrosius, den „Vater des Kirchengesangs", seit 374 Bischof in

Weitere Angehörige des Hauses Frankenstein finden sich in folgenden Eintragungen.
Dominus Erkinger de Franckenstein et uxor sua Femula (und seine Gattin Euphemia): 1 Malter Korn jährl. Abgabe.
Am 18. September, „semper quarta feria celebrabitur anniversarium [immer am Mittwoch nächst dem 18. Sept. soll das Jahrgedächtnis begangen werden des] Conradi de Franckenstein", d. i. Konrad II. (1321–1366).
Um den 20. September „semper sexta feria [Freitag] celebrabitur vigilia anniversarii [die Vigil des Jahrgedächtnisses] Conradi de Franckenstein", d. i. Konrad III., 1361–1397.
Um 1400 soll ein Jahrgedächtnis begangen werden, und zwar „feria quinta ante festum Penthecostes" (am Donnerstag vor dem Pfingstfest) für den Herren Philipp (I.) von Frankenstein und seine Frau Ermela (muß heißen: Gela). Davon soll die Kirche haben „duos solidos hallensium" = 2 Schillling (Dutzend) Hallenser (Heller). Derselbe „alte junker Philips" einigt sich mit dem Pastor Peter zu Eberstadt um „zwei lappen ackerland" zugunsten der Pfarrei.
Hier folgen noch einige datierte Stiftungen von Eberstädter Einwohnern.
1431: Henne Riese und Frau Hedwig stiften für sich, ihre Kinder und ihre Eltern $1/2$ Malter Korn als Seelgerät bzw. jährliche Gegenleistung für die „Seelenmesse".
1438: Peter Wambold und Frau Else: ebenfalls $1/2$ Malter Korn.
1451: Henne Gorre und Frau Katharina: $1 1/2$ Morgen Acker, Lehen des Junkers Konrad (II.) von Frankenstein.
1452: Peter Schneider und Frau Else mit den Kindern Hermann und Else: $1 1/2$ Malter Korn.
1458: Clas Groß und Gattin Huse: 3 Schillinge Heller, wofür der Pfarrer ihr Jahrgedächtnis mit einer Vigil und einer Seelenmesse feiern soll.
1460: Heinz Groß und Frau Katharina: $1/2$ Malter Korn = 6 Schillinge Heller, zugleich für ihre Eltern Nikolaus und Guda. Zu Pfand steht ein Weingarten hinter der Kirche.
1474: Geschwister Heinz, Peter, Katharina und Margarete Poler: 6 Schillinge. Die Stiftung wird 1498 von ihren Erben Hans Hoek und Frau Käthe erneuert. Pfand: ein Ackerstück, Lehen des Junkers Philipp (IV.) von Frankenstein, jüngerer Stamm.
1494: Heinz Schäfer stiftet 6 Schilllinge Heller. Davon erhalten der Pfarrer und sein „Frühmesser" (Vikar, Kaplan) je die Hälfte. Zeugen: Peter Dorfel und Hans Brunk.
1501: Aus diesem Jahr liegen vier Stiftungen vor.
a) Nikolaus Rode und Frau Margareta, 2 Seelgedächtnisse: 12 Schillinge, Pfand: ein Weingarten.

b) Der junge Hans Bergsträßer: für sich und seine Verwandten Ännchen und Christine und seine Frau Else sowie für Peter Poler und Frau Margaretha, geb. Bergsträßer, Seelgerät: 3 Schillinge und 1 Simmer Korn. Pfand: „die Mengers Wiese", die in der Nähe der Kaisermühle liegt und noch heute so heißt.

c) Jost Leonhard: 3 Schillinge.

d) Conrad Kopp „honorabilis vir", ein hochgeachteter Mann, und Frau Agneta: 1½ Morgen Weingarten in der Gemarkung Darmstadt.

Den eigentlichen „Seelbüchern" ist ein Wirtschaftsbuch der Pfarrei Eberstadt beigefügt, in dem die Abgaben und Pachten verzeichnet sind. Man kann daraus das jährliche Aufkommen ermessen.

Da hier zugleich die „ältesten Eberstädter" genannt sind, haben wir diesen Teil bereits im „Dorf Eberstadt" dargestellt – vgl. oben III/3.

IV.
Im Glanze der Residenz

1. Die Prinzessin mit der goldenen Kutsche

Das *Darmstädter Schloß* war um die Wende des 14. zum 15. Jahrhundert umgebaut worden und bildet nunmehr den angemessenen Rahmen für die „Hochzeit des Jahrhunderts" zwischen dem Grafen Philipp d. Ä. von Katzenelnbogen und der Gräfin Anna von Württemberg, die am 24. Februar 1422 gefeiert wird. Die illustre Braut bringt ihrem Gemahl die bis dahin unvorstellbare Mitgift von 32000 fl. (Gulden) ein. Es ist das Achtfache der sonst üblichen Summe von 4000 fl.

Dem entspricht ihre *Brautausstattung:* Kleidung, Schmuck, Tafelsilber, Gespanne, Teppiche und Behänge, wie auch Wäsche und Bettwerk. Darunter sind Stücke wie ein auf Hermelin gefütterter goldener Brautmantel und ein mit Marder- und Zobelpelz ausgeschlagener goldener Samtrock. Dabei dürfen wir uns keineswegs Brokat unserer heutigen Art vorstellen, sondern schwere Seiden, die mit echten Goldfäden bestickt sind.

Weitere Kostbarkeiten sind gestickte rote, grüne und schwarze Samtkleider, deren Mieder und Ärmel mit Perlen besetzt sind, ein pelzbesetzter seidener Rock aus weißem Damast und ein mit Pelzwerk gefütterter Seidenmantel aus grünem Damast. Dazu gehören die jeweils passenden weißen und grünen, roten und schwarzen Kappen und Schleier. Es ist die ganze Pracht der Gewänder, wie sie auf den figurenreichen mittelalterlichen Altären noch heute zu bestaunen sind.

Sehr reich ist der Perlenschmuck der Braut. Sie bringt ein völlig mit Perlen besticktes Mieder (eine sogenannte Perlenbrust), einen hohen Perlenkranz, einen runden und einen dritten, eigens in Konstanz verfertigten Perlenkranz mit. Dazu gehören 4 Perlenhalsbänder, von denen einige goldene Anhänger tragen. Das Tafelsilber ist 20teilig und wird durch 4 vergoldete Pokale ergänzt.

Die *Gespanne* der Braut bestehen aus zwei Zeltern, das sind Reitpferde für Damen (und Geistliche), die im Paßgang gehen mußten, sowie dem sechsspännigen Reisewagen, der mit goldenen Sitzkissen ausgelegt war und einen Umhang aus blauer Seide mit weißen Quasten hat. Ebenso beschaffen ist der begleitende Kammerwagen. Danach kann man sich die Pracht des Einzugs in die kleine Residenz ungefähr vorstellen. Die goldenen Wagen unsrer Märchen sind also wirklich einmal gefahren (Demandt).

Ein *Inventarverzeichnis vom Jahre 1444* läßt uns wiederum staunen über die prächtige Ausstattung im Darmstädter Schloß. Die „kisten [Truhen] off dem kornhuse [Kornhaus], zwischen dem dache, in der jungfrauwen kammer, vor dem bette" stecken voll von

Kissen, Umhängen, Bezügen, Bettwerk und Schuhen. Zur Illustration eine kleine Blütenlese nach dem Original:
4 grunseidin geweben kossen mit wiisen rosegen
[grünseidene gewebte Kissen mit weißen Röschen]
4 kossen von gulden stucken mit menschen antlizern
[goldgestickte Kissen mit Menschenfiguren]
1 decke von gulden langen stucken mit Kattenelenbogen gewappent
[goldgestickte Decke mit dem Katzenelnbogener Wappen]
1 deppich von grunem garn gewebin mit blaen feldunge
[grüngewebter Teppich mit blauen Feldern]
1 rot ruckeduch und 5 bangducher
[1 rotes Rücktuch an der Wand und 5 Banktücher].

Auch das Tischzeug und Bettwerk, in vielen Truhen untergebracht, kann sich sehen lassen, darunter
17 handweln [Handtücher], 7 brotducher [Tischtücher]
1 rodes fußduch und 4 lilachen [Bettücher]
6 gedreden ducher rot und wiß [gedrehte Tücher rot und weiß]
12 bewirkete pulbecziechen [gewirkte Bezüge für 1 Pfühl oder Bettpolster]
2 bulczen linducher [zwei Ballen Leintuch]

In der Truhe vor dem Bett der Gräfin befinden sich:
13 stucke baddehemde und kiddel [Badehemden und Kittel]
2 sleyer [Schleier]
2 rode sametarme mit perlin gesticket [Samtärmel]
6 phar schowe [6 Paar Schuhe].

Einen ungemessenen Wert stellen zahlreiche Bücher dar, die in einem *Bibliotheksverzeichnis* des Darmstädter Schlosses vom Jahre 1444 verzeichnet sind.
1 groß dutsch buch, hebet sich an von dem berebaum, der in dem paradis stet [hier beginnt die Bibel also mit einem Birnbaum im Paradies]
1 gut psalter
1 Sanck Brandanus [Lied auf die hl. Elisabeth]
1 dutsch buch von der heiligen driefaltigkeyt unde als sanct Johannes unsern herren godt dauffte [von der hl. Dreifaltigkeit und als Johannes unseren Herrn Gott taufte]
1 Lucidarius [Christliche Heilslehre in Reimen]
1 dutsch beblic [deutsche Bibel].

Nach den religiösen Büchern folgen die Anleitungen zum guten Benehmen und schließlich auch die Unterhaltungsliteratur, dar-

unter 1 buch wie man den tufel ußiagen sal [wie man den Teufel verjagt]
6 stucke, die einen guden menschen machen
2 sexstern von dem scholer von Pariß, der kunigin bad und der ehebracher mer [Der Königin Bad und die Ehebrechermär]
1 buch hebet sich an von eime affen
1 buch von dem kunige von Spanien

Das bunte Leben im Darmstädter Schloß und wohl auch der Lärm im Schloßhof reißen kaum einmal ab. Das Pferdegetrappel der reitenden Boten, der ein- und ausfahrenden Kutschen, die Rufe der Knechte, die fröhliche Musik der „pifer, giger und trumbter" (Pfeifer, Geiger und Trompeter), das Lärmen der Reisigen und Kriegsknechte, das Getümmel bei einem neu eingetroffenen Besuch und der Hörnerklang der ausreitenden Jäger sind unüberhörbar.

Aber der schöne Glanz erlischt. Die Ehe des Grafen Philipp mit Anna von Württemberg bricht auseinander. Dann wird Darmstadt noch einmal für wenige Jahre Residenz und Mittelpunkt glänzender Feste. Graf Philipp d. J. veranstaltet sie mit seiner jungen Gemahlin Ottilie von Nassau, doch er stirbt 1453 an der Schwindsucht, nachdem sein Bruder vorher in Flandern erdolcht worden war. Als einziges Kind bleibt dem alten Grafen die Tochter Anna, seit 1457 die Gemahlin des Landgrafen Heinrich III. von Hessen-Marburg.

2. Pilgerfahrt ins Heilige Land

Im Jahre 1433 unternimmt Graf Philipp von Katzenelnbogen diese Fahrt, an der neben vier anderen Adligen Konrad V. von Frankenstein teilnimmt – eine besondere Ehre und Gunstbezeigung. Der Graf nimmt zugleich einen seiner Verwaltungsbeamten mit, der die Kasse führt und alle Ausgaben sorgfältig notiert. Die Notizen blieben erhalten und bieten damit einen ausführlichen Reisebericht. Diese Chronik ist als eines der ersten deutschen Orientreisebücher und Führer zu den heiligen Stätten in Palästina berühmt geworden, weshalb wir nicht zögern, eine Auswahl daraus mitzuteilen.

Am 14. Juli 1433 machte sich die Reisegesellschaft hoch zu Roß von Darmstadt aus auf den Weg. Die weite Strecke bis nach Venedig wurde zu Pferde zurückgelegt. Es ging über Zwingenberg nach Sinsheim, von dort über Marbach nach Stuttgart und weiter über Blaubeuren nach Ulm. Von hier verlief die Route über Memmingen und Kempten nach Vils im Lechtal und von dort über Lermoos und Telfs ins Inntal nach Innsbruck. Nun begann die Überquerung der Hochalpen, die über Matrei zum Brennerpaß und von dort hinab nach Bruneck und Toblach nach Ampezzo führte, und von hier über Martino Ospitale, San Crocce nach Conegliano, wo man die oberitalienische Ebene erreichte. Der letzte Abschnitt des Rittes verlief über Treviso, Mestro zum Zielort Venedig. Hier traf die Gesellschaft am 30. Juli, also nach gut zweiwöchigem Ritt, ein. Die meisten Pilger quartierten sich in der Lagunenstadt ein, bis ein Pilgerschiff abging. Die Schiffe waren allerdings in der Regel schlecht ausgerüstet und meist völlig überbelegt, so daß man die Pilger förmlich auf ihnen zusammenpferchte. Jeder erhielt nichts weiter als einen knappen Platz für Gepäck und Lebensmittel, die er sich selber besorgen mußte. Dazu gehörte Wasser, Brot, geräucherter Speck, aber auch Kästen mit Hühnern. Als Aufenthalts- und Schlafraum diente das Zwischendeck, in dem jedem Pilger mit Kreidestrichen gerade soviel Platz abgegrenzt und zugeteilt war, wie er brauchte, um sich niederlegen zu können. Da jedoch mit der Zahl der zusammengepferchten Menge auch das Ungeziefer, Wanzen, Läuse und insbesondere Ratten an Bord wetteiferten, brachten diese Überfahrten, selbst wenn sie ungefährdet verliefen, für alle Übles mit sich. Aber dabei blieb es nicht. Da die Schiffe entlang der Küste fuhren, gerieten sie häufig infolge der zahlreichen Inseln, Riffe und Felsen in Seenot, waren aber noch mehr durch die ihnen dort auflauernden Piratenschiffe gefährdet. Gleichwohl war man gezwungen, in Landesnähe zu bleiben und des öfteren Häfen anzulaufen, um den Pilgern zu ermöglichen, neue Lebensmittelvorräte einzukaufen, sich mit frischem Wasser zu versorgen und sich wieder einmal frei bewegen zu können.

Das erste Zwischenziel war in der Regel Kreta, von wo die Masse der Pilger über Rhodos und Zypern nach Joppe und von dort nach Jerusalem ging. Andere fuhren zunächst nach Ägypten, um dann auf dem Landwege das Heilige Land zu erreichen. Daß dieser mit noch größeren Strapazen verbunden war, versteht sich von selbst, denn zur Seefahrt kam noch der Wüstenritt quer durch die Halbinsel Sinai. Aber der Wunsch, dem langen Marsch der Kinder Israels aus Ägypten in das Gelobte Land gefolgt zu sein, um nun dort die heiligen Stätten selbst zu betreten, an denen Christus gelebt hatte, war so mächtig, daß man alle Unbilden, Schwierigkeiten und Kosten in Kauf nahm. Das wußten auch die Araber und verstanden es für sich zu nutzen, denn sie betrieben mit einer Geschäftigkeit ohnegleichen die Betreuung dieser Stätten, die man natürlich nur gegen Entgelt besichtigen konnte, aber gesehen haben mußte, wenn man nun schon einmal im Heiligen Lande war.

Die Gefährdungen, die die Reise mit sich brachte, waren bis ins 16.

Jahrhundert bei jeder Fahrt unberechenbar, so daß sich nach der Heimkehr oftmals weitere Wallfahrten auf europäischem Boden anschlossen, mit denen man die Gelübde erfüllte, die man für den Falle, einer glücklichen Rückkehr aus den Gefahren der großen Pilgerreise abgelegt hatte.

Von ganz besonderer Bedeutung aber war es, wenn man nicht nur die heiligen Stätten besucht, sondern auch Reliquien erworben hatte, und sei es nur eine Flasche Jordanwasser, oder aber, wenn es Pilgern ritterlichen oder dynastischen Standes gelungen war, an einer dieser heiligen Stätten den Ritterschlag zu erhalten, ohne den ja selbst ein Graf oder Fürst nicht der ritterlichen Ehre teilhaftig war.

Der Aufenthalt des Grafen Philipp und seiner Reisegefährten in Venedig dauerte 12 Tage, bis alle Vorbereitungen abgeschlossen waren. Das Pilgerschiff verließ den Hafen am 10. August 1433 und erreichte nach einer guten, verhältnismäßig schnellen Überfahrt in 14 Tagen die Insel Kreta. Hier gab ein 14tägiger Aufenthalt dem Schiffer wie üblich die Gelegenheit zum Warenumtausch und den Passagieren zur Besichtigung der traditionsreichen Insel. Am 7. September schiffte sich der Graf mit seiner Gefolgschaft erneut ein und ging nach einer ebenfalls guten Fahrt nach nur 5 Tagen in Alexandria vor Anker. Die gesamte Überfahrt von Venedig hatte also 33 Tage gedauert, wobei man 19 Tage auf dem Schiff und 14 auf Kreta verbracht hatte.

Mit Alexandria beginnt nun die eigentliche Pilgerfahrt, gekennzeichnet durch eine nicht enden wollende Kette von Besichtigungen heiliger Stätten, insbesondere der zahlreichen Märtyrerorte, die man den Reisenden vorführte. Nachdem sie hier ihr Pensum erfüllt, begab sich die Gesellschaft auf gemieteten Eseln zum Nil. Die nächsten Tage blieb man mit Booten auf dem Strom und erreichte am 18. September Bolak, die Vorstadt von Kairo, wobei man zum Ärger des Chronisten wieder einen erheblichen Zoll leisten mußte. Auf der Stromfahrt erregten natürlich die Krokodile das besondere Interesse der Reisenden, bildeten aber keineswegs eine Überraschung für sie, denn den Kennern des Nibelungenliedes und der Rheinschatzsagen waren Lindwürmer und Drachen durchaus vertraut, und so bezeichnet der Chronist die Krokodile denn auch schlicht als „lintworme".

Am 19. September zog die Gesellschaft in Kairo ein; vom Erstaunen über eine solche, nie geschaute orientalische Stadt jedoch kein Wort! Nur einige Vertreter der afrikanischen Großtierwelt beeindruckten sie. Einen Elefanten charakterisiert der Chronist mit den Worten: „der was also große, das es unsegelich ist". Aber, so unverständlich uns das heute anmutet, nicht dem fremden Lande, der

fremden Bevölkerung, den fremden Sitten, der Pracht, dem Zauber und dem Geheimnis des Orients, wie sie ihnen Kairo bot, oder der einzigartigen antiken Kunst und ihrer Bauwerke galt das Interesse der Reisenden, sondern nahezu ausschließlich den christlichen heiligen Stätten.
Dafür ist der schon damals pflichtgemäße Besuch der Pyramiden von Gizeh typisch, denn der Chronist erwähnt ihn nur nebenbei, während er sich nicht genug tun kann in der Aufzählung und Beschreibung der uns heute z. T. geradezu abenteuerlich vorkommenden heiligen Stätten, die man ihnen zeigte. Die Begierde, die Naivität, die Glaubenssicherheit und -gewißheit, mit der man alles aufnahm, was die geschäftstüchtigen Araber an Heiligtümern anboten und verkauften, erscheint fast unbegreiflich, wenn man sich vergegenwärtigt, welche in Politik und Finanzen, Verwaltung und Wirtschaft hoch erfahrenen, klugen Männer hier reisten. Aber – sie befanden sich endlich im Ursprungsland ihres Glaubens, und damit war alles richtig und gut, was man ihnen vorführte, sofern es nur mit diesem Glauben zusammenhing und ihn stützte, bewies und lebendig machte.
Von Kairo aus unternahm die Gesellschaft außer dem Besuch der Pyramiden einen 14tägigen Kamelritt durch die Wüste, der wiederum nur dem Besuch heiliger Stätten galt. Am 4. Oktober traf sie wieder in Kairo ein und blieb hier eine Woche, in der eine neue Kamelkarawane zusammengestellt wurde, denn das nächste Ziel war nunmehr der Sinai. Am 14. Oktober brach man auf.
Der Ritt führte zunächst nach dem Roten Meer, wobei sie so dicht am Gestade übernachteten, daß sie Muscheln als Erinnerungsstücke sammeln konnten. Der Ritt führte dann weiter durch die Wüste. Fünf Tage und Nächte, wie der Chronist bemerkt, ritten sie in der Wildnis, bis sie endlich ihr Ziel, den Sinai, am 24. Oktober erreichten. Hier kamen sie im Katharinen-Kloster unter, das Kaiser Justinian im Jahre 527 am Fuße des Sinai gegründet hatte.
Natürlich lag auch in der Umgebung dieses heiligen Berges, auf dem Moses von Gott die 10 Gebote erhalten hatte, eine heilige Stätte neben der andern. Höhepunkt war hier allerdings ein weltlicher Akt, der dadurch eine besondere religiöse Weihe erhielt: die Erteilung des Ritterschlages vor dem St.-Georgs-Altar der Katharinenkirche. Den Ritterschlag erteilte dem Grafen Philipp der Ritter Bernhard Kreis von Lindenfels, einer der Gefährten und naher Vertrauter des Grafen. Danach schlug der Graf selbst vier weitere Begleiter zu Rittern. Das waren Albrecht von Rechberg und sein Bruder Gaudentius, dazu Daniel von Mudersbach und Konrad von Frankenstein.
Vom Sinai brachen die Reisenden am 27. Oktober nach Jerusalem

auf und erreichten nach achttägigem scharfen Ritt durch die Wüste über Gaza und Hebron am 11. November Bethlehem und waren am 12. November, vier Wochen nach ihrem Aufbruch von Kairo, endlich am Ziel in Jerusalem, der Heiligen Stadt. Hier hielten sie sich acht Tage auf, wobei jeder Tag randvoll gefüllt war mit Besichtigungen der heiligen Stätten. Ihren Aufenthalt nahmen sie im dortigen Pilger-Hospital. Ihr erster Weg führte zum Heiligen Grab, bei dem sie eine Nacht lang verweilten.

Um eine Vorstellung davon zu vermitteln, was man damals den Pilgern anbot (in einer Stadt, die bereits im Jahre 70 nach Christus von den Römern fast völlig dem Erdboden gleichgemacht worden war), sei hier nur eine kleine Auswahl aus der ausführlichen Liste bei K. E. Demandt wiedergegeben. Man sah die Stätte, an der der Engel Maria und Joseph auf der Flucht nach Ägypten den rechten Weg gewiesen; die Stelle, an der der Baum des Kreuzesholzes Jesu gewachsen war; das Geburtshaus Johannes des Täufers; das Haus des Zacharias; die Säule, an die Christus während der Geißelung gebunden war; die Speerspitze des Longinus, mit der dieser Christus am Kreuze die Seite geöffnet hatte; die Stelle, an der Maria in Ohnmacht gefallen war; ja es fehlte nicht die Schule, in der Maria schreiben und lesen gelernt hatte! Das Grab Christi suchte die Gesellschaft noch drei weitere Male auf, wobei die Abgabe, die dafür zu erlegen war, zum Ärger des Chronisten jedesmal höher wurde, beim ersten Mal drei Groschen, beim zweiten Mal vier und schließlich fünf Groschen für die Person.

Gesättigt von dem Gesehenen, und wir dürfen wohl auch sagen, beglückt von dem Erlebten, verließ Graf Philipp mit seiner Schar am 20. November die Heilige Stadt und begab sich in die Hafenstadt Joppe, aus der er schon zwei Tage später abfuhr, um heimzukehren. Es kam aber anders, denn bereits am nächsten Tage geriet das Schiff in einen Sturm und die Reisenden selbst in so große Seenot, daß sie um ihr Leben fürchteten. Der Graf wird in der Chronik geschildert, wie er in der rechten Hand ein Bild der heiligen Katharina und in der linken ein Bild der heiligen Barbara hielt und beide um Rettung anflehte. Die Bitte wurde erfüllt, das Schiff anscheinend steuerlos ans Ufer getrieben, so daß die Seefahrer an Land gebracht werden konnten.

Abbildung rechte Seite:
Katharinenkloster am Sinai. Hier empfing
Konrad V. von Frankenstein 1433 den Ritterschlag

Nach diesem Erlebnis änderte der Graf seinen Reiseplan, vielleicht weil er während des Sturmes den Besuch weiterer heiliger Stätten gelobt hatte, denn er ritt über Beirut nach Damaskus und unterzog sich hier nochmals dem verehrenden Besuch aller jener geweihten Stätten, die man auch hier für die Pilger bereit hielt. Im Verlauf des Dezember kehrte man zur Küste zurück, wo die Gesellschaft wiederum mit schwerem Zoll belastet wurde, und bestieg am 6. Januar 1434 ein Schiff, mit dem man schon am 12. Januar wohlbehalten auf der Insel Rhodos landete.

Aber damit war der glatte Verlauf der Heimreise endgültig vorüber, denn als die Reisenden Rhodos am 16. Januar verließen, begann eine so abenteuerliche, von wiederholten und schweren Stürmen gestörte Fahrt, daß die Heimfahrer mehrere Male, dem Tode nahe, weit abgetrieben, ja verschlagen wurden und nicht mehr an eine Heimkehr glaubten. Aber zuletzt sind sie doch über Kreta und Korfu nach Italien zurückgelangt, dessen Boden sie am 5. März 1434 bei Revigno wieder betraten. Sie hatten also 41 Tage gebraucht, um von Rhodos hierher zu gelangen, während sie auf der Hinfahrt von Venedig bis Kreta nur 14 Tage benötigt hatten – aber sie waren mit dem Leben davongekommen!

So brachen sie schon nach wenigen Erholungstagen nach Deutschland auf. Der Heimweg führte über Padua, wo Graf Philipp am 11. März die Universität besichtigte, nach Treviso und von hier über die gleiche Strecke, die die Reisenden einst südwärts geführt hatte. In Innsbruck begannen aber bereits die neuen gelobten Wallfahrten, denn der Graf besuchte von hier aus das Heilige Blut auf dem Seefeld, ritt von dort nach Mittenwald und ging anschließend nach Oberammergau, noch immer natürlich von seinen Gefährten begleitet. Von Oberammergau ging es nach Augsburg, wo man zwei Tage und Nächte blieb.

In Augsburg begann ein großer Ritt durch Deutschland, der nur so erklärt werden kann, daß der Graf während seiner Schiffsreise gelobt hatte, weitere Wallfahrten zu unternehmen, wenn er aus diesem lebensgefährlichen Unternehmen glücklich wieder zurückgelange. Die Zielpunkte waren jetzt die vier größten Wallfahrtsstätten des Reiches in der damaligen Zeit: das Heilige Blut in Wilsnack in der Mark Brandenburg, das Grab der hl. Elisabeth in Marburg, der Schrein der Heiligen Drei Könige in Köln und die Heiligtümer in Aachen. Der Heimritt führte über alle diese genannten Stätten. In Aachen dankten die Gefährten noch einmal Gott und der Gottesmutter für die glücklich vollendete Reise. In Andernach hielt Graf Philipp die letzte gemeinsame Mahlzeit mit seinen Rittern, wonach jeder zu den Seinen zurückkehrte.

3. Festtage und Gerichtstage

Mendilon – wir freuen uns

Nach der in der hiesigen Dreifaltigkeitskirche noch heute gültigen Läuteordnung beginnt von alters her das sogenannte Sommerläuten nachmittags um 5 Uhr mit dem Peterstag am 22. Februar. Dieses geht bis St. Michael am 29. September, von wo an abends um 8 Uhr die Nachtglocke ertönt, die vormals die „Schwärmer" wegen der Polizeistunde aus dem Wirtshaus trieb. Sie hat aber auch manchen Einwohner, der sich draußen im Schnee verirrt hatte, wieder nach Hause gebracht.

Ähnliche „Heiligen-Termine", wie wir sie einmal nennen wollen, gibt es im ausgehenden Mittelalter viele. Am Peterstag weiht man auch den Meerrettich, und bis zum Johannestag am 24. Juni sticht man die Spargel, dann ist damit Schluß. Am Michelstag wechselt man die Dienstboten, und auf Martini am 11. November ist die Pacht fällig. Das geht auch lange nach der Reformation ruhig weiter. In unseren Kirchenrechnungen lesen wir 1604, daß Zinsen für aufgenommene Kapitalien an Mariae Lichtmeß, am Peterstag und an Mariae Verkündigung fällig sind. Die Kirchenbücher bis ungefähr 1750 setzen neben das Kalenderdatum meistens auch den Heiligen- oder Aposteltag.

Nun hat der Täufer Johannes gewiß nichts mit Spargeln zu tun, und der Bischof Martin ist nicht der Schutzheilige für Äckerverpachtung. Diese Tage haben sich seit Jahrhunderten so tief in das Leben eingewurzelt, daß man sie lieber braucht als die neutralen Kalenderdaten. Der Alltag wird noch in einer „liturgischen Landschaft" gelebt.

Das interessanteste Beispiel hierfür sind die Rechnungsbücher der Grafen von Katzenelnbogen, die eine ausgezeichnete Verwaltungsführung hatten. Auch hier sind die meisten Einnahmen oder Ausgaben nach „Unser lieben Frauwen Lychtwyunge" (Lichtmeß am 2. Februar) oder gar „Pfaffenfasnacht" datiert. Lassen wir uns von ihnen ein wenig durch das Jahr führen.

Am 6. Januar ist der „dryen konige tag", am 20. Sant Bastian und am 25. der „Pauwelstag, da er bekart ward" (da Paulus bekehrt wurde). Von Lichtmeß haben wir schon gesprochen.

Wenn wir dem Eberstädter Kalender von 1440 folgen, ist am 3. Februar Weiberfasnacht. Vom Sonntag Estomihi an, den man die Herrenfasnacht oder auch Pfaffenfasnacht nennt, geht es turbulent zu. Stichworte sind hier „Bachanalia", „dies pingues" (fette Tage) oder kurzerhand auch die „Freßmeß".

Der Peterstag am 22. Februar meint die Thronerhebung des Apo-

stelfürsten, kurz „Stuhlfeier" oder lateinisch „ad cathedram" genannt. Der Tag gilt allgemein als Frühlingsanfang, weshalb hier auch das oben beschriebene Sommerläuten beginnt.
Nach dem Kalender von 1440 ist am 20. März der „heilge palmedag" (Palmsonntag), und es beginnt die „cruizwoche", die Karwoche. Am Gründonnerstag begeht man den „Mendeltag". In dieser uns heute ungewohnten Bezeichnung ist das althochdeutsche Wort „mendilon" = sich freuen, fröhlich sein enthalten. Gemeint ist die vorösterliche Freude über die Einsetzung des hl. Abendmahles an diesem Tage inmitten der Karwoche. In der Kirche ist deshalb die liturgische Farbe am Gründonnerstag Weiß: Farbe der Auferstehung, der Freude.
Der Karsamstag des Jahres 1440 ist der 25. März, „annuntiationis S. Mariae", wie er offiziell heißt. Der Volksmund hat dafür viele Namen: Mariens Engelgruß oder „als ihr der Herr gekundet [verkündigt] ward" oder „als sie entfink [empfing] Jesum Christ". In den meisten Urkunden heißt er „unser lieben frauwen tag der beklybunge" oder kurz „Klibeltag". Beklieben ist soviel wie beflecken, womit die Empfängnis gemeint ist. In Darmstadt gibt es noch um 1540 den „Klibelmarkt" am 25. März.
Zu Ostern werden überall, wie wir schon in den „Seelbüchern" gelesen haben, die Osterkerzen bereitet. Nach den Katzenelnbogener Rechnungen werden die Osterfladen gebacken, zu denen hauptsächlich „weychkäse" verwandt wird.
Im April vermerken wir den „Jorgentag" (23. 4.). Der Mai beginnt mit „sant Walborien" = Walpurgis. Danach kommt (1440) „unsers herren Uffarztag" (Himmelfahrt) und am 12. Mai „sancte Pancrazientag"; die andern „Eisheiligen" scheint es noch nicht zu geben. Pfingsten heißt (nach dem griechischen „pentekoste") zu den pingestheiligen tagen oder einfach Pingesten.
Nach hl. Dreifaltigkeit kommt „unseres herren lichamstag", Fronleichnam, „festum corporis" oder „festum sacramenti". „Leichnam" ist hier gleich „Leib" und „fron" ist der Herr!
Am 24. Juni folgt der Johannistag und am 29. Juni „Peder und Pauwels tag". Am 15. Juli steht im offiziellen Kalender „divisionis apostolorum" (Teilung der Apostel), in den Urkunden heißt es „der zwölf boten scheydunge tag".
Am 15. August ist „unser lieben frauwen tag, als sie zu himmel ward empfangen", und am 29. ds. denkt man Johannis, des Täufers, „alß er enthoupt [enthauptet] ward", lateinisch „decollacionis S. Johannis". (NB. Das Dekolleté der heutigen Damen sieht eine derartige schmerzliche Tortur glücklicherweise nicht vor. Aber so kann sich die Bedeutung der Wörter ändern.)
Im September werden am 8. Tag die „Geburt der guten Jungfrau",

am 14. die Kreuzerhöhung und am 29. das Gedächtnis des Erzengels Michael gefeiert.

Im November begeht man „zum ersten" „allerheyligen tag" und ihm folgend „aller seelen tag", am 11. „sant Merten, des milden Bischofs Tag, da er mit dem Bettler den Mantel teilte".

Im Dezember steht zuerst St. Niklas, der Kinderbischof, im Kalender, sodann am 8. „Mariae Empfängnis" oder „unser lieben Frauwen Tag Mittwinter". Einen „heiligen Abend" kennt man zu der Zeit noch nicht. Am 25. Dezember ist Christtag oder „Wyhenachten", am 26. „Sant Stefan", am 28. der „kindelein tag". Papst Silvester beschließt das Jahr.

Dunkle Tage vor dem Landgericht

Trotz der zahlreichen guten Werke befinden wir uns weder in einer „guten alten Zeit" noch gar in einer „heilen Welt". Gutes und Böses, Glaube und Aberglaube wohnen dicht beieinander. Und vor dem Land- und Zentgericht wird das Ungute schnell offenbar. Die Gerichtsprotokolle, die heute in den Katzenelnbogener Archiven in Marburg aufbewahrt werden weisen es aus.

Eberstadt gehört zu der Zent Pfungstadt und damit auch zum dortigen Zent- oder Landgericht, das vornehmlich über schwere Verbrechen zu urteilen hat. Der Maßstab hierfür ist allerdings ein weitaus strengerer als heutzutage. Todeswürdige Verbrechen sind Mord, Landesverrat, Brandstiftung, Meineid, Zauberei, Gotteslästerung, Ehebruch und Notzucht. Aber auch Diebstahl und gefälschte Maße und Gewichte kommen vor dieses Gericht.

Das Landgericht wird gebildet von den Zentschöffen, die aus den zum Gebiet gehörigen Dörfern gewählt werden unter der Leitung des Zentgrafen. Die „Zent" ist ein Verwaltungs-, Gerichts- und Milizbezirk. Oberster Gerichtsherr ist allemal der Graf von Katzenelnbogen, der sich meist von seinem Amtmann oder dem Landschreiber vertreten läßt. Das Urteil selbst aber wird allein von den Schöffen aus dem Volke, ohne Einwirkung seitens der Regierung gesprochen. Später lockert sich dies allerdings.

Die Schöffen sind in der Regel unstudierte Leute. Der eine oder andere kann weder lesen noch schreiben. Aber sie haben das „Weistum", das von den Alten überkommene Recht und Brauchtum, im Kopf, und das ist maßgebend. Es sind ältere, erfahrene, fromme Männer, die auch für den Menschen ihres bäuerlichen Lebenskreises Verständnis haben. Auf der andern Seite sind sie gehalten, alles vor Gericht anzuzeigen, was ihnen Ungesetzliches aus ihrem Dorf zu Ohren kommt.

Vor Beginn einer Tagung werden die Schrannen aufgestellt, sodann Bänke und Tische für Gäste. Auf einem gesonderten Tisch liegen das Gerichtsbuch, der Richterstab und die „Heiligen", d. h. die Reliquien, bei denen geschworen wird. Glocken läuten ein.
Die wehrfähigen Männer der Zent haben vollzählig mit ihren Waffen zu erscheinen. Die Zentmannschaft umstellt das Gericht im Kreise. Frauen sind nicht zugelassen, es sei denn als Angeklagte oder Zeugen. Ist alles bereit, erscheinen der Zentgraf mit Harnisch und Schwert, die Schöffen, der Gerichtsschreiber und die Zeugen.
Die Anklageprotokolle sind zum Teil erhalten geblieben, die Strafprotokolle nicht. Aus den Pfungstädter Protokollen greifen wir etliche heraus, die von Eberstädter Einwohnern handeln.
„Metzingen Henne von Ebirstat hat robige suwe gekoifft, uff lumunt." (1442)
Der Metzger Henne von Eberstat hat gestohlene Säue gekauft, – die Leute sagen es.
„Adam Löver hait Gerhusens frau gecziegen, sii habe in verzaubert daß er krank sey." (1443)
Adam Löver hat Gerhusens Frau bezichtigt, sie habe ihn verzaubert, so daß er krank sei.
„Ist Grete Webern gecziegen, si solle eyn katzenhirn begraben haben und damit zaubern." (1443)
Ist Grete Weber bezichtigt worden, sie habe ein Katzenhirn vergraben und solle damit zaubern.
„Peter Wamuld hat geschossen nach Henchin Snider zu Ebirstat mit eyn armbrost." (1451)
Peter Wambold aus Eberstadt hat mit einer Armbrust nach Hans Schneider geschossen.
„Godel Hanmans dochter sprecht Claßen Zehen der ee an, des er ir nicht bekent; [späterer Zusatz:] Hat er bekant und si gekaufft." (1453)
Gudula, Hanmanns Tochter, klagt Klaus Zeh an, er habe ihr die Ehe versprochen und nachher nichts mehr davon wissen wollen. (Zusatz): Er hat sich bekannt und mit ihr die „Weinkäufliche Kopulation" gehalten, kurz: sie gekauft.
„Sehemer sal sin komen in den Eychwalde zu siner geswyhen Luiken und hait sii geslagen, das sii bloitroistich ist worden, uff lumunt." (1467)
Der Seeheimer soll in den Eichwald gegangen sein zu seiner Schwägerin Lucie und hat sie so geschlagen, daß sie blutrünstig geworden ist.

4. Einkäufe auf Messen und Märkten

In den Wirtschaftsbüchern der Grafen von Katzenelnbogen finden sich zahlreiche Ausgabenbelege, an denen der „Lebensstandard" der gräflichen Familien abzulesen ist. Man erkennt aber auch mit einem gewissen Staunen, was es alles auf der Frankfurter Messe und auf den Märkten des Landes zu kaufen gab. Hier einige Ausschnitte.

Hofhalt der Gräfin Irmgard 1295

pro (für) salmone (Salmen): 8 Schilling – pro albo pane (Weißbrot): 10 Pfennig (Silber) – pro ovis (Eier): 1 Sch. – pro piscibus (Fische): 18 Pfennige – pro oleo (Öl): 12 Pf. – pro Carnibus (verschiedene Fleischsorten): 1 Sch. – pro butiro (Butter?): 10 Pf. – pro pullis (Hähnchen): 7 Pf. – pro caseis (verschiedene Käsesorten): 1 Sch. – pro caulibus (Kohl, Gemüse): 4 Heller.
Die Rechnung wurde notiert vom Schultheißen zu St. Goarshausen für die Zeit von Mai bis August 1295!

Auf den Märkten am Rhein 1410

St. Goar: mandeln und fygen (Feigen) – eyer zu osterfladen – klobelach (Knoblauch) – schollen (Fische).
Bei Ewald, dem Krämer, gekauft: 4 pt (Pfund) peffers – ingebers – saffran – zynamomenroren (Zimt) – nelgin (Nelken) – maschaten (Muskat) – pariskörner (Gewürz) – honigs – zockers.

Zu *Mainz* wird eingekauft:
an Invocavit: 1 donne (Tonne) oley (Öl), 1 faß bottern (Butter) – an Albani: 2 faß boddern – Marie Magdalene: 1 faß boddern – assumptionis Marie (Himmelfahrt Mariens): 2 faß bottern – Katharine virginis: 1 donne oley.
Einkäufe bei den „metzelern, fischern und hockern", d. h. den Metzgern, Fischern und Markt-Hockern:
3½ fl. swynebraden und swynebein – 14 alb. (Albus) 1 hamel – 27 alb. vor barben – 14 alb. vor salmen – 17 alb. vor eyer – 23 alb. vor strenge (Stränge) und garn – 17 fl. umb eyn stuck stockfische, hielden 180 fische.

Frankfurter Messe 1437

Die Rechnung des Zollschreibers von St. Goar vom Jahre *1437*, Nr. 30, weist folgende Ausgaben auf der Frankfurter Herbstmesse auf:
42 fl. (Gulden) 3 s. (Schilling) 5 h. (Heller) umb (für) 14 faße butern

(14 Fässer Butter). Dye wygeten 958 phont (Pund), ye das phont umb 9½ Heller aldes geldes.
14 s, die buter zu wiegen und in das schiff zu fuhren.
9 fl. 12 s. umb 180 elen (Ellen) lynesduches (Leintuch).
2 fl umb 62 elen grobs duches zu myner jungfrauen (der Gräfin), das schiff zu bespannen.
Auf der Fastenmesse *1452* werden für das Darmstädter Schloß eingekauft:
18 lb. (Pfund) ingwers, je 4 Pfd. 1 fl. – 12 lb. peffers – 3 lb. saffran – 4 lb. rorn (Röhrenzimt) – ½ lb. muscaden – 8 hude zockers (Zuckerhüte) – 12 lb. mandeln – 4 lb. reiß (Reis).
2 fl. vor 31 eln barchins (Ellen Barchent), der Ketten, kammermede, und Elsgin vor 2 rocken – 1 fl. vor 2 sleyer den meden, d. h.: die Mägde Käthchen und Elschen bekommen zwei neue Röcke und 2 Schleier – 30 lb. dochtgarns (für Kerzendochte) – 2 ysern (eiserne) und 7 blechen flessen (Flaschen) – 2 kl. kranen zu dem essigfaß – 7 bodenboeßen (Besen) – 4 englische vor eyn flesse mit biere. (Der „Englisch" ist eine Geldmünze, s. unten.)

Schleckereien im Kindbett

Diese Ausgabe (1437) ist betitelt: „Distributum umb gebacken krut und zocker gein Darmstadt in daz kindbette myner gnädigen frauwen". Es handelt sich um die Gräfin Anna von K., die im Darmstädter Schloß niedergekommen und offenbar von einer besonderen Lust nach Süßigkeiten überfallen war. Deshalb wurde der Diener Claß nach Köln geschickt, um Backwerk und Süßigkeiten einzuholen. Hier die Rechnung:
32 alb. umb (für) 2 phont (Pfund) tresenii, genannt frauwenkrut – 1½ fl. umb 4 phont roter stecken – 1½ fl. umb 4 phont wißer stecken – 18 alb. umb 2 phont canelen-confecte – 18 alb. umb 2 phont annis-confecte – 9 alb. umb 1 phont coriander-confecte – 1½ fl. umb 2 phont vergulte (vergoldete) rosen-confecte – 20 alb. umb 2 phont manus Christi (Hände Christi, wohl ein Gebäck) – 5 fl. mimus 1 ort (¼) umb 4 hude zockers, wyegen je 12½ phont.
Besondere *Spezialitäten der Darmstädter Schloßküche* sind: Schlehengelee auf Wein gezogen – Quitten- und Birnenkonfitüre – Nußspeise aus Honig, Ingwer, Nelken, Zimt und Nüssen – Ein beliebter Würzwein (Kirschwein) enthält als Zutaten Zynamomenroten (Zimt), Nelken, Muskat, Pariskörner und Honig.

Hofhaltung in Darmstadt 1450–1453

Graf Philipp d. Ä. von Katzenelnbogen wies 1450 seinem Sohne Philipp d. J. und dessen Frau Ottilie von Nassau-Vianden Darm-

stadt als Residenz an. „Für die folgenden Jahre sind wir über das Treiben des lebenslustigen und unternehmenden Paares vorzüglich unterrichtet, wobei die Quellen eine solche Fülle von farbigen Einzelheiten des täglichen Lebens und Treibens vor uns ausschütten, daß sie kaum überschaubar sind." (K. Demandt)
Wir greifen Abrechnungen von den Einkäufen auf der Frankfurter Messe 1451 heraus.

Einkäufe auf der Messe werden *1451* „in bywesenn des snyders" (im Beisein des Schneiders) getätigt. Die großen Mengen zeigen an, daß auch für das Gesinde eingekauft wird, dessen Lohn z. T. in der Lieferung von Bekleidung und Schuhwerk besteht.
10 wyße ducher (Rollen) von Kyrn, „hant gulden" (gegolten) 32 fl. 2 h. – 6 fl. vor 23 elen (Ellen) wiß duches zum füttern (Kleiderfutter) – 2 fl. 1 tn. (Turnos): 1 graue Engelsduch (englisches Tuch) – 24 fl. umb (für) dry graue ducher von Geylnhusen – 1 grauen Ulmer barchen für den Grafen – 109 elen lynenduches vor $5^{1/2}$ fl. – 1 fl. vor blae (blaues) garn – 1 lb. (Pfund) wiß und cleyn blae garn.
Ein *apartes Einzelstück* von gigantischem Wert stellt der „gesteckte rock" (gestickter Rock) dar, der beim Seidensticker Eberhard von Heidelberg 1450 von der Junggräfin Ottilie zum Preise von 435 Gulden bestellt und geliefert wurde. Angezahlt wurden 100 fl., den Rest mußte, nach dem Tode Philipps d. J. von Katzenelnbogen, der alte Herr bezahlen.

Des weiteren wurden eingekauft

Für den Herren:
Für den Junggrafen werden besorgt: 1 Bergeß messer (aus dem Bergischen Land, Solingen!), 2 Degen von Mstr. Eberhard in Köln, Falkenhandschuhe, Alaun zum Rasieren und 1 Narrenhut (zu $1^{1/2}$ fl.) für die Fastnacht.

Für die Dame:
Der Junggräfin werden verehrt: 1 paternoster (Rosenkranz), in Silber gefaßt und vergoldet, 1 Ring vom goldsmyd, 1 nachthube (Nachthaube) von ledder mit buntem futer (gefüttert) für 5 Tornosen (etwa $1/2$ fl.) und 15 eln rod Mechels duche (15 Ellen rotes Tuch aus Mecheln) zum Schelmenkostüm an Fastnacht. Die „jungfrauwen" (Kammerfrauen) bekommen „siden haresnuren" (seidene Haarschnüre) und für 10 Heller 1 Pfund „rode", d. h. Schminke.

Für die Mägde:
Für sie werden 205 Pfund „unßlitz" (Unschlitt) besorgt, daraus Kerzen zu machen. Für die „oisterkirzen" (Osterkerzen) verwendet man „wais unde loin" (Wachs und Lein).

Für die Schreiber:
Die Schreibstube braucht „eyn riß papirs" (ein Ries Papier) zu 1 fl. u. 5 alb. (Albus) sowie „grune sigelwachs" (grünen Siegellack) und „permont" (Pergament).

Für die Handwerker:
Der Bender (Küfer) verwendet für 2 fl. 3 alb. Senfmehl, das „in dem herwest in die donnen" (vor dem Herbst in die Weinfässer) getan wird. Der Schmied verlangt „ysern drait an die ure" (Eisendraht an die Turmuhr im Schloß), sowie „ysens unde colen" (Eisen und Kohlen) für die Schmiede. Die Fischer erhalten von der Fastenmesse einen Nachen zum Fischfang im „Arheilger woog" zu $2^{1}/_{2}$ Gulden.

Geldsorten und Geldwert

Der *Gulden:* ursprünglich Gold, in Florenz (fl.) geprägt, später Silber. Der *Albus* (alb.) wird um 1440 mit 24 auf 1 Gulden gerechnet. Er hat zum *Pfennig* (d = denarius, alte römische Münze, aus Silber) eine feste Beziehung: 1 alb. = 8 Pfennig. Der *Turnos* (eigentlich Tournois, von der französischen Stadt Tours) ist $^{1}/_{12}$ Gulden oder 3 *Englisch*. Die kleinste Münze ist der *Heller* (eigentlich Häller: von Hall). Drei Heller geben einen *Schilling* (s.). Meist gilt 1 s. für 12 Untereinheiten: 1 s. d. = 12 Pfennig. Der Landschreiber von Darmstadt rechnet 1450 den Gulden zu 30 Schilling und 5 Pfennig. Für den Albus kommt später der *Kreuzer* (kr.) auf = 4 Pfennig, und schließlich der *Batzen* = 4 Kreuzer. Die Heller werden meist wie im früheren englischen Münzsystem, in Pfunden gerechnet. *1 Pfd. Heller* ist 1252 = 1 Gulden, 16 Jh. = 15 alb. oder etwa $^{1}/_{2}$ Gulden, und seit 1609 = 16 alb. 7 Pfennig.

Der *Geldwert* ist niemals eine objektive Größe –, das einzig Genaue, das man dazu sagen kann: „Inflationäre Erscheinungen" gibt es nicht erst heute! Zwischen 1500 und 1800 ist der Kaufwert des Geldes auf etwa 1 Zehntel herabgesunken, d. h. die Preise haben sich in 300 Jahren verzehnfacht.

5. Der Katzenelnbogener Erbfall

Das Mittelalter geht zu Ende, die Neuzeit beginnt. Der Historiker rechnet nach diesen Zeitläuften. Die Antike, das klassische Altertum, dauert bis etwa 375 n. Chr., dem Beginn der Völkerwanderung. Darauf folgt das Mittelalter in drei Epochen: frühes Mittelalter bis etwa zum Jahre 920, Hochmittelalter bis 1250 und spätes Mittelalter bis 1492, der Entdeckung Amerikas durch Kolumbus.

Daran schließt die Neuzeit an, deren Ende noch niemand bestimmt hat.

In der Herrschaft Frankenstein hat man vom Beginn einer „Neuzeit" bestimmt nichts vernommen. Wohl aber weiß man dort, daß harte Zeiten ihre Schatten schon vorauswerfen, mindestens seit dem Jahre 1479. Graf Philipp der Ältere von Katzenelnbogen ist als letzter seines Hauses im Mannesstamm verstorben. Die einzige Erbin ist seine Tochter Anna. Sie war mit drei Jahren dem Landgrafen Heinrich III. von Oberhessen verlobt und im Jahre 1457 (vierzehnjährig) mit ihm verheiratet worden. Als Vorleistung war dem Landgrafen im Jahre 1470 die Obergrafschaft (Darmstadt) übertragen worden. Nun tritt der Katzenelnbogener Erbfall ein: Frau Anna bringt ihrem Gemahl das riesige Erbe zu. Die Landgrafschaft Hessen trägt damit den größten äußeren Gewinn im ganzen Mittelalter davon.

Auf der andern Seite hat der Besitz- und Machtwechsel bedrohliche Folgen für die kleinen, bisher selbständigen adligen Herrschaften. Die Landgrafen wollen von Anfang an diese souveränen Territorien nicht mehr in ihrem Lande dulden und setzen alle Mittel gegen sie ein.

Selbstverständlich ist dies auf dem Frankenstein bekannt. Man hat dort zwar niemals „große Politik" gemacht, die eigene Stellung jedoch stets behauptet. Man sucht sich also zunächst damit zu helfen, daß man sich um eine genaue Fixierung der Rechtslage bemüht. Das betrifft allerdings nicht die Burg, deren Unantastbarkeit als Lehen des Reiches stets beachtet wurde, sondern die Dörfer. Hier werden jetzt die Gerichtsschöffen angewiesen, auf Grund ihres Eides ein „Weistum" zusammenzustellen, das heißt: zu weisen und zu bezeugen, was von alters her Recht und anerkannter Brauch gewesen ist.

Es liegen vier solcher Weistümer vom Jahre 1489 vor, die von den Schöffen in Eberstadt, Nieder- und Ober-Beerbach und Allertshofen selbständig erstattet werden. Wir folgen dem übersichtlichsten dieser Dokumente, dem Weistum von Nieder-Beerbach.

Da heißt es: „So weist und erkennt das Gericht beyden Junkern Philip [IV. vom jüngeren Stamm Frankenstein] und Hanßen [II. vom älteren Stamm] als Gerichtsherrn zu Nidernberbach an: das Gericht zu setzen [zu berufen] und zu entsetzen, alle gebott und Verbott, hoch und nidern zu thun [zu erlassen], außgeschieden Centrecht, das unserm gnädigen Herrn Landgraffen zusteht." Anmerkung: Das Zentrecht oder Landrecht über schwere Verbrechen aller Art steht dem Landesherren zu. Eberstadt gehört beispielsweise zur Zent Pfungstadt und zum Landgericht ebendort. Über die Rechte des Landgrafen im Dorfe selbst „weist" das Gericht zu Eberstadt in erstaunlicher Offenheit und Kühnheit, daß es hier keine Rechte hat: „were es sache [wäre es der Fall] daß myn Herr Landgrave [oder ein anderer in seinem Auftrage] gein Eberstait gericht keme und fragt, was [welche] freyheit und herlikeit [Herrschaft] myn Herre Landgrave do hette, so weist ime der schöff, er solle sein pferd an ein zeun [Zaun] binden, biß er sein wort geredt [sein Anliegen vorgebracht], aber *mehr* freiheit und herlikeit wird Ime nit gewiese [bestätigt]." Das Weistum erinnert weitergehend an einen Vorfall, der sich vor 40 Jahren zugetragen und im hiesigen (späteren) Gerichtsbuch vermerkt ist. Da kam ein Herr Henrici, Sekretär des Grafen von Katzenelnbogen, nach Eberstadt und frug nach den Rechten, die der Graf hier habe. Die Schöffen antworteten, er solle seinen Auftrag ausrichten, sein Pferd wieder abbinden und davonreiten. Worauf Herr Henrici meinte, um solcher „Freiheit" und „Herrschaft" des Grafen willen hätte er gleich daheimbleiben können.

Eine nicht weniger kühne Sprache führen die Eberstädter im Jahre 1557 in ihrer Dorfordnung. Vor deren Niederschrift waren sechs Männer ausgewählt worden, um die althergebrachten Rechte zusammenzutragen. Dazu gehört nicht zuletzt die freie Verfügung über den Gemeindewald. In Art. 54 wird festgestellt, daß sowohl „Unser gnädigster Fürst und herr, der Landgraff", wie auch „unser günstiger Junckher" es stets so hielten: wenn sie etwa Holz aus dem Gemeindewald haben wollten, schickten sie einen Diener aufs Rathaus, der das Ersuchen geziemend vorbrachte. „Zu der gemeinde stand" dann, „zu geben undt [oder] nicht."

Zu den Aufgaben des Gerichts gehören u. a. auch Verwaltungssachen, wie sie heute noch zum Teil vom „Ortsgericht" erledigt werden. Darüber lesen wir später im Eberstädter Gerichtsbuch (1622 ff.):

Welcher zu ewiger beheltnuß [zum Behalten, Gedenken] in diß gerichtbuch leßt schreiben: Testament, letzten Willen, Kirchgab, Jahrgezeit [Stiftung einer jährlichen „Totenmesse"], Übergabe, Verträge und dergleichen, der soll dem Gerichtsschreiber, solches zu schreiben, geben 6 Pf., dem Gericht $1/4$ Wein und 4 Hellerweck. Wer ober kurz oder lang solches erklärt oder [aus dem Gerichtsbuch noch einmal] gelesen haben will, soll dem Schreiber geben 6 Pf. usw., wie oben.

Wer ein Vorgebot [eine Vorladung] begehrt, soll dem gericht geben $1/2$ Viertel wein und vor 4 Heller Weck, 2 Heller aber dem gebüttel [dem Büttel, Ortsdiener, der den Mann vor das Gericht holt].

Welcher eine Verlegung tut [Aufnahme einer Hypothek] soll dem Gericht geben ein halb Viertel Wein und vor 4 Heller Weck.

Wer eine Aufholung tut [ein Pfand in Besitz nimmt], gibt dem Gericht 1 maaß wein und 2 Pf. vor Weck.

Von einem Augenschein [Besichtigung und Schätzung] gebührt, wenn es nahe ist, jedem Schöffen 6 albus und dem Schultheißen 10 albus, wenn es aber weit: den Schöffen 10 albus und dem Schultheißen 15 albus.

Eine ausführliche Geschäftsordnung aus späteren Jahren mag auch schon um 1500 gegolten haben, da solche Ordnungen meist auf uralte Vorbilder zurückgehen. Ein Gericht „hegen" bedeutet dabei: es mit bestimmten Formeln unter Königsbann und Landfrieden stellen.

„Wenn ein gericht gehegt werden soll, soll der *Schultheiß* fragen, ob es zu rechter Tagzeit sey, daß man der Junker von und zu Frankenstein gericht behegen solle.

Antwort 1. Schöffe: Wann es beleuth und gebotten [mit Geläute eingeladen] sey wie recht. Zweiter Schöffe: Ja.

Fragt Schultheiß: Weswegen [in wessen Namen und Recht] er es behegen solle?

Antwort 1. Schöffe: Wegen der wohledlen gestrengen Junkern zu Fr. als ordentliche Obrigkeit und Gerichtsherrn zu Eberstait, die daselbsten zu gebieten und zu verbieten haben.

Schultheiß: wie er das Gericht im Rechten behegen solle?

Schöffe: Mit dem Frieden und dem Bann.

Schultheiß: Darauf gebe ich euch Frieden und Bann, daß keiner den stul [Stuhl] räume [fortgehe], keiner dem andern das Wort tue [ins Wort falle], auch keiner dem andern in sein Recht gehe, es geschehe denn mit erlaubnuß. Ich verbiete das Unrecht, auch alles, was gedachten Junkern und Herren an ihrer Gerechtigkeit [ihrem Recht] schaden mag.

Schultheiß: Wie er sie ermahnen soll, das Recht zu sprechen?

Antwort: Auf den Eid!

Schultheiß: Wie ich es dir gebe, so gebe ich es allen mit einander, daß ihr rugen und vorbringen sollt alles, was euch wissent ist, niemand zu lieb noch zu leith, noch umb silber und golt, wie ihr es am Jüngsten Tag gegen Gott und jetzt gegen die Welt vertheidigen [verantworten] könnt."

Der Schöffeneid wird geschworen „mit aufgereckten Fingern zu Gott und zu seinem heiligen Wort". Er schließt: „Was mir hier vorgelesen, und ich genugsamb verstanden habe, solchem allem will ich nachkommen, so wahr mir Gott helfe und sein heiliges Evangelium".

Allianzwappen Philipps IV. von Frankenstein über dem ehemaligen Südportal der alten Kirche 1523. Obere Reihe: Frankenst. Beil für Philipp IV. und der Steinbock für dessen Frau Margarethe Bock von Uttingertal. Zweite Reihe: Wappen für Georg von Frankenstein, Sohn der Obigen, und dessen Frau Clara von Sternenfels, Stern über Felsen.

V.
Unter den Landgrafen von Hessen

1. Neue Ausstattung der alten Kirche

In den Jahren zwischen 1506–1523 bekam die alte Kirche eine neue, auffallend kostbare Ausstattung. Gönner und Stifter war Philipp IV. von Frankenstein, derzeit „Ältester" des Hauses.

1. Als erstes stiftete der Junker einen *silber-vergoldeten Kelch* mit sechsteiligem Fuß, einem spätgotischen Knauf mit Rosetten und glockenförmiger Kuppe mit Blattkranz. Auf der Oberseite des Fußes sind drei farbig emaillierte Wappen angebracht von Philipp IV. (1485–1532), seiner Frau Margarete Bock von Uttingertal (ein Steinbock als Wappentier) und Junker Philipps Mutter Else Krig von Altheim. Auf der Unterseite des Fußes ist eingraviert der Name des Stifters „philips zu Franckenstein" sowie „S. [Sankt] Barbara im 1506 jar". In dieser Zeit tragen demnach die Kelche Namen nach den Heiligen, wie dies auch bei Glocken der Fall ist.
2. Eine *Taufschale* aus Messing. Am Boden befindet sich eine Treibarbeit mit Adam und Eva im Paradies, als Zeichen der Erlösung vom „Sündenfall" durch die Taufe.
3. Eine Taufkanne mit breit ausladendem Körper zwischen schlankem Schaft und Hals. Am Ausgang ist ein Drachenkopf und am Deckelknauf ein Widderkopf angebracht. Niederdeutsche Arbeit, Messing.
4. Eine neue *Glocke* mit der eingegossenen Inschrift: „Sant Anna Glock heiß ich, Meister Hanß zu Frankfort gos [goß] mich. XvXII [1512]". Die Glocke mußte vor etlichen Jahren umgehängt werden, läutet jedoch noch immer über den Gemeinden. Es sei vermerkt, daß „St. Anna" für sämtliche neuen evangelischen und katholischen Kirchenglocken, die nach dem letzten Weltkrieg gegossen wurden, den genau abgemessenen „Ton" angibt.
5. Neben diesen noch vorhandenen „Paramenten" dürften sicherlich auch neue *Altarbekleidungen* sowie *liturgische Gewänder* zu jener Neuausstattung der Kirche gehört haben.
6. Der *Turmanbau* von 1523 ist nicht aus baulichen Gründen oder Erfordernissen vollzogen worden, zumal keinerlei Bau- und Unterhaltungspflicht an Kirche oder Turm seitens der Herren von Frankenstein nachzuweisen ist. Vielmehr muß der neue Turm gleichfalls zu der Gesamtkomposition der Neuausstattung gerechnet werden. Fast möchte man die wuchtigen Mauern des Turmgewölbes als ein Schutz- und Trutzzeichen in dem Sinne ansehen, wie es die Inschrift am Wohnturm der Burg Frankenstein ausdrückt, die Junker Philipp im Jahre 1528 anbringen läßt, zwei Jahre nach der Reformation in Hessen: „zue got stet min true", das heißt: „Zu Gott steht meine Treue" – womit zugleich die Treue zum angestammten

katholischen Glauben gemeint ist, die das Haus Frankenstein bis
heute bewahrt hat.
Anmerkung: zum Kirchbau vgl. oben II/4.

2. Irmela von Frankenstein, geb. von Cleen
(1494–1532)

Irmela von Cleen wird, kaum vierzehnjährig, dem Junker Hans
von Frankenstein, sechzehn Jahre alt, angetraut. Öffentlich ist die
junge Frau kaum hervorgetreten. Wohl aber verläuft ihre Lebenszeit unter dem Zeichen der politischen und religiösen Bewegungen
des aufkommenden 16. Jahrhunderts. In der Verwandtschaft und
Freundschaft der jungen Eheleute sind fast alle bedeutenden Namen der Zeit vertreten: die von Kronberg, Rodenstein, Sickingen,
Hutten, Berlichingen, Echter von Mespelbrunn und viele andere.
Die Eltern des Junkers Hans sind Konrad VI. von Frankenstein
und dessen Frau Apollonia von Kronberg. Die Großeltern sind der
kaiserliche Rat und Orientfahrer Konrad V. von Frankenstein und
dessen Frau Margarete von Rodenstein (s. o. IV/2).
Die Eltern von Frau Irmela sind Gottfried von Cleen, Herr zu Ockstadt bei Friedberg (Wetterau), und dessen Frau Margret Echter
von Mespelbrunn, dem berühmten Wasserschloß im Spessart. Irmelas Großeltern sind Wenzel von Cleen, Schultheiß zu Bonames,
Herr zu Ockstadt, und seine Frau Irmela von Sachsenhausen.

Im Strudel der Geschichte

Im Jahre 1508, im Hochzeitsjahr des Junkers Hans und Irmela,
entbrennt der lange schwelende Aufstand der hessischen Ritterschaft gegen die zunehmende Macht der Fürsten und großen Städte. Der Hauptantrieb geht von dem kaiserlichen Feldhauptmann
Franz von Sickingen aus, der auf der Ebernburg, der „Herberge
zur Gerechtigkeit", residiert.
Sickingens Tochter Margret heiratet im Jahre 1517 den Bruder Irmelas mit dem seltenen Namen Oyer von Cleen zu Ockstadt.
Im März 1518 läßt Anna von Hessen, geb. von Mecklenburg, ihren
Sohn Philipp mit 13$^{1}/_{2}$ Jahren für mündig erklären und übergibt
ihm die Regierung des hessischen Fürstentums. Pate und Vormund Philipps war Dieter von Cleen, Deutschordenskomtur zu
Marburg und späterer schärfster Widersacher gegen dessen Mutter. Dieter von Cleen ist der Onkel von Irmela von Frankenstein.
Im Spätherbst des gleichen Jahres 1518 sieht man von der Burg

Abendmahlskelch „St. Barbara"
Stiftung Philipps von Frankenstein 1506
(Heute: Dreifaltigkeitskirche)

Taufkanne, Anfang 16. Jahrhundert,
niederdeutsch, Stiftung Frankenstein
(Heute: Dreifaltigkeitskirche)

Frankenstein die Dörfer brennen: Pfungstadt, Griesheim, Bessungen. Franz von Sickingen war vor die Stadt Darmstadt gezogen, um den jungen Philipp, gen. der Großmütige, zu kränken, was allerdings ebenso unrecht wie für Sickingen verhängnisvoll war. Zur Seitendeckung zog Götz von Berlichingen derweil vor die Stadt Umstadt. Beide Städte wurden schwer gebrandschatzt.

Das Dorf Eberstadt blieb unbehelligt, da es nicht hessisch, sondern frankensteinisch war, und außerdem dem Junker Hans, dem Schwager von Sickingens Tochter Margret, gehörte.

Franz von Sickingen, Ulrich von Hutten und Götz von Berlichingen hatten sich unterdes dem Reformator Luther zugeneigt. Hartmut von Kronberg, der Schwiegervater des Hans von Frankenstein, setzte sich bereits 1521, nach dem Reichstag zu Worms, in Briefen und Schriften leidenschaftlich für Luther ein.

Der „Ritterkrieg" vom Jahre 1522/23 gegen Kurpfalz, Kurtrier und Hessen ging für die Hauptbeteiligten schlecht aus. Hartmut von Kronberg verlor seine Burg, Ulrich von Hutten starb als Flüchtling in Zürich, und Franz von Sickingen fiel in seiner Burg Nanstuhl nach schwerem Kampf.

Im Jahre 1526 führt Philipp der Großmütige in seinen Landen die Reformation durch. Die kleinen Herrschaften Rodenstein und Frankenstein bleiben zunächst unbehelligt.

Philipp IV. von Frankenstein läßt 1528 sein „Bekenntnis" vom Wohnturm der Burg verkündigen: „Zu Gott steht meine Treue", womit zugleich die Treue zum angestammten katholischen Glauben gemeint ist.

Zur Turbulenz dieser Zeit gehört es umgekehrt, daß Junker Philipps Sohn, Georg von Frankenstein, als Hauptmann der Landmiliz der Obergrafschaft Darmstadt im Dienste Philipps des Großmütigen steht.

Die große Erbschaft

Im Jahre 1520 stirbt unvermutet der Bruder von Irmela, Oyer von Cleen, Herr zu Ockstadt, der mit Margret von Sickingen verheiratet ist. Das Erbe geht allerdings nicht an die Witwe, sondern an Irmela, weil es sich um Cleenschen Besitz handelt.

Dieses Erbe umfaßt neben der Herrschaft Ockstadt die Liegenschaften der ehemaligen Reichserbschultheißen von Frankfurt am Main, der Herren von Sachsenhausen, die sich über die halbe Wetterau hinstrecken. Dazu gehört ferner der nachmalige Frankensteiner Hof in Sachsenhausen selbst, der einstigen Residenz der Reichsschultheißen.

Dieses Geschlecht war um 1420 im Mannesstamm erloschen. Das große Erbe ging auf eine erste Irmela über, Irmela von Sachsenhausen, Gemahlin des Herren Wenzel von Cleen, und nun ist deren Enkelin, die zweite Irmela, geborene von Cleen, verehelichte von Frankenstein, die Erbin.

Das Hausbuch Frankenstein

Gottfried von Cleen, Irmelas Vater, hatte einst ein sogenanntes Hausbuch angefangen, in das die Geburten der Kinder, Eheschließungen und Todesfälle in der Familie eingetragen wurden. Hans von Frankenstein setzt es nach dem Tode seiner geliebten Frau „Irmel" fort: „Ao [anno] 1532 uff Dorstag [Donnerstag] noch allerheilig dag ist ferstorben Irmell von Cleen, mein lieb hausfrauw, daz got genadt [der Gott gnädig sei], ihrs alters im 38. jar gewest."
Frau Irmela hat in ihrer Ehe, die 24 Jahre dauerte, 13 Kinder zur Welt gebracht, von denen sechs am Leben blieben. Der Vater trägt ihre Namen im Hausbuch ein: „Diße hernach geschriben kynder hab ich, Hanß zu Franckenstein, von Irmell, geborn von Cleen, meyner selichen Hausfrauwen, gehabbt und synt alle zu dem Heiligen Sacrament der Thauff kommen."
Wir lassen die Einträge der lebenden Kinder folgen.
„Ao Dmi [domini] 1510 uff fridag sant Margrete obennt [am Vorabend von St. Margarete] ist *Conradt* meyn sone geporn des morgens zu vir uren."
Anmerkung: Er starb kinderlos 1540 zu Marburg.
„anno dmi 1512 uff dinstag sant Jorgen dag des morgens zu sechs uhren ist *Gottfridt* meyn sone geboren."
„Ao dmi 1513 uff Sant albanus obent ist *Jorge Odwaldt* meyn sone geborn."
„Anno dmi 1515, uff fridag vor unser lieben frauwen dag, genant Liechtwyhung [Lichtweihung, Lichtmeß] in der nacht zu neune uhren ist *Apolonia* meyne dochter geborn." Ein späterer Eintrag von anderer Hand lautet: „ist zu gott seliglich verschieden anno 72-ten [1572], den 2. Apprillis, ires alters im 57-ten jar, deren selen gott genad."
Anmerkung: Apollonia war vermählt mit Lukas von Hutten.
„*Clara* wurde geboren 1516."
Anmerkung: Sie war verheiratet mit Raban von Dörnberg und starb um 1580.
„*Rudolf* ist geborn 1523 uff dorstag vor Sant Johannes."
Rudolf wurde 1552, also erst 29 Jahre alt, zum Bischof zu Speyer und Propst zu Weißenburg (Wissembourg) gewählt, starb aber schon 1560.

Grabmal für Hans IV. von Frankenstein
und dessen Frau Irmela,
geb. von Cleen, errichtet etwa 1533,
heute in der Burgkapelle Frankenstein

Das Grabmal

Frau Irmela dürfte die längste Zeit ihres Lebens im Schloß Ockstadt verbracht haben. Ihre Grabstätte fand sie jedoch in der frankensteinischen Gruft unter dem Chorraum der Kirche in Eberstadt. Im Chore selbst läßt Junker Hans noch bei seinen Lebzeiten ein schönes Epitaph aufstellen, das die beiden Eheleute hintereinander kniend zeigt. Sie schauen in Andacht zum Allerheiligsten auf dem Choraltar. Die Kirche war in dieser Zeit noch katholisch. In gleicher Weise fand das Grabmal des Enkels, Ludwig von Frankenstein († 1606), und seiner Gemahlin Katharina von Rodenstein in der Kirche Aufstellung. Hier blieben die beiden Epitaphe bis zum Jahre 1851.

Da sie in einem desperaten Zustand waren, die Gemeinde aber kein Geld zu einer Renovierung hatte, ließ Großherzog Ludwig III. die Grabmäler kurzerhand auf einem Leiterwagen zur Burg Frankenstein bringen, wo sie in der gut erhaltenen Kapelle Aufnahme fanden. Der heutige Besucher mag denken, daß die Verstorbenen hier auch begraben wurden, was nicht der Fall war. Die Grablege des älteren Stammes Frankenstein war, wie gesagt, die Kirche zu Eberstadt, während der jüngere Stamm seine Toten in der Kirche zu Nieder-Beerbach bestatten ließ.

Die Wappenvermehrung

Nachdem Irmela von Cleen dem Hause Frankenstein die reiche Erbschaft von seiten der von Cleen und von Sachsenhausen eingebracht hatte, ließen die Herren von Frankenstein deren Wappen mit kaiserlicher Genehmigung dem eigenen zufügen.

Das also vermehrte Wappen findet sich schön gemalt auf einer gußeisernen Tafel im Treppenhaus des Eberstädter Rathauses.

Der Schild zeigt in der Mitte das frankensteinische Stammwappen: ein rotes Beileisen ohne Stiel auf goldenem Grund. Links unten und rechts oben erhebt sich der silberne Schwan der Herren von Sachsenhausen mit roten Flügeln hinter einem offenen Turnierhelm. Links oben und rechts unten sind drei rote Kleeblätter im goldenen Felde mit den Stielen zusammengefügt, das Cleensche Wappen. Drei gekrönte Helme bedecken den Schild.

Darüber stehen vier Adlerflügel. Die in der Mitte zeigen einander zugekehrt zwei Beileisen, während der Sachsenhausener Silberschwan rechts danebensteht. Hinter dem Pfau in Blau auf der linken Seite trägt ein dunkles Feld eine Anzahl weißer Kleeblätter als Hinweis auf die Herren von Cleen.

3. Erzwungene Reformation

Im Jahre 1530 beginnt Landgraf Philipp der Großmütige den „Güldenweinzoll", eine Frachtsteuer, durch seine Zollstation an der Straße nach Darmstadt zu erheben. Hans von Frankenstein versucht eine Gegenmaßnahme durch eine neue Straße (vermutlich die heutige Heinrich-Delp-Straße), was ihm ein geharnischtes Schreiben des Landgrafen einträgt:
„Datum Cassel, dinstag nach Dyonisii. Uns langt an, daß die gewöhnliche Landstraße und Unser Zoll bei *Dir* umbfahren und eine neue Straß gelegt und ufgericht werde, welches *Uns* an Unserm Zoll, wie Du zu erachten hast, zu nicht geringem Schaden und Nachteil gereichen tut."
Kurzerhand setzt der Landgraf einen hessischen Zöllner direkt in Eberstadt (und ebenso in Nieder-Beerbach) ein. Der erste Einbruch in die frankensteinische Souveränität ist damit erfolgt.
1526 führt Landgraf Philipp die Reformation in Hessen ein. Darmstadt, Bessungen, Pfungstadt, Nieder-Ramstadt bekommen lutherische Pastoren. Die Herrschaft Frankenstein wird davon zunächst nicht betroffen.
Im Jahre 1536 erfolgt dann *der erste Vorstoß* seitens des Landgrafen. Hans von Frankenstein berichtet selbst darüber, daß Philipp der Großmütige verlangt habe, er solle in seinen Pfarrkirchen „das Wort Gottes bredigen lassen und dye messe sambt allen Ceremonien gantz abschaffen", auch solle er seinen Priestern und Kaplänen befehlen, sich „syner uffgerichten ordnung [Kirchenordnung] glichförmig zu halten". Hans von Frankenstein lehnt strikt ab.
Im nächsten Jahr ordnet Landgraf Philipp eine *Kirchenvisitation* in Eberstadt und Nieder-Beerbach an. Da eine solche aber zur *geistlichen Gerichtsbarkeit* in ihrer Herrschaft gehört, lehnt Junker Hans wieder energisch ab. Der Darmstädter Superintendent berichtet dem Landgrafen darüber: „Ich habe der Visitation zu Eberstadt und Berbach gesonnen an den Edelmann Hanß zu Frankenstein, ist mir aber abgeschlagen worden." So stehen 1540 noch immer katholische Priester hier.
Plötzlich aber heißt es auf der Kirchensynode, daß nur noch *ein* „widerspenstiger Adliger" vorhanden sei, „der seinen Priester noch nicht abgeschafft". Es war der Herr von Rodenstein. Auf dem

Abbildung rechte Seite:
Urkunde: Hans von Frankenstein bestätigt die Einsetzung des ersten lutherischen Pfarrers in Eberstadt 1542

Frankenstein hatte man also eingelenkt, d. h. den betroffenen katholischen Pfarrern die Entscheidung freigestellt. Junker Hans berichtet von deren Entschluß: „Sie haben sich solcher Neuerungen und hessischer Ordnung nicht begeben wollen, sondern haben die Pfarreien und Pfründen [Einkommensgüter] abgegeben und sind in andere Orte gezogen. Also habe ich, Hans von Frankenstein, andere [das heißt lutherische] Pfarrer in den Dienst genommen. Gott wolle wieder zur Besserung schicken."

Zu seiner Rechtfertigung gibt Junker Hans an, er habe sich *„vor Gewalt besorgen müssen,* wie an anderen Orten mit Gewalt Pfarrer und Prädikanten eingesetzt worden seien". Er selber wolle aber „sich und den Armen die Pein ersparen". Pein heißt hier: „peinliches Gericht", am Ende sogar Gefängnis. Im benachbarten Gräfenhausen, das den Herren von Heusenstamm gehörte, hatte der Landgraf befohlen, „des Junkers Pfaffen, so doselbsten Messe hält, gen Darmbstatt in den Thurn [Turm = Gefängnis] zu legen".

So steht am Donnerstag nach dem Dreikönigstag des Jahres 1542 der *erste evangelische Pfarrer* am Altar der Kirche zu Eberstadt und empfängt aus der Hand des (nach wie vor katholischen) Herrn, des Junkers Hans von Frankenstein, seine Bestallungsurkunde. Der Anfang des denkwürdigen Dokumentes lautet:

„Ich, Hans zu Franckenstein, bekenne öffentlich krafft dis brieffs, daß ich, als diser zeit der eltest [Älteste] zu Franckenstein, verliehen hab *Herrn Michael Scheffern* die Pfarre zu Eberstat mit ihrem zugehör, alß das [daß] er das wort gottes dem volk daselbst lauter und clare predigen und verkündigen, auch die Sacramenten den begerenden [Begehrenden] und nothdürftigen mittheilen und sunst alles thun soll, das einem frommen pfarhern und getreuen seelsorger zu thun gepürt . . . und des alles zu warem bekunt [zur wahren Bestätigung] hab ich, Hanß zu Franckenstein, mein eigen insigel zu ende dis brieffs angehängt. Dis geben ist uff Dornstag nach christi unsers lieben hern gepurt [Geburt] Fünfzehnhundert und in dem zweiundvierzigsten Jare." (Urkunde im Hess. Staatsarchiv Darmstadt)

Wenige Jahre später beginnt der Schmalkaldische Krieg zwischen den protestantischen Fürsten und dem Kaiser, der für die ersteren ungünstig verläuft. Am 21. Dezember 1546 steht der kaiserliche Feldherr, Oberst Maximilian d'Egmond, Graf von Bühren, mit 6000 Mann Fußvolk und 3000 Reitern vor den Mauern Darmstadts. Trotz energischer Gegenwehr stürmten die Kaiserlichen die Stadt, die geplündert und teilweise verbrannt wird. Das alte katzenelnbogische Schloß wird gänzlich eingeäschert. Der Frankensteiner Hof in Darmstadt scheint unbeschädigt geblieben zu sein, denn später soll der Oberamtmann Apel von Berlepsch darin Behausung nehmen, bis das Schloß wieder aufgebaut ist.

Landgraf Philipp von Hessen wird 1549 in Halle von Herzog Alba verhaftet und vom Kaiser nach Holland in Haft gesetzt.

Was wunder, wenn man auf dem Frankenstein frohlockt, die evangelischen Pfarrer ausweist und *wieder katholische Priester* annimmt. In Eberstadt saß derweil der evangelische Pfarrer Johannes Vitus. Er beschwert sich in einem langen Brief vom 21. Februar 1549 an Hans von Frankenstein zu Oppenheim, daß man ihn nicht nur ungerechterweise seines Amtes entsetzt habe, sondern ihn auch aus Eberstadt vertreiben wolle, obschon seine Frau eine *frankensteinische Leibeigene* sei. Wegen dieser Calamitäten tröstet er sich übrigens mit Curtius, Camillus und Scipio Africanus (römische Helden), denen man ebenso vergolten habe wie ihm.

Auf St. Margarethentag 1551 stellt Hans von Frankenstein in Oppenheim die Präsentationsurkunde für den Nieder-Beerbacher Pfarrer Görg Strauß aus, in welcher sich dieser ausdrücklich Priester nennt und verspricht, die „Meß" zu lesen.

Doch das Blatt wendet sich bald wieder. 1552 wird Landgraf Philipp aus der Haft entlassen, und schon rührt sich auch der Superintendent Nikolaus Fabricius in Darmstadt, indem er an den Oberamtmann Alexander von der Tann schreibt: „der beeden pfaffen zu Eberstadt und Beerbach abgöttischer und ärgerlicher Lehr und Lebens halben", und bittet „von Ambts- und Obrigkeits wegen befördern zu helfen, daß die Untertanen mit besseren Dienern des Worts versehen werden", gemeint sind natürlich evangelische Diener des Wortes.

Der Oberamtmann befiehlt unterm 8. März 1553 dem Hans von Frankenstein, „die beyden verdächtigen Pfarrer zu Eberstadt und Beerbach abzuschaffen oder, im Fall solches nicht geschähe, müsse der Superintendent von Amts wegen dieselben entsetzen und andere an ihre Statt anordnen".

Hans von Frankenstein muß sich fügen, und so wird die „Reformation" in der Herrschaft Frankenstein zum zweiten Male und damit endgültig eingeführt.

Anhang

Die letzten Jahre des *Landgrafen Philipp des Großmütigen* von Hessen, der 1567 starb, sind nicht zuletzt von seiner unseligen Nebenehe überschattet. Denn wie diese, seine ganze Familie schwer belastende Eheverwirrung schon sein politisches Werk zunichte gemacht hatte, so zerstörte sie zuletzt auch noch sein Land.

„Doch – wie immer man ihn beurteilt, man wird dem Landgrafen zuerkennen, daß er ein außergewöhnlicher Charakter in einer ungewöhnlichen Zeit war, und daß beide einander auch darin entsprachen, daß ihre Aufgaben größer und mächtiger waren, als sie selbst. Das gilt jedoch nicht nur für den Hessenfürsten, sondern für Päpste, Kaiser, Fürsten und Reformatoren dieses Jahrhunderts überhaupt, unter denen er im ‚Morgenrot der Reformation' eine der bewegenden, ja mitreißenden Persönlichkeiten gewesen ist. Aber ihr sind eben auch geistig nicht minder hervorragende Gestalten dieser Frühzeit wie Ulrich von Hutten und Hartmut von Kronberg oder Bewegungen wie die der Bauern und Täufer zum Opfer gefallen." (Demandt).

4. Das Dorf wahrt seine Rechte und sein Eigenleben

Die Dorfordnung von 1557

Man schrieb das Jahr 1557. In der Gemeinde hatte es sich herumgesprochen, daß der alte Junker Hans von Frankenstein schwerkrank in Oppenheim daniederlag; so suchte man nach Vorkehrungen für die Zukunft. Es wurde ein Ausschuß eingesetzt, der fleißig im Dorf herumhorchte und die althergebrachten Rechte der Gemeinde, die bisher nur mündlich überliefert waren, zusammenstellte. Dem Ausschuß gehörten zwei Mitglieder des Ortsgerichtes (Gemeinderates) an: Peter Strohauer und Peter Quick, zwei von der „Gemeinde", d. h. vom Haingericht: Hans Wambold und Hans Strohauer, sowie die beiden Bürgermeister (Gemeinderechner) Niklas Delp und Claus Wald. Das Motto lautet: „Wir habens von unsern Vorältern gesehen und gehört, die seind uns uffrichtig und ehrlich und ganz treu vor[an] gegangen, denen wollen wir, dazu uns der Allmächtige Gott helfen wolle, treulich nachfolgen." Das Ganze wird schließlich von dem Pfarrer Laurentius Motz zu Nieder-Ramstadt niedergeschrieben und mit einer geistlichen Vorrede versehen.

„Auf Mittwoch, dem Sanct Bestgen Tag [Sebastianstag]" wurde die Dorfordnung vor dem Haingericht unter der Linde (am Kirchenaufgang) vorgelesen, erläutert, als rechtens angenommen und beschworen. Neben den eigentlichen „Statuten" enthält die Dorfordnung auch die „Bußen" oder Strafen, die das Haingericht, zusätzlich zu den Strafen der Obrigkeit (Frankenstein, Landgraf), selbst verhängen kann.

Wir treffen im folgenden eine Auswahl aus der Dorfordnung, wobei der Text dem heutigen Sprachgebrauch angeglichen wird. Wie in fast allen früheren Urkunden ist die Zusammenstellung der einzelnen „Statuten" völlig unsystematisch erfolgt. Wir gliedern sie nunmehr nach Sachgebieten ein.

Im öffentlichen Leben

Das Haingericht
Item. Es sollen jedes Jahr vier Haingerichte gehalten werden: auf Montag nach dem Achtzehnten, vierzehn Tage nach Ostern, am Samstag nach Bartolomäi und am Montag nach St. Martini Tag. Es soll ein Bürgermeister die Haingerichte nach alter Gewohnheit am Abend zuvor berufen bei Sonnenschein und auf den Morgen mit der gewöhnlichen Gerichtsglocke beläuten.
Anmerkung: Der „Achtzehnte" = der 18. Tag nach Weihnachten. Bei diesem „Gemeinen Tag" werden u. a. Gemeindebeamte bestellt. Bartolomäus ist am 24. August („wo Bartel den Most holt") und St. Martini am 11. November (Fälligkeit von Pacht und Ackerzins). Der „Bürgermeister" ist nicht der Schultheiß, sondern der Rechnungsführer, Sachwalter der Gemeinde.

Wahrung von Hausrechten
Item. Es sollen auch alle Teilungen (Hausrechte) bei den Behausungen bleiben, also daß kein Einwohner keines seiner Anteile verkaufen oder versetzen soll. – Sonderlich soll keine Teilung (kein Hausrecht) aus dem Dorf Eberstadt versetzt oder verkauft werden, sondern in der Gemeinde bleiben.
Anmerkung: Auf jedem Haus ruhen Rechte wie der Anteil an der Allmende, der Weide, dem Losholz aus dem Gemeindewald. Diese Rechte sollen beim Haus bleiben, und vor allem auch nicht nach auswärts verkauft werden. Man will den Besitzstand zusammenhalten.

Vom Zuzug und Wegzug
Item, ob es sich begäbe, und einer wolle zur Gemeinde ziehen, derselbig soll vor allen Dingen die Obrigkeit ansuchen, danach die Gemeinde begrüßen, vor allem aber eine eigene Behausung haben. Wann alsdann die Obrigkeit und die Gemeinde den Einzug tun vergünden [erlauben], soll derselbig 18 Gulden und einen ledern Eimer der Gemeinde überantworten.
Anmerkung: Die Obrigkeit = Frankensteiner Junker. Gemeinde begrüßen = auf dem Rathaus vorsprechen. Der lederne Eimer ist für die Feuerwehr. Eberstadt ist mit 18 Gulden teuer. In den andern Dörfern kostet es nur 2 Gulden, wovon noch die Obrigkeit die

Hälfte einstreicht. Das Ganze bedeutet die Aufnahme in das Bürgerrecht der Gemeinde.

Item, ob einer wieder aus der Gemeinde zu ziehen sich vorgenommen, sobald er zöge zum Dorf hinaus und vor das Falltor käme, soll er aller Gemeinschaft sich entäußert und verzogen haben. (Die Falltore – vgl. Böllenfalltor in Darmstadt – bildeten den Durchlaß durch die Dorfeinfriedigung, den „Dorffrieden".)

Von den Eichern
Item, dieweil wir alle übernächtiget und etwan ein Eicher Tods verfahren würde, soll man den Neuen mit dem Eide beladen und annehmen, damit der Eid bedacht, und dem Armen, wie dem Reichen in dem Eichen wiederfahren möge.
Anmerkung: Der Eicher ist der, der die Maße und Gewichte eicht. Er wird vom Ortsgericht bestellt und unter Eid genommen. Übernächtigt und des Todes verfahren werden heißt: wir können alle über Nacht sterben und dahinfahren. Mit dem Eide beladen heißt: ein gewichtiges Amt auftragen. Welch eine bildhafte Sprache wird hier noch gesprochen.

Weinkauf und Hochzeit
Item, welcher einen Weinkauf auf dem Rathaus hält, soll der Gemeinde ein halben Gulden zu geben schuldig sein, die Stube wiederumb kehren und reinigen, und was verwüstet und zerbrochen ist, bezahlen und ergänzen.
Item, mit der Hochzeit, so sie darauf gehalten würde, soll's dergleichen geschehen und gehalten werden. So aber einer oder sie beide fremd herkämen, sollen sie jedesmal zum Weinkauf und zur Hochzeit einen Gulden erlegen.
Anmerkung: Der Weinkauf im allgemeinen ist der Freitrunk beim Abschluß eines Geschäftes u. dgl.; hier dürfte es sich um die Eheberedung handeln. Die „weinkäufliche Copulation" besiegelt dann den Ehevertrag und bedeutet gleichzeitig die Verlobung = Eheschließung. Ihr folgt später in der Kirche die Einsegnung.

Wer den Stubenknecht beschimpft
Item, wer uns unsern Stubenknecht übergibt oder anlangt mit Worten oder Werken, oder auf unserm Rathaus einen Zank oder Unlust oder Schlägerei anrichtet, der soll außerhalb der Strafe auch der Gemeinde mit 1 Pfund Heller verfallen sein.
Anmerkung: Unser Stubenknecht ist der Gemeindediener im Rathaus. Wer ihn „übergibt", beschimpft ihn. Wer sich sonst auf dem Rathaus ungebührlich aufführt, wird von der Obrigkeit sowieso bestraft, hat aber zusätzlich auch an die Gemeinde Strafe zu zahlen.

Von den Feiertagen
Item wann ein Pfarrer einen Aposteltag oder Unser lieben Frauen Tag von der Kanzel gebieten würde, wer solchem Gebot nicht nachkäme und im Dorf oder im Feld arbeiten würde, soll ein Pfund Heller zur Strafe schuldig sein. (Die Apostel- und Marientage werden – außer Mariae Himmelfahrt – auch in der evangelisch gewordenen Gemeinde ruhig weitergefeiert.)

Häuser und Gassen im Dorffrieden

Der Dorffrieden
Das Wort „Dorffrieden" kommt als solches in der Eberstädter Ordnung nicht vor, wohl aber in der Sache. Die Nieder-Beerbacher Ordnung beschreibt diesen „Dorffrieden" genau, als Umfriedigung des Dorfes.
„Den Dorffrieden oder die Bannzäune anlangend, so fangt derselbig an am Pfarrhof, streckt sich fort biß an das Falltor bey Müller Hansen Hauß, von dann biß bey das ander Falltor bey Peter Weißen Garten, fürters biß ans Mull-Falltor, und von demselbigen an biß bey das vierte Falltor bey Sixtus Maderns Hauß und von demselbigen biß wider an Pfarrhof."
Der Dorffriede ist hier also die Umzäunung mit den Bannzäunen selbst, die sich um das ganze Dorf ziehen. Bannzäune heißen sie nach dem „Bann", dem Dorfgebiet.
Gleichzeitig aber bedeutet der „Dorffrieden" auch das, war wir heute darunter verstehen: den tatsächlichen Frieden, den die Leute brauchen, die auf so engem Raume leben und miteinander auskommen müssen. Dieser Friede ist durch langes Herkommen, Recht und Gesetz gesichert. Wer ihn verletzt, wird besonders hart gestraft.

Von den Gebäuden
Item, man soll alle Viertel Jahr die Gebäude besichtigen, und wenn ein Bau befunden würde, an dem die Hausschwellen nicht aufgedeckt sind, oder man die Sparren nicht gedeckt fünde, soll derselbige, dem der Bau zusteht, von der Gemeinde mit 5 Schilling zur Buße gestraft werden zu allen Zeiten. (Hausschwellen aufdecken bedeutet, sie zudecken, ähnlich wie man ein Tischtuch aufdeckt, um den Tisch zu decken.)
Item, welcher Hausmann bei seinem Haus nicht zwei trägliche Leitern hätte und ohne Leiter erfunden würde, der soll fünf Schilling zur Strafe der Gemeinde verfallen sein. (träglich = was getragen werden kann. Die Leitern dienen der Brandbekämpfung, weshalb auch die Besichtigung geschieht.)

Item, wo einer eine Hintertür aus einer Scheuer oder Bau ausgehen hat auf einen andern und dieselbe Tür nicht verschlossen hielte, sondern offen ließ stehen, und daß dadurch demjenigen Schaden geschehe, auf den die Türe ausgehet, soll der, dessen Tür es wäre, so oft einem andern Schade geschehe, allemal der Gemeinde fünf Schilling zur Straf verfallen sein.

Von den Gärten
Item, ob einer einen Garten machen würde an Orten und Enden, da andere Leute nicht möchten, oder [ein Stück Land] mit Früchten besamte, da andere Leute nicht besamten, und denselbigen nicht mit Zäunen verwahrte, was alsdann für Schaden an derselbigen Frucht, Kraut oder Rüben geschehe, soll derselbige seinen Schaden selbst tragen und leiden.

Feuerschutz
Item, wann ein Hausvater, ein Gemeinsmann, in seinem Hause nicht wohl feuerte und darüber ein Feuer auf- und ausginge, daß es beschrieen und beläutet würde, derselbige soll zur Strafe der Gemeinde einen Gulden unnachlässig zu geben schuldig sein.
Anmerkung: Nicht wohl feuern = mit Ofen und Herd fahrlässig umgehen. – Beschrieen und beläutet = „Feuer" schallt es durchs Dorf, und die Feuerglocke läutet schaurig dazu. Das ist der größte Schrecken, da die Häuser aus Holz gebaut und mit Stroh gedeckt sind.
Item, ob einer oder eine bei nächtlicher Weile mit einem brennenden Kienstock oder Strohwisch auf der Gasse ginge und erfunden würde, der oder dieselbige soll zur Buße der Gemeinde mit 5 Schilling verfallen sein.

Von den gebrandten Wein-Brändern
Item, wenn ein Gebrandweinbrenner würde mit Nachteil und Schaden für seinen Nachbarn Wein brennen, derselbe soll der Gemeinde angezeigt werden, und durch die Bürgermeister besichtiget werden, und wo er sträflich befunden, der Gemeinde einen Gulden zur Strafe geben soll.

Wer die Straße versperrt
Item, wer die Straße versperrt mit Holz oder Steinen, gehört die Strafe auf den Landberg. Aber der Gemeinde sollen von demselbigen Täter fünf Schilling gefallen.
Anmerkung: Der Landberg ist das Landgericht oder Zentgericht.

Des Morgens früh die Hirten blasen

Von den Küh- und Sauhirten
Item einen Kühehirten oder Sauhirten soll man dingen nach aller löblicher herkommenden Gewohnheit, nämlich also, daß ein jeter, zu hürten das Vieh, soll selbstdritt sein. Zum ersten: er, der Hirt selbst. Zum andern: ein Dienstbote, und zum dritten: ein guter Hund. Und wo er, der Hirt, nicht beim Vieh wäre, so manchmal das geschähe, so soll ihm so manchmal ein Simmer Korn an seiner Pfrinden abgebrochen werden.
Anmerkung: Die Besoldung des Hirten besteht in natura, d. h. in Korn. Ein Simmer = $1/8$ Malter. – Die Pfrinde = Pfründe: die Diensteinkünfte des Hirten, wozu alle Gemeindeglieder bzw. alle Viehbesitzer beitragen. Abbrechen = abziehen.
Item wenn der Hirt austreiben wolle, so soll er zum ersten auf dem Waasen auf dem Reutters-Berg anheben zu blasen und das andere Blasen tun bei Groß Veltens Tor.
Anmerkung: Das Blasen geschieht mit dem „Kuhhorn". – Der Reutersberg ist der Anfang der heutigen Ringstraße, der östliche Abfall der Sanddüne, die heute Pfeifersberg heißt. – Groß Veltens Tor könnte eines der Eberstädter Falltore sein, durch das die Herde hinaus auf die Weide zieht. Velten = Valentin.

Wenn ein Viehe im Felde pliebe
Item, ob es Sach wäre, daß ein Hirt, er wäre gleich Kühehirt oder Sauhirt, ein Vieh nicht anheimisch brächte, so soll der, dem das Vieh mangelt, den Hirten ansuchen und darum befragen. Alsdann soll der Hirst selbst, eigener Person, auch sein Dienstbote und sein Hund alsbald in dem huye, es wäre gleich Tag oder Nacht, auf sein [aufstehen] und hinaus ins Feld, da er gehütet hatte, und an andern Orten mit Fleiß suchen und mit seinem Horn blasen, bis ers findet. [anheimisch = nach Hause. In dem huye = im hui, im Nu, sofort].
Item, ob aber ein Vieh im Felde blieben, und dadurch („derhalben") Schaden empfangen hätte, es wäre gleich Tag oder Nacht gewesen, und man es erkennen könnte, daß es des Hirten Schuld wäre, so soll der Hirt dem, der den Schaden hätte, bezahlen.

Des Hirten Arbeit wird belohnt
In einem Nachtrag zur Dorfordnung von Bobstadt erfahren wir, was ein Hirt verdient. „Vor solche sein Müh und Arbeit soll ihm die Gemeinde zur Jahrbelohnung zu dreien unterschiedlichen Malen geben dreißig zwei Malter, halb Korn und halb Gersten. Item ein jeder Zackerman von jeglichem Morgen ein Schützgarben [= eine Schütte Garben], und wer mit Wiesen begütet [= begütert) ist, ein

Placken Wiesen, darauf er ein ziemlich Haufen haiß [Heues] machen kann. Und noch dazu, wenn er erstmals ausfährt, von der ganzen Gemeinde eine Mahlzeit oder einen Schreckenberger dafür. Sodann von jeder Herde Rind- und Schweinevieh von jeglichem Gemeinsmann ein Wehebrot. Und dann um Faßnachtzeit ein Brotten und um die Osterzeit die Ostereier. Desgleichen soll ihm die Gemeinde die Behausung nach aller Notdurft stellen und in Dach halten.
Ein Schreckenberger, ursprünglich eine sächsische Münze, gilt um diese Zeit etwa $1/7$ Gulden. Welchen tatsächlichen Wert diese ganze Hirtenpfründe gehabt hat, läßt sich heute nicht mehr berechnen.

Der Pfarrer hält den Faselochsen
Item, ein Pfarrer ist schuldig [verpflichtet], als von alters her auf uns erwachsen, ein Faselviehe jährlich zu halten. Ob aber einer untüglich [untauglich] würde oder sonst abginge, alsdann soll der Pfarrer wiederum einen tüglichen bestellen. Und ob er, der Pfarrer, abziehen würde von der Pfarr, soll er das Faselvieh nicht mitnehmen, sondern der Gemeinde bleiben lassen.
[Zu jedem Pfarrhaus gehört ein Hof mit Scheune, Ställen, Backhaus u. dergl.]

In Feld und Flur

Der Zackermann und das Vorderpferd
Item, ob ein Angewänder an das andre stieße, so soll der Zackermann nicht weiter zackern, bis daß das Vorderpferd an das Angewänder reicht. Und welcher das nicht halten täte, soll der Geimeinde zur Strafe fünf Schilling verfallen sein, so oft das geschehen möchte, allemal fünf Schilling, und soll sich mit dem, so er Schaden getan, vertragen.
Anmerkung: Zackern ist pflügen. Das Angewänder ist der Acker, der mit der Langseite der Schmalseite anderer Äcker vorliegt.

Der ausgezackerte Markstein
Item, wo einer einen Markstein, der da gerecht wäre, zackerte, der soll der Gemeinde zur Strafe – denn der Herren Strafe ist für sich selbst – fünf Schilling verfallen sein.
Anmerkung: Wer einen gerechten (mit Flug und Recht gesetzten) Grenzstein umpflügt, wird sowohl von den Junkern auf Frankenstein, als den Gerichtsherrn, bestraft, wie zusätzlich auch von der Gemeinde.

Von den Obstbäumen
Item, ob einer einen gepfropften Obstbaum schädigte, und ergriffen und vorgebracht würde, er wäre jung oder alt, soll der Gemeinde einen Gulden zur Strafe verfallen sein. Der Herren Strafe steht für sich selbst.
Anmerkung: Der gepfropfte Obstbaum scheint in dieser Zeit noch eine gewisse Seltenheit zu sein. Deshalb steht jede Schädigung wie ein gemeiner Frevel unter der Herrenstrafe durch die Frankensteiner Junker, wobei die Gemeinde, mit einem Gulden, noch sehr hoch dazu straft.

Mit Leiterwagen und Hellebarde unterm Baum
Item, ob es Sach wäre, daß ein Obstbaum stünde und mit den Ästen Schatten gäbe, und an der Wachsung hinderte und Obst trüge, soll solcher Überfall dem, so der Schatten geschieht, zum halben Teil gebühren, und der andere halb Teil gereicht werden dem, auf dem der Baum steht. Wo aber das nicht geschähe, so soll der, so den Schaden des Baumes leiden muß, Macht haben, ohne männigliches Hindernis oder Einrede mit einem heugeleiderichten Wagen unter den Baum zu fahren und dieselbigen Äste, so ihn hindern, mit einer Kohl- oder Hellebarde, so hoch er gereichen mag, heraber zu hauen.
Anmerkung: Dieser Obstbaum ist einer von denen, die es heute in unserer Gemarkung noch immer gibt. Sie werden meist nicht mehr abgeerntet, weil sie zu hoch sind. Damals durfte einer, der durch den Schatten in der Wachsung auf seinem Acker beeinträchtigt war, auf einem Heuleiterwagen hinfahren und die Äste auf seinem Teil mit einer Kohlbarde oder Hellebarde herower- bzw. herunterschlagen.

Wer Kraut und Rüben stiehlt
Item, wo einer erfunden würde an eines andern Kraut, Rüben, Trauben oder allem Obß und mit der Wahrheit vor der Gemeinde gerügt und angebracht würde, daß er in solchem Obß einen andern, es wäre bei Tag oder Nacht, gesehen, der oder dieselbige, so Schaden getan, von einem Gemeinsmann angezeigt, soll der Gemeinde einen Gulden zu geben verfallen sein.

Die Freiheit des Gemeindewaldes

Auch der Landgraf muß fragen, wenn er von der Gemeinde Holz begehrt.
Dieweil denn die Gemeinde von unerdenklichen Jahren hero die Waldung ohne Zwang durch allerseits Obrigkeit und andere Dorfschaften in gutem geruhigen Posess innehatte, so war sie allein

nach ihrem Willen daraus zu geben befugt. Deshalb mochte auch kein einziger Mensch, wer der auch wäre, weder Hoch- noch Niederstandes, das geringste nicht begehrt haben, sondern hat ein jeglicher bei der Gemeinde jedesmal bittlich nachgesucht. So hat auch unser gnädiger Fürst und Herr, der Landgraf, etliche Male Holz zu Brunnen, Bahren und anderem, wie auch unser günstiger Junker oftmals aus unsern Gemeindewäldern Holz begehrt. Aber allemal haben sie die Gemeinde durch ihre Diener darum ersucht. Diese haben im Namen ihrer Herrschaft die Gemeinde um das, was ihnen nötig, angesprochen und gebeten, welches zu der Gemeinde gestanden zu geben. So soll es auch weiterhin in Gebrauch gehalten werden. Darum müssen auch jederzeit die Übertreter, so außerhalb unsres Dorfes Eberstadt in unsern Wäldern freventlich befunden werden, vor der Gemeinde erscheinen. Sie werden gemäß dem Inhalt unsrer Gemeindeordnung nach Verwürkung des Schadens bestraft.

Abschluß

In diesem letzten Absatz spürt man noch einmal deutlich den Stolz und Eigenwillen einer Gemeinde, die ihre von den Vätern überkommenen Rechte unter allen Umständen geachtet und gewahrt wissen will. Die Zusammenstellung der Ordnung ist offensichtlich auch aus eigenem Antrieb und freien Stücken erfolgt, ohne Eingriffe seitens der „Obrigkeit", der Herren von Frankenstein.

VI.
Die Landgrafschaft Hessen-Darmstadt

1. Ein neuer Herr, das alte Lied

Im Lehenshof zu Oppenheim stirbt im September 1558 Junker Hans IV. von Frankenstein, nachdem ihm seine Gattin Irmela, geb. von Cleen, bereits 1532 im Tode vorausgegangen war. Das große Erbe wird so geteilt, daß dem ältesten Sohn Gottfried Schloß und Herrschaft Ockstadt mitsamt den Sachsenhauser Besitzungen zufallen, während Schloß und Herrschaft Frankenstein und deren Güter an den Enkel, Ludwig von Frankenstein, übergehen, da dessen Vater Georg Oswald bereits 1548 verstorben war.

Landgraf Philipp der Großmütige stirbt 1567. Nach seinem Testament wird die Obergrafschaft zur selbständigen Landgrafschaft und die Stadt Darmstadt zur Residenz erhoben. Hier übernimmt Philipps jüngster Sohn als Georg I. das Regiment über 78 Orte mit 20000 Einwohnern. 1567 reitet Landgraf Georg mit kleinem Gefolge in der neuen Residenz ein. Dort ist die Not vom Schmalkaldischen Krieg her noch immer groß. Das von Graf Bühren 1546 zerstörte ehemals katzenelnbogische Schloß liegt in Trümmern. Der Landgraf muß das Nötigste für seinen Haushalt bei freundlichen Nachbarn leihen. Sie geben ihm „Schisseln, Deller, Leuchder, Dischdücher, Leilachen [Bettücher], Bett, Disch und Bänk".

Landgraf Georg greift seine Aufgaben, unterstützt von dem ausgezeichneten Kanzler Johann Kleinschmidt, tatkräftig an. Er ist „bei großer Sparsamkeit und ernster Frömmigkeit ein trefflicher Haushalter und Wohltäter der Armen" (Knodt).

Die Herrschaft Frankenstein mag der neue Herr allerdings genauso wenig leiden wie sein seliger Vater. Auch er fühlt sich hier als unumschränkter Herr – und dazu hat er noch die Burg Frankenstein, wo man zäh auf alte Rechte pocht, gerade vor der Haustüre liegen, eine gute Wegstunde weit.

Es beginnt als erstes ein ziemlich übler Handel um die *„Hessische Kirchenagende"*. Diese war 1553 bei der Einführung der lutherischen Lehre in den frankensteinischen Pfarreien ausdrücklich ausgeklammert worden, zwar nicht wegen der schönen Gebete und Gesänge in ihrem 1. Teil, wohl aber wegen der landgräflichen Kirchen- und Polizeiverordnungen im 2. Teil. Die Frankensteiner sind nicht gesonnen, diese fürstlichen Hoheitsrechte auf dem Umweg über eine Kirchenagende anzuerkennen.

Später, 1574, drängt man in Darmstadt auf die Einführung der Agende. In langwierigen Verhandlungen erreicht der Superintendent Voltz einen Kompromiß: Junker Ludwig nimmt die Agende für den gottesdienstlichen Gebrauch an – mit der ausdrücklichen Versicherung des Superintendenten, daß die hessischen Verord-

Da Herr Ludwig seine Rückstände von 100 Maltern Korn niemals bekam, nahm das Eselslehen von selbst ein Ende.
Der Dichter und Professor für Literatur *Otto Roquette* in Darmstadt (1824–1896) hat das Lehen poetisch festgehalten.

Zu Darmstadt in der Ochsegaß da schrein die Buben: Was ist das?
Was rennt von allen Seiten? Das Frankensteiner Eslein kommt,
ein Weib sitzt drauf zu reiten.

Was hat das Biederweib getan? Geprügelt hat sie ihren Mann.
Ich kann ihn nicht beklagen, vom Weib erwirb dir Zärtlichkeit,
dann wird sie dich nicht schlagen!

Doch anders denkt der hohe Rat, der Mannesehr zu wahren hat.
Ihr Mütlein abzubüßen, soll sie zu Esel durch die Stadt
mit Schanden reiten müssen.

Doch weil die Esel noch so rar, wer leiht zur Buß uns einen dar?
Des Bürgermeisters Pate, der edle Herr von Frankenstein,
der leiht ihn gern dem Rate.

Und weil das ging jahrein, jahraus, so ward ein Eselslehen draus,
und ward für Manneswürde zwölf Malter Korn im Jahr bezahlt
und für des Esleins Bürde.

Die gute alte Zeit ist aus, dahin des Frankensteiners Haus.
Verjährt ist auch das Lehen, die Esel sind nicht mehr so rar,
und zärtlicher die Ehen.

In Sommerzeit zum Frankenstein, geht Arm in Arm zu kühlem Wein
jetzt Weiblein hold und Männlein, und denkt nicht mehr der alten Zeit,
und leert vergnügt sein Kännlein.

3. Das Schulhaus am Pfaffenberg

Die erste Eberstädter Schule wurde 1578 durch Philipp V. von Frankenstein „am Pfaffenberg" (heute Büschelstraße) eingerichtet und mit dem Schulmeister Jost Seeberger von Pfungstadt besetzt. In den Augen der Darmstädter Behörden war dies jedoch ein ebenso großer Skandal, wie die zugeschlossene Kirchentür (s. o.). Seeberger war nämlich gerade erst durch den Superintendenten Johannes Angelus abgesetzt worden.
Der Schultheiß, samt Bürgermeister und Rat zu Pfungstadt, beschreibt den Vorgang wie folgt: „So fähret gedachter Jost nach sei-

ner Absetzung itzo üppiger [frecher] und trutziger Weise zu, begibt sich hinder die von Franckenstein, vermeint daselbst Schule halten [zu können] ohn Vorwissen und Willen des Ehrwirdigen Herrn Superintendenten. Darauf ihme denn auch allbereit der Junker [von Frankenstein] des Strohauers Behausung zum Schulhauß eingereumbt."

Der Superintendent war ein kenntnisreicher und angesehener Schulmann und wußte sicher, warum er Seeberger abgesetzt hatte. Gerade das war jedoch für Philipp von Frankenstein Grund genug, diesen Mann dem Landgrafen zum Tort hier anzunehmen. Immerhin: die Eberstädter kamen damit endlich zu einer Schule.

Seeberger wurde 1589 von Adam Hanstein abgelöst, berufen durch Junker Ludwig von Frankenstein. Dabei unterschrieb er einen Revers, der für die Lage eines damaligen Schulmeisters kennzeichnend ist. Er soll deshalb auch in der originalen Schreibweise hier stehen.

„Ich, Adamus Hanstein, bekenne undt thue Kundt, inn undt mit Krafft dieses Revers, demnach mich der Edel[mann] Ludwig zu Frankenstein, mein günstiger gebiter und Juncker, alß derzeit der ältest Besitzer des Haus Frankenstein und wahrer Collator der Kirchen Eberstadt – um meiner flehentlichen Bitt willen – zu einem Schulmeister alhier auff undt angenommen, dergestaldt, daß ich ihre Kinder alhier, so mir und meiner disciplin alhier [in die Hand] gegeben werden, vleißig im Heiligen Cathechismo und christl[ichen] Psalmen, wie auch sonsten zu gottesfürchtigen Büchern mitt lesen und schreiben underweise, auch in der kirche dem Pfahrer mitt gesängen undt anderem, waß sich einem schulmeister und glöckner gebührt, jederzeit ohne Verweigerung treulich und vleißig gehorsame. Auch die uhr und Glocken jedzeith recht versehen, damit kein klag vonn mir [gegen mich] geführt werde, und ich mich frömblich, ehrlich, züchtig und guten Wandels verhalten, mich nicht übermäßig beweinen [voll Weins trinken] oder leichtfertig treiben [werde], dadurch der Jugend böse exempel gegeben werden möchten."

Bemerkenswert ist hier u. a., daß Ludwig von Frankenstein den Schulmeister offenbar kraft seines Kirchenrechtes, der Kollatur, in den Schul- und Kirchendienst einsetzt (s. o. II/5).

Adam Hanstein hielt hier bis zum Jahre 1607 Schule. Er wurde von dem Theologen Jost Schäffer (vermutlich einem gebürtigen Eberstädter) abgelöst, der vordem sieben Jahre lang Schulmeister in Seeheim war. Im Jahre 1610 wurde dieser als Pfarrer in der hiesigen Kirche eingesetzt.

Von 1610 an bis etwa 1635 ist Peter Jung als Schulmeister tätig. Er

hat den Mansfelder Einfall im Dreißigjährigen Kriege und wahrscheinlich auch die Schweden sowie Hunger und Pest miterlebt.
Nachfolger von Peter Jung wurde Johannes Eysenbach, ein hiesiger Ortsbürger und Schulmeister, etwa ab 1635. In den Kirchenbüchern, die hier 1650 beginnen, wird er 1666 als „alter Schulmeister" erwähnt.
(Die Fortsetzung der Schulgeschichte folgt im VII. Kapitel, Abschnitt 4).

4. Die Betzekammer und das Schützenfest

Unter dem 17. September 1577 wurde den Herren von Frankenstein durch Kaiser Rudolf II. der erbetene Schutzbrief ausgestellt, der nur leider nicht alle Schwierigkeiten mit der Darmstädter Regierung beseitigte. Es folgt ziemlich bald die Auseinandersetzung um die „Betzekammer" – so heißt im Volksmund das Gefängnis.
Nachdem die Landgräflichen bereits einen hessischen Zöllner in Eberstadt sitzen hatten, suchen sie nunmehr durch Errichtung einer solchen Betzekammer auch ihre (zunächst nur angemaßte) Gerichtshoheit in der Herrschaft Frankenstein augenfällig zu demonstrieren. Als Bauplatz scheint ein Garten hinter dem Rathaus geeignet, den der Landgraf für den horrenden Preis von 600 fl. (Gulden) dem hiesigen Pfarrer Breuel abkaufen läßt.
Ludwig von Frankenstein erkennt die Absicht: „uns, die zu Frankensteyn gar umb unsser Gerechtigkeit [Gerichtshoheit] zu bringen".
Junker Ludwig beauftragt den kaiserlichen Notar und Gerichtsschreiber zu Gernsheim, Nikolaus Wesser, eine Beschwerdeschrift aufzusetzen und diese, unter Vorzeigen des kaiserlichen Schutzbriefes, dem Landgrafen persönlich zu überbringen.
Herr Wesser spricht bei dem Kanzler vor, der aber die Entscheidung dem Landgrafen Georg I. selbst überläßt. Wie es ihm dabei ergeht, beschreibt der Notar selbst:
„Ist denn Landgraff Georg von Hessen Persönlich grimmigen und zornigen, brummenden Gemüths kommen, einen ziemblich weißen Stab in den Händen getragen und an der Stegen [Stiege] vor der Canzleystuben bald angefangen: Wer ich wäre?! – Ich Sr. F. D. [Fürstl. Durchlaucht] mit gepürender reverenz geantwortet: Ich wäre von Gernsheim, ein offener [öffentlich zugelassener] Notarius. – Se. F. D. gleich gefragt: Wer mich so keck und gewaltig gemacht, daß ich uf Sein Haus und Canzley dörffte gehen, Ihme oder den Seinen etwas zu insinuiren? Wie, wenn er mich ins Gefängnis würfe und dort liegen ließe?

Darauf ich Se. F. D. unterthenigst vor zorn gepeten [nicht zu vergessen]: in Ansehung Ihro Kayserl. Majestät und dem Hl. Römischen Reich – ich seye publica persona und einen leiblichen Aydt [Eid] geschworen, wie denn Ihro F. D. selbst deren Unterthan seye! – Ihro F. D. dan gefragt: Was ich also auszurichten hätte? – Ich nun gesagt, wie die Sache [mit dem Vorkaufsrecht der Frankensteiner] sich verhält. – Se. F. D. mir aber in die Redt gefallen, sagend: Ob dort [in Eberstadt] nit auch grund und boden *Sein* [des Landgrafen] wäre, der die Zentgerechtigkeit, schulz und zöllner daselbst hätte? Daruff ich mich entschuldigt, das wäre Gott und dem Richter befohlen. Ich wäre kein Richter darüber, sondern dieser sache offener diener – und appellieren, protestieren und brot fordern wäre niemandem verboten! Ich bäte, die Protestation und den kayserlichen Schirmbrief gnädigst entgegenzunehmen."

Da bricht aber der Zorn über die „widerspenstigen" Frankensteiner aus dem landgräflichen Munde kräftig hervor: „Daß doch Frankenstein in seinen Hals gesch . . . wäre! Und Du [zum Advokaten]: höre Du! Dieweil appellieren, protestieren und brot betteln jedermann erlaubt, so protestier *Ich* jetzo auch und sage, daß Du es aufschreibst und zeigest es dem Frankenstein an, verstehst Du es?! Daß *Er* [der Frankenstein] *Mir* ingriff und intragk thut im jagen, mulwergk und wasserbau! Und sage Du dem Frankenstein, Er solle die Brieff [Urkunden und kaiserlichen Schutzbrief] zerreißen und daran – den Hintern wischen."

N. B. Die besagte Betzekammer wird trotzdem erst 44 Jahre später durch den Nachfolger Georgs I. erbaut!

Zwei Jahre später passiert wieder ein Zwischenfall, bei dem es um die „Souveränität" geht. Diesmal ist die Tonart allerdings etwas feiner. Ludwig von Frankenstein berichtet darüber.

„Als man zalt 1582, haben Schützen und schießgesellen zu Eberstat mit Unsrer Verwilligung ein Auschreiben hin und wieder in die Städte, als Benßheim, Oppenheim, Diepurg und Darmstatt, und sunst rumbhero in die Dörffer abgehen lassen, welche auch alle zu der freyen gesellschaft zu erscheinen willig gewesen. War auch alles, was zu einem solichen freyschießen sich gebürt, bestellt worden.

Da hat es der Keller [Verwalter] zu Darmbstatt erfahren und, abwesens [in Abwesenheit] des Herrn Landgrafen – der damals uff dem bergwerk zu Oberamstat gewesen, und Ich gen Diepurg verreist – den schützen 100 daler zum abtragk [Strafe] auferlegt, weil sie soliches sonder seines gn. Fürsten oder seiner erlaubnis gethan hätten, denn Uns, denen zu Frankenstein, ein fryschießen auszuschreiben nit gebüre.

VI.
Die Landgrafschaft Hessen-Darmstadt

1. Ein neuer Herr, das alte Lied

Im Lehenshof zu Oppenheim stirbt im September 1558 Junker Hans IV. von Frankenstein, nachdem ihm seine Gattin Irmela, geb. von Cleen, bereits 1532 im Tode vorausgegangen war. Das große Erbe wird so geteilt, daß dem ältesten Sohn Gottfried Schloß und Herrschaft Ockstadt mitsamt den Sachsenhausener Besitzungen zufallen, während Schloß und Herrschaft Frankenstein und deren Güter an den Enkel, Ludwig von Frankenstein, übergehen, da dessen Vater Georg Oswald bereits 1548 verstorben war.

Landgraf Philipp der Großmütige stirbt 1567. Nach seinem Testament wird die Obergrafschaft zur selbständigen Landgrafschaft und die Stadt Darmstadt zur Residenz erhoben. Hier übernimmt Philipps jüngster Sohn als Georg I. das Regiment über 78 Orte mit 20000 Einwohnern. 1567 reitet Landgraf Georg mit kleinem Gefolge in der neuen Residenz ein. Dort ist die Not vom Schmalkaldischen Krieg her noch immer groß. Das von Graf Bühren 1546 zerstörte ehemals katzenelnbogische Schloß liegt in Trümmern. Der Landgraf muß das Nötigste für seinen Haushalt bei freundlichen Nachbarn leihen. Sie geben ihm „Schisseln, Deller, Leuchder, Dischdücher, Leilachen [Bettücher], Bett, Disch und Bänk".

Landgraf Georg greift seine Aufgaben, unterstützt von dem ausgezeichneten Kanzler Johann Kleinschmidt, tatkräftig an. Er ist „bei großer Sparsamkeit und ernster Frömmigkeit ein trefflicher Haushalter und Wohltäter der Armen" (Knodt).

Die Herrschaft Frankenstein mag der neue Herr allerdings genauso wenig leiden wie sein seliger Vater. Auch er fühlt sich hier als unumschränkter Herr – und dazu hat er noch die Burg Frankenstein, wo man zäh auf alte Rechte pocht, gerade vor der Haustüre liegen, eine gute Wegstunde weit.

Es beginnt als erstes ein ziemlich übler Handel um die *„Hessische Kirchenagende"*. Diese war 1553 bei der Einführung der lutherischen Lehre in den frankensteinischen Pfarreien ausdrücklich ausgeklammert worden, zwar nicht wegen der schönen Gebete und Gesänge in ihrem 1. Teil, wohl aber wegen der landgräflichen Kirchen- und Polizeiverordnungen im 2. Teil. Die Frankensteiner sind nicht gesonnen, diese fürstlichen Hoheitsrechte auf dem Umweg über eine Kirchenagende anzuerkennen.

Später, 1574, drängt man in Darmstadt auf die Einführung der Agende. In langwierigen Verhandlungen erreicht der Superintendent Voltz einen Kompromiß: Junker Ludwig nimmt die Agende für den gottesdienstlichen Gebrauch an – mit der ausdrücklichen Versicherung des Superintendenten, daß die hessischen Verordnungen dabei keinen Bezug auf die frankensteinischen Souveränitätsrechte haben sollten.

Doch schon Scriba bemerkt 1851 lakonisch: „Ludwig hatte die Rechnung ohne den Wirt gemacht". Kaum war nämlich Superintendent Voltz 1578 gestorben, erklärte man landgräflicherseits mit kühler Logik: „Da, wo die Liturgie gilt, gelten auch die Verordnungen, und wo diese gelten, da ist der Landgraf auch der Herr!" Demzufolge nimmt man in Darmstadt flugs das Aufsichtsrecht über die kirchliche Verwaltung, Abhörung der Kirchenrechnungen, Entscheidung in Ehesachen etc. für sich in Anspruch.

Probeweise wird noch im gleichen Jahre 1578 der neue Superintendent Angelus – der ein ausgezeichneter Schulmann ist, hier aber in unguter Mission – nach Eberstadt geschickt, um eine *Kirchenvisitation* durchzuführen. Das bedeutet einen glatten Eingriff in die frankensteinischen Rechte.

Diesmal hatte man jedoch in Darmstadt die Rechnung ohne den Wirt gemacht. Als Herr Angelus vor die Kirchentür kam, fand er diese verschlossen, war auch kein Schlüssel zu finden und weit und breit keine Menschenseele zu sehen. Junker Ludwig hatte Wind von der Sache bekommen und die Kirchenschlüssel samt den Kirchenrechnungen etc. auf die Burg genommen, und hier war er unantastbar.

Unterm 20. November schreibt ihm der Landgraf: „Mein Superintendent hat Mir zu wissen gethan, daß Er (!) ihm zu Eberstat zu visitieren nit verstatten wollen, auch die Schlüssel der Kirche zu Euch genommen, daß er also mit sonderlichem Schimpf und Spott wieder hat abziehen müssen, welches Uns denn von Euch nit wenig befremdet." Es geht dann weiter: der Superintendent werde abermals kommen, und wenn dann wieder solcher Hohn geschähe, dann würde es dem Frankenstein gründlich zurückgezahlt.

Allein, das war von Sr. Fürstl. Gnaden nur in den Wind geschrieben. Tatsächlich machte man erst 80 Jahre später einen neuen Versuch, und da waren es die Herren von Frankenstein schon leid geworden.

2. Das Frankensteiner Eselslehen

Die Herren von Frankenstein bezogen noch bis 1571 eine Korngüte von 12 Maltern, das sogen. Eselskorn, aus Darmstadt, früher Bessungen. Dafür mußte je nach Bedarf ein Esel bereitgestellt werden, auf dem die „übermütigen, stolzen, giftigen und bösen Weiber, die ihre Männer geschlagen hatten", zu Spott und Schanden durch die Stadt geführt wurden. Zuletzt war eine Art Mummenschanz daraus geworden, indem das „Böse Hundert", ein Fastnachtsgericht, die Strafe auf offenem Markt verhängte und am Aschermittwoch vollziehen ließ.

Zu diesem Behufe schreiben 1538 Schultheiß und Schöffen des „Gerichts" an den Junker Hans zu Frankenstein: „Unseren willigen Dienst mit Fleiß zuvor, ehrbare und gestrenge liebe Junkern! Es hat sich zu Darmstadt Zwietracht, Zank, Uneinigkeit erhoben zwischen etlichen giftigen und bösen Weibern, die sich haben aufgeworfen gegen ihre Männer und haben sich unterstanden sie zu schlagen. Solche Gewalt, Frevel und Übermut ist gegen die ganze Gemeinde, sunderlich aber gegen das Burglehen. So ist es unser Bitt und Ansehen, uns zu Hilf zu kommen nach altem Herkommen und den Esel zu schicken. Wir wollen auf nächsten Dienstag morgens früh unsern Stadtboten zu Euch schicken, der soll den Esel nach Darmstadt geleiten, da wird er Futter haben. Und wenn wir ihn gebraucht in unsern Nöten, so wollen wir ihn ohne Eure Kosten und Schaden wieder heimgeleiten in Eure Veste."

Im Jahre 1588 wird der Esel sogar zur Bestrafung einer streitsüchtigen Megäre aus Pfungstadt angefordert. Wie toll es diese trieb, berichtet der dasige Schultheiß: sie habe ihrem Mann, als er sie mit einem Stecken habe schlagen wollen, nicht nur einen Hafen [Topf] mit kaltem Unschlitt an den Kopf geworfen, daß das Blut davon floß, sondern ihm auch gedroht, ihm in den Wanst zu stechen, da sie Gott einen Toten schuldig sei. Das war nun beides nicht fein. Aber nach der damaligen Gesellschaftsordnung durfte der Mann seine Frau schon einmal vermöbeln, sie aber nicht ihn.

Junker Ludwig schickte den Esel mitnichten. In einem barschen Schreiben an die Darmstädter, die den Esel angefordert hatten, erklärte er er, man solle ihm zuerst seine jahrelangen Rückstände aus dem Lehen bezahlen. Im übrigen gebe er den Esel nur nach *Darmstadt,* wie es Brauch sei, und nicht anderswohin.

H. E. Scriba bemerkt sinnig dazu, der Junker habe, eingedenk der in anderen Dingen angewandten hessischen Beamtenlogik, mit Recht befürchtet, daß, wenn er solches zugäbe, man leicht dieses Lehen auf das ganze Hessenland ausdehnen könne, und er daher in Gefahr sei, für 12 Malter Korn jährlich eine bedeutende Amazonenschar streitbarer Weiber beritten zu machen.

Was hier zuletzt zu einem bloßen Mummenschanz ausgeartet war, scheint nach Gensicke in seinen Ursprüngen auf eine uralte Straf- und Ruggerichtsbarkeit zurückzugehen. Es wäre dann etwa als Rest eines frühen Amtslehens eines Zentrichters zu deuten, dessen Funktionen die Herren von Weiterstadt (als Vorfahren der von Frankenstein) im 12. Jahrhundert ausgeübt haben.

Und als ich ganz spot anheimisch [nach Hause] kame, ist soliches mir angezeigt worden. Bin ich gleich des andern tags zu Herrn Landgraven Georgen gen Nideramstat geritten, Ihro f. G. in dem Oberfürstenhaus bei dem Morgenessen deswegen underthenig angesprochen und mich beklagt, was der Keller neuerungsweise vorgenommen. Dan Ich vor 12 jahren auch ein schießen halten lassen, womit menniglich zufrieden gewesen, weil dies niemands nachtheil, sondern nur kurzweil angerichtet. Er [der Landgraf] mich auch jetzo dabei pleiben lassen [möge].
Also S. F. Gn. mir mit gnädigster antwort begegnet, daß Sie dorumb nit wissens [nicht gewußt] hetten. Wollten aber, sobald Sie gen Darmstatt verreisen, den keller anhören, was ursach er solches gethan habe. Es sollte aber dißes doch vorher angezeigt [gemeldet] worden sein, dan es möchten sich under die gesellschaft etliche Auslendische mengen, wodurch leichtlich ein Aufruhr entstehen möge. Also Ich von Ihro F. Gn. abgeschieden.
Der Keller aber gleich wiederumb gen Eberstat kommen, die Schützenmeister und Schießgesellen beschickt und angezeigt, daß Se. F. Gn. und Herr zufrieden wären, daß das schießen seinen fortgang nähme, wie es auch beschehen. Aber es war vielen Dörfern verboten worden, das schießen zu besuchen, darumb der schützen viele ausplieben und Mir zu sonderm Schimpf und Spott gesetzt.
Hernach, als sich das schießen geendet, hat der keller von Darmbstatt haben wollen, man solle den fremden schützen im namen des Herrn Landgraven abdanken [sie verabschieden], welches Ich widersprochen und Adam Strohauern [dem Eberstädter Schützenmeister] befohlen, er solle weder vor des Herrn Landgraven, noch vor Unser, denen zu Frankenstein, sondern in Ihr, der schützen Namen ganz kurtz abdanken, welches auch also beschehen – und ist in die redt ein großer regen kommen, daß keiner den Beschluß vernehmen wollen, sondern alle entlauffen mußten."

5. Eine vollständige Kirchbaurechnung 1604

Im Jahre 1604 wurde das Langhaus der alten Kirche von 6,5 m auf 9,5 m verbreitert und damit die Grundfläche des Kirchenschiffs um fast die Hälfte vergrößert. Die heutige Nordwand ist damals errichtet worden, wie die Erinnerungstafel zeigt (s. o. II/5).
Die Abrechnung über diesen „Kirchenbau" ist mit ihren 128 Einzelposten noch vollständig erhalten. Sie ist allerdings unsystematisch zusammengestellt und dazu ohne jedes Datum. Das gibt zunächst manches Rätsel auf. Liest man aber sozusagen „quer" durch

die Rechnung und hie und da auch von hinten nach vorne, so wird am Ende alles klar.

Die Kirchbaurechnung enthält folgende Rubriken:
Titelblatt – „Innam gelt inngemein" = Einnahme in Geld insgemein – „Auß Gab Gelt Bauw Costen" = Ausgabe an Geld für Baukosten – „Auß Gab Gelt Zerung und Bottenlohn" – Ausgabe an Geld für den Verzehr und Botenlohn.

Die Rechnung baut auf drei Geldsorten auf: dem „Albus" (alb.), dem Gulden (fl.: florentinus) und dem Pfennig (d: Denar). 1 Albus = 8 Pfennig. Der Wert des Gulden ist nach „Frankfurter Währung", die der Baurechnung zugrunde liegt, = 26 Albus. In Ladenburg rechnet man noch den Gulden = 24 Albus. Ein „absoluter" Geldwert läßt sich für die damalige Zeit ebenso wenig feststellen wie für die heutige. Wir setzen die Geldbeträge mit ein, um einen gewissen Überblick zu gewinnen.

Aus dem gleichen Grund nehmen wir auch eine Neueinteilung nach Sachgebieten vor, wie folgt.

Titelblatt

„Anno 1604. Farrechnung: Meiner Hannß Drachten Und Niclaß Baurcheß, als dieser Zeit geortnete Casten Meister der kirchen Eberstatt von allen unsern Innamen und außgaben an gelt, wein, früchten, wachs und öl.
Vonn Martinii anno 1603 biß widerumb uf ermelten tag anno 1604. Verhört dieße rechnung durch mich Ludwigen zu Frankenstein den 18. 10^{bris} anno: 1604."

(Eigenhändige Unterschrift)
Ludwig zu frankenstein

Die Einnahme

Die Gesamteinnahme setzt sich zusammen aus verzinslichen Darlehen, Stiftungen aus dem Hause Frankenstein und von der (bürgerlichen) Gemeinde sowie kleineren Posten. Die Finanzierung des Kirchenumbaues mußte mit mehr als der Hälfte der Baukosten die Kirchengemeinde tragen.

Darlehen

Von Wenz Merkel in Wolfskehlen	200 fl. [Gulden]
„Pension" [Zinsen] am Peterstag [22. Februar] 1605 fällig usf.	
Von Valtin Goldmanns Wittib Pension: an Maria Verkündigung	100 fl.

Erinnerungstafel an die Erweiterung der alten Kirche 1604:
„Anno 1604 ist zu Gottes Lob diser Kirchbauw durch die edle ernveste Ludwig und Johann Eustachi(us) von und zu Franckenstein alls Collatores der Kirchen Eberstad (erg. und) ire verordnete Castenmeister Hans Dracht und Niclas Baur uferbauwt worden. Der Christlichen Gemein zu Gutem. Der Her geb Sein Segen darzu. Amen."

Von Hans Wilhelm in Bauschheim Pension: Mariae Lichtmeß	200 fl.

Stiftungen

Von „Unserm gnädigen gepietenden Junker Ludwigen zu Frankenstein"	100 fl.
Von der „Edlen und Tugendsamen Frau Anna, geb. Maßbachin, so Ihro Liebden in die Kirche verehrt"	40 fl.
Von der Gemeinde	36 fl., 11 albus, 6 Pfennig

Kleinere Posten

Von Peter Dunbeutel	20 fl.
Von dem „Ehrenhaften und Vornehmen Johannes Rodtmann, der vorgenannten Edelfrau ihrem Keller, so Ihro Ehren zum Kirchbau [bei]gesteuert"	5 fl.
Aus dem Opferstock in der Kirche	1 fl. 12 alb.
Von verkauftem alten Holz	8 fl.
Die Gesamteinnahme beträgt	710 fl. 23 alb. 6 dn [Pfennig]

Die Durchführung des Kirchenbaues

Überblick

Auf dem Zimmerplatz zu Ladenburg wird das Dachgebälk gezimmert. Der Steinmetz macht in Heppenheim die Steingewände für die neuen Kirchenfenster fertig, die der Glaser Merten derweil in Darmstadt anfertigt. Die welschen Maurer bereiten das Gerüst für die neue Nordwand vor.

Im Innern der Kirche werden Altar, Kanzel und Taufstein abgebrochen bzw. beiseitegesetzt sowie alle notwendigen Vorbereitungen getroffen.

Nachdem der Zimmermann als Baumeister die neue Wand „in Maßung" gebracht, können die Maurer das Werk beginnen.

Es folgt der Aufbau der neuen Emporen, einer Kanzel, eines „Predigtstuhles" (Bank für den Pfarrer neben der Kanzel, da die Kirche keine Sakristei hat). Auch die „gnädige Frau" bekommt einen neuen Stuhl. Es ist dies Anna von Mosbach zu Lindenfels, Witwe des Junkers Philipp Heinrich von Frankenstein. Obwohl die Kirche seit 1553 evangelisch ist, hat das Haus Frankenstein noch immer seine eigene Bank.

Die aufwendigste Arbeit bringt das neue Dachgebälk mit sich (s. u.: Verzehr).
Die neue Nordwand der Kirche erhielt eine spitzbogige Tür, über der die Erinnerungstafel angebracht wurde, die noch dort hängt. Die Türe wurde 1910 zugemauert.

Meister und Gesellen

Es ist eine stattliche Zahl von Leuten, die am Kirchbau mitarbeiten, teilweise mit und teilweise auch ohne Namen.
Vom Zimmermann und Baumeister wissen wir nur, daß er in Ladenburg wohnt. Der Steinmetz ist in Heppenheim zu Hause, der Glaser Merten in Darmstadt und die Ziegelmacher in Oppenheim. Neben den „welschen" Maurern mit ihrer besonderen Kunstfertigkeit, deren Meister Velten Platz heißt, gibt es noch die einheimischen unter Hans Wenig. Dessen Familie heißt in den späteren Kirchenbüchern Gering und hat lange hier gesessen.
Der Schmied, mit Namen Hans Wambold, vertritt eine alteingesessene Eberstädter Familie, wie dies auch von Hans Frölich, dem Schreiner, und von Best (Sebastian) Keller, dem Dachdecker, gilt. Der letztere versteht außerdem das Handwerk des sogen. Glabers (oder Kleibers). Er fertigt die Zwischenstücke aus Stroh und Lehm im Fachwerkbau sowie den Estrich in den Scheunen. Und schließlich kann er auch noch pflastern.
Wir lesen in der Rechnung (Pos. 64): „$4^{1/3}$ fl. [Gulden] an Best Keller, das Kirchendach zu decken". (Pos. 65): „4 fl. 15 alb. ihm, dem Best, geben, die Kirche zu pflastern, wie auch den Estrich zu machen". Der Boden unter den Kirchenbänken ist nur als Estrich gestampft und geglättet, während die Gänge gepflastert sind.
Groß ist die Zahl der Knechte (Gesellen) oder des Gesindes sowie der vielen anderen Mitarbeiter. Da sind des Zimmermanns Knechte, die Maurerknechte, Hans Wenigs Knecht Asmus, der Glaser „mit seim son" (seinem Sohn) die Ziegler, die Kalkmänner, die Holzgeber im Gemeindewald und die unzähligen Boten, die nach Ladenburg, Oppenheim, Gernsheim, Heppenheim, Frankfurt und Darmstadt unterwegs sind, um Material zu holen, Handwerker zu bestellen und dergleichen.
Eine besondere Gruppe bilden die „Fröner", Ortseinwohner, die aus alten Abhängigkeiten zur „Spannfron" oder „Handfron" verpflichtet sind. Sie waren schon eingesetzt beim Abholen des Dachgebälkes in Stockstadt, und jetzt helfen sie beim Hochziehen der Einzelteile des Dachgebälkes. Sie bekommen keine eigentliche Belohnung, aber doch einen „Verzehr".

Das Baumaterial

Was alles zum Kirchbau gebraucht wird, ist vielfältig und wird von den verschiedensten Stellen herbeigeholt, mit Fuhrwerken, Pferden oder zu Fuß. Dazu eine kurze Zusammenstellung.

Das Holz

Die Hölzer für das Dachgebälk bezieht der Zimmermann in Ladenburg direkt. Floßholz für die neue „Borkirche", die Emporen, wird vermutlich vom Floßhafen Stockstadt herangefahren. Das Eichenholz für die Säulen, die die Emporen tragen, stammt aus dem hiesigen „Biengarten".

Die Holzausgabe aus dem Eberstädter Gemeindewald findet statt „im Beisein des Zimmermanns, der Bürgermeister (Gemeindeverwalter) und der Holzgeber". Hierauf macht man miteinander Brotzeit.

Zwei „eichen Dill" (Eichendielen) stiftet „Unßerß Herrn gepietenden Junkers sein Vetter", wohnhaft in Frankfurt. Sie werden von Jakob Wolff dort abgeholt.

Größere Schwierigkeiten hat man mit der Lieferung der „Borten" (Dielen, Bretter): „4 mal als die Boten nach Gernsheim gegangen, nach Borten fragen, und allerwegen keine dagewesen – gleichwohl von den Holzgebern Vertröstung: sollen wiederkommen".

Kalk

Davon bezieht man zwei Sorten: 49 Zuber Oppenheimer Kalk, den Zuber zu 14 alb., und vom „welschen" Kalk aus dem Odenwald 63 Zuber, den Zuber zu $5^{1}/_{2}$ Albus. Der Preisunterschied ist enorm, wie man sieht.

Backsteine

1600 „gebacken stein" kommen aus Darmstadt zum Preise von $7^{1}/_{2}$ Gulden. Das Hundert kostet 12 Albus.

Dachziegel

Dazu lesen wir in Pos. 17 der Kirchbaurechnung: „52 fl. hat unßer günstiger gepietender Junker Ludwig vor Kalek [Kalk] und Platten [Ziegel] dargelegt unßers wissenß, ob mehr oder weniger." Ludwig von Frankenstein, der in Oppenheim residiert, hat von dort Kalk und Ziegel nach Eberstadt geschickt, ohne den Einzelpreis anzugeben.

Eisengeschrembs

Darunter ist allerlei Kleinkram als Schrauben, Schließen usw. zu verstehen, den der Schmied, Meister Hans Wambold, in Rechnung stellt, das Pfund zu 3 alb. und 1 Pfennig.

In Pos. 28 lesen wir: „8½ fl. im dem schmitt [ihm] von dem andern geschrembß zu den glasfenstern zusampt den hafften und in zu hawen", d. h. die Fenster an den Steingewänden zu befestigen. Auch Kleinigkeiten werden verrechnet, z. B. „die bickel [Pickel] zu spitzen, so zur alten Mauer abbrechen gebraucht, und anderes".
Als letztes liefert der Schmied noch den Schlüssel zur neuen Kirchentür.

Nägel
Da gibt es verschiedene Arten wie Leistnägel, Stegnägel, Lattennägel. Mit den Lattennägeln hat es seine besondere Bewandtnis: „8 fl. 24 alb. vor Lattnegel, einß teils zu Frankfurtt kauft, und waß gemangelt zu Seheim und Pfungstad kaufft, das Hundert hier mißen vor 3 alb. bezahlt." Die Frankfurter waren demnach billiger. Vier Albus hat man dazu noch angelegt „für das Fäßlein, darin die Negel zue Frankfurt kaufft worden".

Allerlei
Die „Welschen" (Maurer) brauchen Stränge für das Gerüst. Der Schreiner fordert 1 fl. 14 alb. für 8 Pfund Leim sowie einen weiteren Albus für den „Hafen", einen irdenen Topf, den Leim darin aufzubewahren. Fünf alb. gehen noch drauf für 1 Pfund Licht (Unschlitt) „von dem Schreiner des nachts in der Kirche gebraucht" – da war einer nicht rechtzeitig fertig geworden! Aber die Rechnung bringt es an den Tag.

Die „Zerung": es wird gegessen und getrunken

Diese Rubrik gewährt mancherlei Einblicke in alte Rechts- und Handwerksbräuche. Der Verzehr ist allerdings kein Trinkgeld, das man freiwillig gibt, sondern ein Teil der Entlohnung. Die Geldbeträge mögen zu einem gewissen Vergleich dienen.
Die Sache fängt in der Rechnung mit einem langen Seil zu 12 Albus an, „so zum Bau aus dem Wasser herausziehen und zum Aufschlagen gebraucht wurde". Geht man von hier weiter zum „Verzehr", so werden die Umstände mehr und mehr klar.
„18 alb. einem Boten geben, so den Zimmermann zu Ladenburg geholt" (70).
„10½ alb. der Zimmermann nachts verzehrt, als er erstmals ankommen, den *Bau* zu dingen" (73).
„3 fl. der Zimmermann zusambst seinen Knechten verzehrt, da sie *mit dem Bau* zu Stockstadt angekommen" (109).
„2 fl. 24 alb. [haben] diejenigen verzehrt, die den Bau aus dem Wasser gezogen" (110).

Damit wird klar, daß der Zimmermann den „*Bau*", d. h. das ganze Dachgebälk, auf seinem Zimmerplatz in Ladenburg zugeschnitten hatte. Sodann wurde es zu einem Floß zusammengesetzt und den Neckar und Rhein abwärts nach Stockstadt geführt, dem damaligen großen Floßhafen. Dort zogen die Fröner das Floß wieder aus dem Wasser.

Die Zimmerleute setzen sich danach ab, um in Eberstadt zu warten, bis die Fuhrleute die einzelnen Teile auf ihre Wagen geladen und dorthin gebracht haben.

„2 fl. 12 alb. verzehrt der Zimmermann sambst seim Gesinde den ersten Abend, da sie angekommen und Schlafgeld" (111) – „3 fl. 16 alb. 7 dn. [Pfennig] hat der Zimmermann mitsambst seim Gesinde den Dienstag, ehe der Bau kommen und sie warten müssen, verzehrt" (112).

„5 fl. 7 alb. durch den Zimmermann, Maurer und sein Gesinde, wie der Bau angezogen (hochgezogen) und aufgeschlagen worden, verzehrt" (113).

„1 fl. 15 alb. zum Undernbrot durch den Zimmermann, Meurer sampt denjenigen, so aufschlagen helfen, verzehrt" (114). Der „Undere" oder der „Unnern" ist der Nachmittag, die Vesperzeit. Die „Fröner", zum Mithelfen verpflichtet, bekommen zwar keine Belohnung, nehmen aber am Verzehr teil. Sie arbeiten auch die beiden nächsten Tage:

„4 fl. 20 alb. haben 40 Perschon [Personen] verzehrt" (115) – „2 fl. 20 alb. durch 30 Personen, so hölffen missen aufschlagen" (116).

„3 fl. 20 alb. haben den 3. Tag verzehrt der Zimmermann und seinn Gesinde" (117) – „4 fl. 4 alb. wurden durch Zimmerleute, Maürer und des Zimmermanns Gesinde den 4. Tag verzehrt" (118).

„5 fl. 20 alb. haben die Zimmerleute zu unterschiedlich zwei Tagen verzehrt, dieweil sie an dem Dach gelett" (119).

Der „Lett" ist das Gemisch aus Stroh und Lehm zum Ausfüllen des Fachwerks und hier als Kälteschutz unter dem Dach. Schließlich deckt Best Keller das Dach mit Platten (Ziegeln), wobei die Fröner wieder helfen müssen:

„14 alb. die Fröner verzehrt, so die Platten aufgetragen und geleit" (100).

Der Verzehr beträgt nur für die Nebenkosten am Dachgebälk insgesamt 41 fl. 19 alb. 3 Pfennig. Dabei ging also die Stiftung von Ihro Liebden der Frau Anna von Maßbach gerade drauf.

Die Verdingung

Eine besondere Sparte des Verzehrs spielt bei allen Verdingungen der Handwerksmeister, bei Holzabgaben u. dgl. als zusätzliche

Entlohnung eine Rolle. In der Dorfordnung von 1557 werden solche Vertragsabschlüsse deswegen kurz „Weinkauf" genannt.
„2 fl. 23 alb. verzehrt durch den Zimmermann, Velten Platz [den welschen Maurer], Cloß Schäfer [dessen „Mitgesell" = Polier], Hans Fröhlich [den heimischen Zimmermann] und den Kastenmeistern" (74).
Die Kastenmeister wirken bei allen Verdingungen, Abgaben u. a. als Vertreter der Kirche und damit Vertragspartner mit.
„1 1/2 fl. verzehrt, da der Steinmetz die Kirchenfenster [Gewände] im Beisein mit Velten Platz [s. o.] und den Kastenmeistern gedingt" (75). „1 fl. 20 alb. durch den Glaser, Schreiner und die Kastenmeister verzehrt, da sie die Arbeit in der Kirche gedingt."
„20 alb. haben Hans Frölich [der einheimische Zimmermann] und Best Keller [der Dachdecker und Glaber] verzehrt, da ihnen die Arbeit in der Kirche verdingt wurde."
„20 alb. haben *die Förster* verzehrt, als sie das Eichenholz im Bienwald zu den Säulen ausgaben" (103) – „1 fl. 3 alb. 2 dn. [Pfennig] wurden durch den Zimmermann, die Bürgermeister und Holzgeber verzehrt, da sie das *Holz aus dem Gemeindewald* zur Borkirchen [Emporen] geben" (104) – „12 alb. haben die Holzgeber, die aus dem gemein Wald das Holz für die Stiegen [Treppen] und Lehnen uf der Borkirchen ausgaben, verzehrt" (108).

Wegzehrung auf Reisen und Transporten
„18 alb. die Kalkmänner verzehrt, so den welschen Kalk gebracht."
„4 alb. des Zieglers Knechte verzehrt."
„9 alb. 6 dn. [Pfennig] Weggeld, als die Steine von Darmstadt abgeholt wurden."
„5 1/2 alb. für solche Negel herauszuführen [von Frankfurt, s. o.]"
„13 alb. verzehrt im Beisein von Veltern Platz, da der Kalk zu Stockstadt abgeholt."
„2 fl. haben die Fuhrleute verzehrt, so die gehauen [zugehauenen] Stein [Fenstergewände] zu Heppenheim abgeholt."
„14 alb. Jacob Wolff geben, der *nach Frankfurt gangen* nach den Eichendielen, die unßerß Herren gipietenden Junker sein Vetter zur Kirche verehrt" (88) – „1 fl. diejenigen verzehrt, die die Eichendiel abgeholt" (89).

Zum Schluß wird abgefeiert
Das heißt: die Maurer haben dabei schon eine Zwischenstation. Kaum ist das Fundament für die neue Nordwand gelegt, sind bereits 1 fl. 5 alb. zum „Fundamentwein" fällig.
Zum Abschluß des ganzen wird der „Wappenstein" über der Kirchentür eingemauert, der heute noch an der Nordwand zu sehen ist. Dabei werden 15 alb. verzehrt. – Und dann wird abgefeiert.

„4 fl. zum Schlußwein [Richtfest] von den Zimmerleuten und etlichen Person verzehrt" (120) – „4 fl. 17 alb. die welschen Meürer smpt ihrem Gesinde zum Schlußwein verzehrt" (122).
„1 fl. 5 alb. dem Sonntag der Zimmermann mit seim Gesinde, ehe er vollenß abquittiert worden, verzehrt" (121).
„1 fl. $19^{1}/_{2}$ alb. haben die Meurer verzehrt, wie sie gar zum letzten wegen etzlichen Ausbessern und aller Ding fertig gewesen" (123). Man hört geradezu den Stoßseufzer der Kastenmeister, als sie endlich draußen waren.
Diese machen denn auch den Beschluß:
„16 alb. verzehrten beyde Castenmeister und Schreiber, alß sie dieße Rechnung haben machen lassen" (128).
Die *fertige Kirchenrechnung* bringen die Kastenmeister zur „Abhörung", d. h. zur Prüfung und Genehmigung zu dem „gepietenden" Junker Ludwig auf die Burg Frankenstein, nicht ohne einen kleinen Umtrunk: „24 alb. beyde Castenmeister, als sie unserm gepietenden Junker Rechnung getan" (127).

I. Einnahmen   710 fl. 23 alb. 6 den. [Pfennig]

II. Ausgaben

Baukosten, Wegegeld	546 fl. 13 alb. 3 den.
Botenlohn, Verzehr	81 fl. 16 alb. 1 den.
Summe	628 fl. 3 alb. 4 den.

NB: Der Gulden wird nach Frankfurter Währung = 26 Albus gerechnet. Die obigen Albus-Beträge (13 + 16) ergeben 29 alb. = 1 fl. 3 alb.

Gesamtrechnung

Einnahmen	710 fl. 23 alb. 6 den.
Ausgaben	628 fl. 3 alb. 4 den.
Rest	82 fl. 20 alb. 2 den.

6. Der Dreißigjährige Krieg

Mit Beginn des 17. Jahrhunderts sterben beide Stämme Frankenstein kurz hintereinander im Mannesstamm aus. Der letzte Sproß des jüngeren Stammes (Philipp Ludwig) verunglückt auf einer Kutschenfahrt vom Frankenstein nach Seeheim tödlich. Sein Erbe, das die Mutter, Anna von Mosbach, an sich nimmt, wird später durch Gerichtsbescheid dem Grafen Friedrich von Schönburg zu Oberwesel am Rhein und dessen Frau Clara von Frankenstein zugesprochen.

Ludwig von Frankenstein setzt 1603 ein Testament auf, aus dem jedoch der eigene Neffe und Patensohn Johann Ludwig wieder gestrichen wird, „dieweil er ohne meine und der ganzen Adelichen Freundschaft Rat und Vorwissen in den Jesuiter Orden sich begeben". Burg und Herrschaft Frankenstein und damit auch unser Eberstadt fallen den Brüdern Philipp Christoph und Eustachius von der oberhessischen (Ockstädter) Linie zu. Erfreulicherweise schließen Eustachius und der hiesige Pfarrer Jodocus Scheffer eine Vereinbarung, worin der Pfarrer zusagt, er wolle in der Predigt alles vermeiden, was zu Zank und Aufruhr unter den Pfarrkindern führen könne. Die Überführung der Gemeinde zur lutherischen Lehre scheint noch nicht ganz verkraftet, zumal das Haus Frankenstein katholisch blieb.

Der 1618 aufflammende Krieg hat hingegen für die Landgrafschaft eine bizarre Konstellation zur Folge. Landgraf Moritz von Kassel stellt sich auf die evangelische Seite, während sein Vetter Ludwig (V.) von Darmstadt zur katholischen Partei neigt, und zwar hauptsächlich deshalb, weil die beiden Regenten im Erbstreit miteinander liegen.

„So beschwor der vom Glaubenskrieg zum Bruderkrieg heraufgepeitschte Kampf ein namenloses Elend und die schwerste Epoche, die Hessen jemals erlebt hat. Sie war um so furchtbarer, als ein in allen seinen Gliedern protestantisches Fürstenhaus sich gleichwohl aus machtpolitischen (von kirchlichen Motiven nur schlecht verhüllten) Gründen zerfleischte und sich dazu der Unterstützung auswärtiger Mächte beider Glaubensrichtungen bediente, obwohl diese doch nur ihren eigenen Vorteil suchten.

In welcher unmenschlichen Weise das Land und seine Bewohner unter der Geißel dieses grauenhaften Krieges gelitten haben, ist heute kaum noch zu schildern. Not und Gewalt beherrschten das Land, in dem eine Armee der andern folgte, eine Besatzung die andere ablöste." (K. Demandt)

Ende Oktober 1621 erscheint der kaiserliche General Tilly mit der bayrischen Armada an der nördlichen Bergstraße. Zu ihm gesellen sich die Spanier unter Cordoba. Hessen-Darmstadt und die Grafschaft Erbach im Odenwald werden Aufmarschgebiet der kaiserlichen Truppen. Es kommt zu schweren Übergriffen. Daß der Landesherr, Landgraf Ludwig, selbst dem Kaiser zugeneigt ist, schert die Soldaten wenig.

Im November 1621 rücken von Norden her der Graf von Mansfeld und der gefürchtete Herzog Christian von Braunschweig heran, die zur evangelischen Union gehören. Damit wird es aber für die Bevölkerung nur noch schlechter. Der Einfall der Mansfelder scheitert schließlich. Die Dörfer haben jedoch bereits einen Vorge-

Allianzwappen der Familien von Frankenstein,
von Cleen, von Sachsenhausen
(Heute: Rathaus Eberstadt, Treppenaufgang)

schmack von den oben beschriebenen Schrecknissen bekommen. Nachdem sich der Krieg nach Norddeutschland verlagert hat, wird ein Schadenverzeichnis aufgestellt: „Was das Pfalzische, Margravisch-Durlachisch und Mansfeldisch Rauberisch Kriegsvolk zu Eberstadt vor einen Schaden gethan haben in anno 1622." Es weist 143 Geschädigte auf, Große und Kleine. Die Gemeinde meldet 2360 Reichstaler an Schäden, das Gericht 360 Taler, die beiden Dorfmühlen und die Eschollmühle insgesamt 780 Taler. Die höchsten Verluste haben erlitten: der Schultheiß Henrich Uloth = 1257 Taler, Hans Delp = 1188 Taler, Adam Hill = 1160 Taler und Georg Seibert = 1089 Taler. Auch die kleinsten Wittiben wurden nicht verschont. Der Gesamtschaden beträgt 48 420 Reichstaler.
In der folgenden Ruhezeit geht man an den Wiederaufbau, ja sogar an einige bedeutende Neubauten in Darmstadt. Es ersteht das Rathaus, in dessen Untergeschoß die ersten Verkaufsläden eingerichtet werden, sowie das berühmte „Pädagog", das auf einem Teil des ehemaligen Frankensteiner Hofes errichtet wird.
Auch in Eberstadt gibt es einen Neubau, allerdings keine Schule, sondern die „Betzekammer", das Gefängnis, das der „grimmigbrummende" Landgraf Georg I. vor 40 Jahren vergeblich durchsetzen wollte. Jetzt setzt der Oberamtmann die Betzekammer gewaltsam durch, um die frankensteinische Gerichtsbarkeit endlich abzuwürgen. Damit wird auch der bei jung und alt beliebte „Schnellkorb" abgeschafft. Das ist ein Weidenkorb, in den man die kleineren Delinquenten hineinsetzt und etliche Male kräftig in „die Bach" untertaucht. Der Korb hing neben dem Rathaus an der Modaubrücke (heute Heidelberger Landstraße).
Im Jahre 1628 wird sogar eine Allgemeine Kirchenvisitation in der Obergrafschaft durchgeführt, von der aber die frankensteinischen Pfarreien Eberstadt, Nieder- und Ober-Beerbach bezeichnenderweise ausgeklammert bleiben.
Drei Jahre später geht der Krieg im Lande neu auf. Der Schwedenkönig Gustav Adolf besetzt die hessische Festung Rüsselsheim am Main und erobert Ende des Jahres Mainz. Der Landgraf zieht sich mit Familie, Hofstaat und Regierung in das sichere Gießen zurück. Gustav Adolf fällt 1632 bei Lützen. Der Krieg wird noch schrecklicher.
Eine kurze Episode bildet die Besetzung des nördlichen, schönburgischen Teiles von Eberstadt. Der Kanzler Oxenstjerna belehnt den berühmten schwedischen Reiterobristen Otto Christoph von Sparre mit dieser Dorfhälfte. Deren Einwohner müssen in der Obergasse antreten und dem neuen Herren gehorsamst huldigen. Die Hintergründe deckt Eustachius von Frankenstein wie folgt auf: „Diesen punctum hat Bechtold Wahl, landgräflicher Zent-Schultheiß

zu Eberstadt, gemacht, welcher zuvor gräflich Schönburgischer Keller gewesen, aber wegen seines üblen Verhaltens als ein ehrloser Nagel abgeschafft worden ist. Auch hat er Unseren, derer zu Frankenstein Wein, sowie viel hundert Malter Früchte [Getreide] als ein schwedischer Commissarius alles vertan, sodaß ich ihn hernach zu Mainz von der schwedischen Regierung habe henken [aufhängen] lassen wollen, doch [wurde er] wieder entlassen. So hat er sich dann in landgräflichen Dienst eingelassen, da die Landgrafen gegen uns keinen *eigenen* Schelm haben finden können."

Nach der Nördlinger Schlacht fluten die geschlagenen schwedischen Regimenter über die Bergstraße nach Mainz zurück, und so beginnt hier der größte Jammer. Mitte Januar 1635 wird aus Darmstadt an den Landgrafen Georg II. nach Gießen geschrieben: „Die Leut haben groß Verlangen, daß jemand aus dem Fürstenhaus zu Hilf kommen möge. Es ist ein solcher Jammer in der Stadt, daß nicht zu schreiben ist." Es kommt aber niemand.

Am 20. Januar wird nach Gießen gemeldet: „Montag zur Nacht, Gott erbarme es, ist der Flecken Arheilgen bis auf 8 oder 9 Bäu sampt der Kirche jämmerlich verbrennt, zu Erzhausen 12 Bäu, zu Griesheim 14 übrig, zu Eberstadt und Bissingen [Bessungen] auch ungefehr niedergelegt 30 Bäu. Und ist noch keine Ruhe mit Brennen, Rauben und Plündern."

Neben dem Essen für die Menschen und dem Futter für das Vieh wird auch das Brennholz knapp – „also sind, Gott erbarme es, alle Hauptstrafen wie Krieg, Hunger, Pestilenz und Frost bei uns allhier zusammen."

Die Greuel geschehen unter den Augen des Kanzlers Oxenstjerna und des Herzogs Bernhard von Weimar, die in Darmstadt ihre Residenz aufgeschlagen haben.

Im Februar ziehen Franzosen und Schweden ab. Kaiserliche Truppen folgen ihnen auf den Fersen: „Seind Polacken, Italiener, Spanier, Franzosen und Deutsche [alles Söldner], und seind die schlimmsten", meldet man jetzt nach Gießen an den Landgrafen. Trotz der ungeheuren Not verlangt der kaiserliche Kommandant für sein „Service" 100 Reichstaler täglich, und in der Küche „unterschiedliche Speisen als Hirsche, Rehe, Fische, Kälber, indianische Hanen [Hähne], Hämmel, Speck, Butter und anderes mehr."

Eberstadt wird schließlich fast gänzlich zerstört und verbrannt. Die Einwohner fliehen in das ohnehin überfüllte Darmstadt. Der Ausbruch der Pest ist unvermeidbar. Aus Eberstadt sind ihr ungefähr 80 Menschen erlegen, unter ihnen der junge Pfarrer Hugius, „ein fein gelehrter Mann".

Im April 1635 ziehen die Kaiserlichen ab. Es folgen aber ständig durchziehende Truppen: Königsmark, Piccolomini, de Werth, Tu-

renne. Die Quartierlasten sind schier unerfüllbar. Dem gemeinen Soldaten stehen täglich zu: 2 Pfd. Fleisch, 3 Pfd. Brot, 1 1/2 Maß Bier oder 1 Maß Wein, das Maß zu 2 Liter. Ein Regimentsstab beansprucht 100 Pfd. Fleisch, 150 Pfd. Brot, 80 Maß Wein oder 120 Maß Bier, 4 Kälber, 8 Hühner, und Hafer für 30 Pferde – täglich.
Im Jahre 1645, nachdem die Friedensverhandlungen bereits begonnen, besetzen französische Truppen Darmstadt, als „Bundesgenossen" der Landgräfin Amalie Elisabeth zu Kassel; der hessische Familienstreit ist noch immer nicht ausgestanden.
Zwei Jahre später stehen zwei Regimenter des Generals Turenne vor den Toren der Stadt. Amalie Elisabeth habe sie dorthin „eingeladen". Nach langen Verhandlungen teilt die Landgräfin dem französischen Stadtkommandanten mit, er könne abrücken; sie habe sich mit dem Landgrafen Georg, der immer noch in der sicheren Festung Gießen sitzt, verglichen. Der Friede zu Münster und Osnabrück wird 1648 unterzeichnet. Der Landgraf kehrt mit seinem Hofe 1649 nach Darmstadt zurück.

7. Die Frankensteiner geben auf

Johann Eustachius, der die Herrschaft Frankenstein 1606 von seinem Oheim Ludwig geerbt hatte, stirbt 1650. Von den zahlreichen Söhnen ist Joh. Ludwig Domherr zu Mainz und Würzburg, Joh. Richard Domcholaster zu Bamberg, Würzburg und Worms, Joh. Eustachius Domkapitular zu Mainz und Joh. Carl seit 1684 Bischof zu Worms. Die drei „weltlichen" Brüder setzen das Haus Frankenstein fort: Johann Daniel, churmainzischer Amtmann zu Amorbach, Joh. Peter, churmainzischer Hofrat, Oberamtmann zu Lohr am Main, und Joh. Friedrich, würzburgischer Hofmarschall, Oberamtmann zu Kissingen.
In einem *Vertrag vom 1. Oktober 1652* zu Lohr am Main erben, nach Verzichtleistung der übrigen Brüder:
Joh. Carl und Joh. Daniel: die Häuser Sachsenhausen und Friedberg,
Joh. Friedrich und Joh. Peter: die *Herrschaft Frankenstein*.
In dieser geht der „Kampf" weiter. Im Jahre 1657 läßt der Landgraf Georg II. von Hessen-Darmstadt im frankensteinischen Dorf Eberstadt wieder einmal eine *Kirchenvisitation* ansetzen, die diesmal glückt. Pfarrer Melchior Agricola schreibt darüber sehr vorsichtig in das Kirchenbuch: „den siebenten tag May uff Ascensionis [Himmelfahrt Christi] ist der wohlehrwürdige und hochgelahrte Herr Balthasar Mentzerus, Fürstl. Oberhofprediger, Superintendens

und Pfarrer zu Darmstadt, und der ehrenveste und achtbare Herr Johann Jacob Pettmann, Fürstl. Geheimer Secretarius, als dazu von Ihrer Gn., Herrn Landgrafen Georgen verordnete Commissarii allhier gewesen und Kirchenvisitation gehalten, welches ich propter rei veritatem [der Wahrheit gemäß] hierher setzen wollen."

Ganz anders klingt es in einem geharnischten Beschwerdeschreiben, das die Brüder Carl, Eustachius und Peter von Frankenstein alsbald in das Darmstädter Schloß schicken: „Was Gestalt Herr Superintendent und Herr Secretarius in einer Gutschen [Kutsche] in Unßern Flecken Eberstatt kommen, alß das dritte mal geleuthet [geläutet] gewesen, in die Kirche begeben, nach gehaltener Predigt sich erkühnt, vor dem Altar einen Sermon zu halten, hernach alte alß junge Leuthe examiniert, nach dem gesprochenen Segen die Gerichts-Personen heißen stehen bleiben und gefragt, ob hiebevor auch Kirchenvisitation daselbsten gehalten worden [sei], Ihme aber vom Gericht, wie es wahr ist, *mit Nein geantwortet* worden."

Die Männer vom Gericht hatten also gemäß ihres Schöffeneides bekundet, daß der Landgraf hier kein Recht habe, eine Visitation halten zu lassen.

Auch diese Beschwerde ging selbstverständlich an das Reichskammergericht und blieb dort ebenso hängen wie viele zuvor: über das Recht, in der Eberstädter Tanne zu jagen, das Fischen in der Beerbacher Bach, das Mühlwesen und anderes.

In einem Riesenprozeß gegen den Landgrafen zu Hessen-Darmstadt wurden schließlich alle hauptsächlichsten *„Beschwerungspunkte"* der Herren von Frankenstein wie folgt zusammengestellt: daß man

1. die Frankensteinischen Unthertanen zwingen wollte, bei fürstlichen Beylägern [Hochzeitsfesten], Kindtauffen und Leichenbegängnissen mit ihrem Gewehr am Thor zu Darmstadt und auch sonsten aufzuwarten [Posten zu stehen], obschon die Unthertanen nicht zum Landfürstenthum gehörten und dieß keine Centfolge sei,

2. wollten sie fremde Personen, die Frankensteinische oder Schönburgische Dienstboten und Brödlinge seien, de facto zur Cent ziehen, obwohl bei freien Gütern [Herrschaft Frankenstein] Dienstboten und Brödlinge nicht centbar seien,

3. daß die Landgräfische sich unterfingen, Präsentation oder Confirmation der Pfarrer, Kindtaufen, Hochzeit und andere Polizeyverordnungen zu publicieren, und zwar gegen uraltes Herkommen, da die von Frankenstein von ihren eigenen Gütern die Pfarreien gestiftet hätten und ihnen allein das Patronat gehöre.

[Hier sind hessische Kirchenordnungen sowie Polizeiverordnungen über Tauffeiern, Hochzeiten u. dgl. gemeint, die die landgräfl.

Regierung unrechtmäßigerweise an den Rathäusern anschlagen und bekanntmachen ließ],

4. hätten sich die Landgräfische unterstanden, anno 1648 Mandata ans Rathaus zu Eberstatt zu schlagen und so allen denen, die außer Land wichen [aus der Herrschaft Frankenstein auszögen!], für zwei Jahre Freiheit von Steuer, Contribution, Frohn, Real- und Personalbeschwerden zu versprechen,

5. hätten sie ganz neulich den Eberstädter Unterthanen aufgebürdet, daß sie die Landgräfl. Commissarios, Commandanten zu Rüsselsheim, Landhauptmann und Malefiz-Fiskalen besolden, und der Vestung [Rüsselsheim] mit Proviant, Loth, Pulver und Leuten zu helfen; hätten aber dagegen protestiert, den Unfug remonstriert und sich dießfalls auf die zu Speyer [beim Reichskammergericht] hangenden Rechte berufen,

6. zwängen sie die armen Leuthe mit Geld- und Thurmstrafen, namentlich die Eberstädter, ihre Häuser, Weingärten, Vieh, ja selbst ausgelehnte Kapitalien zu verschätzen;

7. verhinderten sie die Frankensteinischen und Schönburgischen Unterthanen, den schuldigen Corporal-Huldigungseid leisten, obwohl das 1567 und 1585 noch wirklich geschehen,

8. belegten sie ihre freien ritterschaftlichen Gefälle [Abgaben] in der Obergrafschaft mit Schatzungen, wogegen sie aber ein kaiserliches Mandat im Jahr 1651 ausgebracht hätten, da sie in die fränkische Ritterschaft steuern müßten,

9. mehr hätten auch die landgräflichen Bedienten sich erkühnt, die Frankensteinischen Unterthanen zum Rheinbau, sowie 1606, 1611–1616 und 1622 zur Türkensteuer, Reißsteuer, Fräuleinssteuer, Pulver- und Bleisteuer und Bedrang und Pfandung anzuhalten. Zwar sei ihnen in Folge eines kaiserlichen Mandats Restitution geschehen, dieselben hätten aber bis 1650 doch noch vieles erpreßt."

Alle diese Beschwerden kamen nicht mehr zur Verhandlung; denn – so schreibt H. E. Scriba: „Dieser Verhältnisse und wohl auch der bedeutenden Prozeßkosten müde, reifte bei den Herren von Frankenstein umso mehr der Entschluß, *Burg und Herrschaft zu veräußern* – zumal die meisten Familienglieder seit der Erwerbung von Bobstadt, Dornassenheim und Ockstadt daselbst, sowie auch zu Oppenheim ihren Wohnsitz genommen hatten und so ihrem Stammsitze entfremdet worden waren. Sie ließen daher zu Anfang des Jahres 1661 alle ihre zum Kauf bestimmten Güter inventarisieren und boten sie ihrem Lehensherrn, dem Churfürsten zu Mainz zum Verkauf an. Allein, war der geistliche Herr, wie gewöhnlich, nicht recht bei Kasse, oder hatte er keine Lust, ein so naher Nachbar des Landgrafen und dazu ein Erbe der Frankensteinischen Prozesse zu werden, – genug, die Verhandlungen fanden keinen Fortgang." Soweit Scriba.

Danach blieb nur noch der *Verkauf an Hessen* übrig. Landgraf Ludwig VI. zu Hessen-Darmstadt war zwar bereits übermäßig verschuldet – bei seinem Tode 1678 hatte die Schuldenlast die horrende Höhe von zwei Millionen Gulden erreicht – aber er brachte die Kaufsumme zusammen, damit nur endlich und buchstäblich *um jeden Preis* das „Ländchen Frankenstein" von der Landkarte verschwände!

Graf Maximilian zu Schönburg über Wesel als Nacherbe des jüngeren Stammes Frankenstein verkaufte seine Hälfte Eberstadt und sonstige Liegenschaften im Jahre 1661 um *21 000 Gulden* an Hessen. Für die Burg und Herrschaft Frankenstein samt der anderen Hälfte von Eberstadt pp. erlösten die Brüder Johann Friedrich und Johann Peter von Frankenstein als Nacherben des älteren Stammes beim Verkauf im Jahre 1662 den Betrag von *88 000 Gulden*. Sie erwarben davon die Herrschaft Ullstadt in Mittelfranken.

VII.
Nachkriegszeit

1. Mag. M. Agricola legt ein neues Kirchenbuch an

Zwei Jahre nach dem Friedensschluß kommt wieder ein Pfarrer nach Eberstadt. Es ist der Magister Melchior Agricola (zu deutsch: Bauer), ein Bürgerssohn aus Darmstadt. (Magister: ungefähr = Doktortitel).
Er legt bald nach seinem Dienstantritt ein neues Kirchenbuch an, „da das alte in Kriegszeiten verlohren". Hierin werden die Taufen, Trauungen und Beerdigungen eingetragen. Glücklicherweise sind diese alten Kirchenbücher aber nicht nach einem langweiligen Schema, sondern ganz persönlich, je nach Kunst und Temperament des Pfarrers verfaßt. Damit bilden sie nicht nur ein wichtiges Hilfsmittel für die Ahnenforschung, sondern eine unersetzliche und unerschöpfliche Quelle für die Kulturgeschichte des Dorfes. Sie sind ein buntes Bilderbuch gelebten Lebens.
Im Sterbebuch trägt Pfarrer Agricola die Todesursache mit ein. Neben den Purpeln (Masern oder Scharlach) sind die Blattern eine gefürchtete Kinderkrankheit. Manchmal sterben in einem einzigen Jahr 15–20 der Kleinen daran, wie überhaupt die Sterblichkeit im zarten Kindesalter groß ist. Die Erwachsenen sterben an der „schwarzen Gelsucht", der Epilepsia, dem Schlagfluß und dem „hektischen Fieber", das man nicht näher erklären konnte.
Das schlimmste aber ist die „Rote Ruhr". Im Jahr 1665 muß Pfarrer Agricola 16 Tote zum Friedhof geleiten, von denen 15 an der Ruhr gestorben sind.
„1665, den 7. februarii, wurd unser lieb töchterlein Susanna Elisabetha, als es 5 wochen an einer hitzigen Schwachheit kranck gelegen und sonntags unterm Vatterunser verschieden, begraben. Der gütige barmherzige Gott verleihe seinem Cörperchen eine stille Ruhe und am jüngsten Tag eine selige und fröhliche Auferstehung, uns allen aber eine seelige nachfahrt. Amen." –
„den 19. juli wurde mein liebe Tochter Ottilia, eine tugendsame Jungfer von 22 Jahren, krank an der roten Ruhr, mit welcher sie 3 Tag lang mit einem stetigen Erbrechen geplaget war. Wir nun alle menschlichen Mittel brauchten, wollte es doch nichts helfen, sondern starb sonntags abends in höchster Geduld und unter vielen hertzlichen Seufzern mit gutem Verstand in wahrer Anrufung Gottes". –
„Am 2. August ward begraben mein jüngster lieber Sohn Johann Philips, welcher 14 Tage lang an der beschwerlichen, schmertzhaften und abscheulichen Krankheit der roten Ruhr schwach gewesen. Und unangesehen viele kostbaren Artzeneyen gebraucht und bei ihm und seiner Schwester selig große Sorge und Mühe angewendet, doch alles nichts helfen wollen, sondern daran selig, sanft

und still verstorben. Gott verleihe ihnen und uns allen die ewige Freud und Seligkeit."
Da auch das private Leben der Untertanen von der Obrigkeit geregelt wird, muß der Pfarrer darüber wachen, daß alles „in Ehren zugehe". Wir lesen unter den Trauungseinträgen von 1660: „den 6. Juni haben Johannes N. und Barbara, Mathes N.'s, Müllers, tochter, ihren Kirchgang gehalten. [Damit ist die Trauung gemeint.] Denen kam zuvor ein geschwätz aus, als ob sie beysammen geschlafen, welches auch Barbara, mit benennung von zeit und ort, dreimal geschehen zu sein bejahte. Johannes wollte zwar nichts gestehen, doch erkläret er sich, ehe es zur Cantzley berichtet würde, [bereit] die persohn zu nehmen. Sie aber leugnete nachher auch wieder und ging mit einem Krantz zur kirche, wurde ihr aber finita copulatione, durch eine erinnerung an die Gemein, gar höflich wieder abgebunden." Das ist nun so in jenen Zeiten: Die beiden werden vor den Senioren (Kirchenvorstehern) befragt. Leugnen sie, geht die Sache weiter an „die Cantzley", das Consistorium zu Darmstadt. Davor hat Johannes Angst. Nachher will Barbara der Leute wegen dennoch das Kränzlein tragen. Es wird ihr aber nach beendeter Copulation (Eheschließung) und vor der eigentlichen Trauung, immerhin „gar höflich", wie der Pfarrer bemerkt, abgetan.
Von sogenannten Hurenkindern, d. h. unehelich geborenen, hören wir in diesen Jahrzehnten nichts. Eines kommt 1663 zur Welt, die Mutter ist aber von auswärts, eine Kellnerin von Bensheim, die dem Stadtmedikus zu sehr vertraut: „den 10. Nov. ward ein hurenkind getaufft, dessen mutter hies Elisabeth, war Pabstischer [katholischer] Religion, hatte sich zu Bensheim im Wirtshaus zum Wolf, ihrem vorgeben nach, durch den Stattmedicus Dr. N. N. schwängern lassen. Das kind wurde genennet Johan Henrich. Seine Paten waren Hanß Kühn, Taglöhner, und Henrich Schlosser, Cronenwirth alhier." Das Patenamt an einem armen Erdenwürmchen zu übernehmen gilt als Ehrenpflicht.
Ein „Kirmeskind" wird 1669 gemeldet: „den 7. oct. kam Herr Mag. Petrus Stiblerus mit seiner lieben Hausfrau Anna Catharina anhero nach Eberstatt zu ihrem vatter, Herrn Philips Wolffen, Schultheißen, zur Kirmeß. Ihr aber ward weh und gebar ein junges töchterlein, und wurde alhier getaufft."
Auch damals schon muß es allerlei Leute ohne festen Wohnsitz gegeben haben. Sie tauchen im Taufbuch auf – zuweilen mit unerhörtem Glück, was die Paten betrifft: „den 17. febr. [1664] ließ ein fremder, im land herumbvagir[ender] und bettelnder Schneider, genannt Johannes Wall, und Maria uxor [sein Weib], beide von Gingen auß Schwaben, ein Söhnlein tauffen, ward genennet Johann Christoph Hermann. Sein Paten waren folgende Herren. Johann

Anthon Sarbrück, Altküchenmeister, Christoph Münch, Burggraf, Joh. Wolf Rohr, Küchenschreiber, Joh. Traiser, Backhausverwalter und Futterschreiber, Joh. Orbig Weyer, Lichtkämmerer, Joh. Walther von Bessungen und Hermann Schuchmann von Eberstadt." Aus welchen Gründen mögen die Erstgenannten, sämtlich aus dem Schloß zu Darmstadt, zu dieser Patenschaft gekommen sein?

Daß man nicht mit unbekannten Männern in die Weite ziehen soll, zeigt der Eintrag im Sterbebuch von 1662: „dem 7. May ist eine todte weibsperson, mit schlägen und unterschiedlichen [verschiedenen] stichen ermordet, bei der eisernen Hand an der straße gefunden, in ein leichkorb gelegt und den folgenden tag, auff Himmelfahrth, auf unsern kirchhof begraben worden. Die mörder sollen etliche soldaten, welche mit ihr auß Franckfurth gegangen, gewesen sein."

Eine noch grausigere Geschichte findet sich unter den Trauungen. Sie beginnt mit einer Hochzeit 1676:
„den 20. Jan. haben Herr Christophel Ludovig Nessel und Anna Margaretha Soffin ihren christlichen hochzeitlichen ehrentag gehalten."

Daneben und wo immer Platz, trägt ein späterer Pfarrer ein, was er in der Zeitung gelesen hat. „In dem Historischen Kern der Merkwürdigkeiten" (so hieß das Blatt) steht folgendes von der grausamen Mordtat: „Der Obrist Nessel, so vor die Venetianer in Erfort lange geworben [Soldatenwerber!], ließ auf der Raisse nach Venedig seine Eheliebste, mit der er verschiedene Kinder gezeugt, davon noch 2 Töchter leben, ohnweit Augspurg durch einen seiner Diener, obgleich sie hochschwanger, in einen Wald führen und aus bloser Jalousie ermorden. Wie sie nun etliche Hiebe und Stiche empfangen, gleichwohl aber lebte, ging der Obrist selber hinzu und stieß ihr sein Messer ins Hertz. Darauf ging er auf der Post [fuhr er mit der Post] nach Venedig. Aber die Obrigkeit des Ortes schrieb bald an die Durchlaucht. Republic und begehrte Justiz über diese That. Der Rat in Erfort bemächtigte sich seiner zurückgelassenen Effekten, welche sich hoch beliefen. Dieser Mord ist geschehen anno 1687 mense Julio."

2. Daniel Geibel legt ein Hausbuch an

Unter den zahlreichen Handwerkern von überall her, die nach dem großen Kriege hier einwandern, gehört Daniel Geibel aus dem Busecker Tal in der Nähe von Gießen. Er fängt alsbald an, ein Familientagebuch zu schreiben, das zu einem bemerkenswerten Doku-

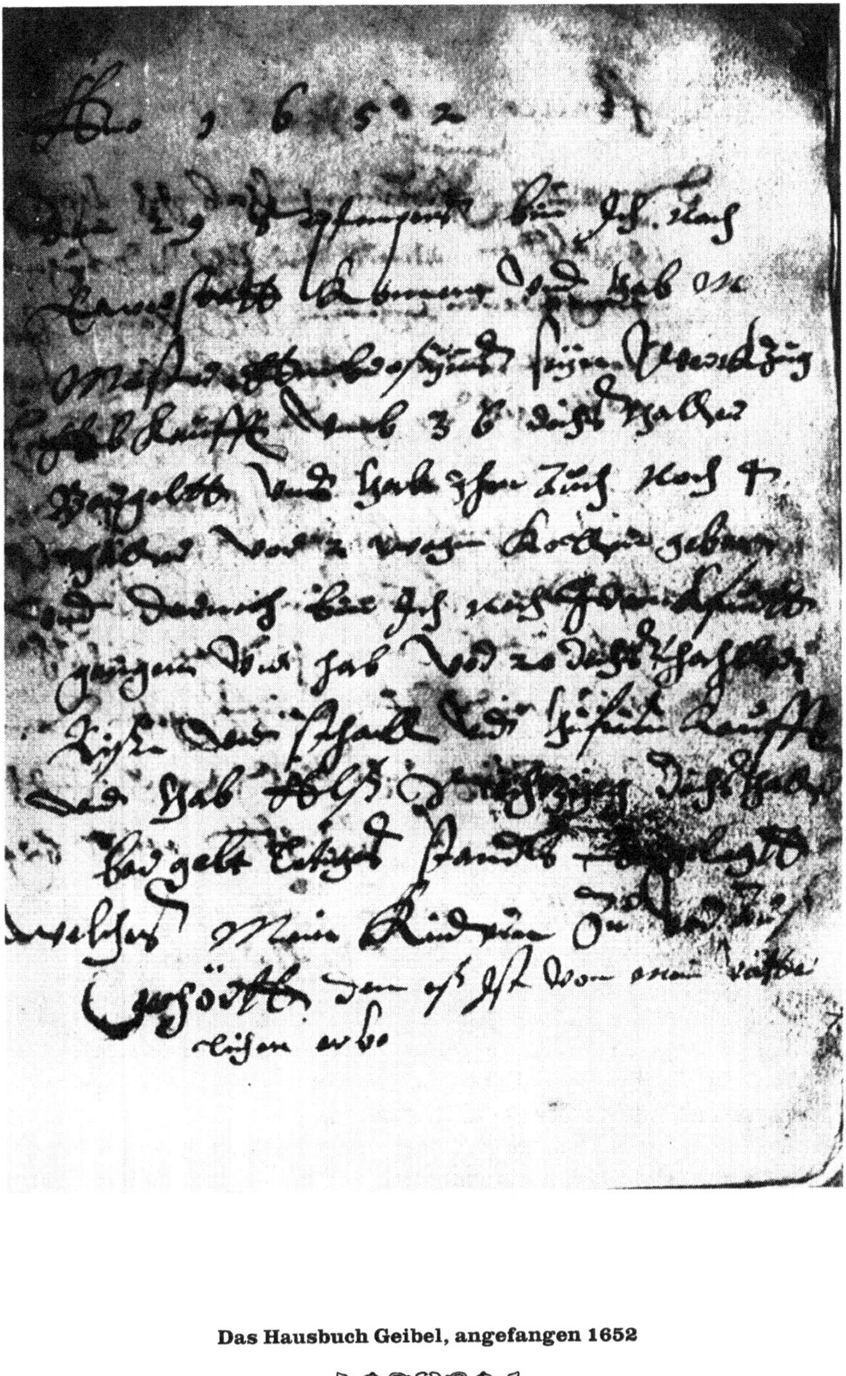

Ao 1652

Das Hausbuch Geibel, angefangen 1652

ment geworden ist. Nach ihm haben noch drei Generationen die Eintragungen fortgeführt, Sohn, Enkel und Urenkel, die sämtlich Schmiedemeister waren. Das „Hausbuch", in ein Pergament eingebunden, befindet sich noch immer im Eberstädter Familienbesitz.
Daß Landgraf Georg II. studierte Schulmeister in seinen Schulen eingesetzt hatte, sieht man hier deutlich. Daniel Geibel schreibt sowohl deutsche wie lateinische Schrift. So setzt er auch auf die erste Seite des Buches die lateinischen Worte

Verbum domini manet

Das heißt zu deutsch: Gottes Wort bleibt. Dann fährt er fort: „Gott, dem Könige, dem ewigen und unvergänglichen und unsichtbaren und allein wißen [weisen] sei Ehre und preiß von Ewigkeit zu Ewigkeit. Amen."
Man sieht, daß der Schmiedemeister auch bibelfest ist. Das Wort steht im 1. Briefe des Apostels Paulus an Timotheus im 1. Kapitel. Dazu kommt noch ein feierlicher Anfang: „Angefangen im Nahmen der heyligen drey Faltigkeit und ewigen Gottes sey der Anfang, midd [Mitte] und Ende. Amen".
Jetzt wird der Einzug in „Ewerstatt" geschildert. Daniel schreibt den Ortsnamen, wie er ihn hört. (Die heutigen eingeborenen Eberstädter sprechen noch immer von „Ewwerscht".)
„Anno 1652 bin ich nach Ewerstatt kommen und uff St. Michaelis des Ertzengels [Tag: 29. 9.] ein Gemeindeschmid worden und hab in Peter Simons seyn klein Häußlein gewohnt, und hab von Meister Ambrosyus seyn Werkzeug [die Einrichtung der Schmiede] umb 36 Reichsthaler abkaufft und hab ihm auch noch 4 Thaler vor 2 Wagen Kohlen geben.
Und bin danach nach Frankfurt gangen und hab vor 20 Reichsthaler Eißen und Stall [Stahl] und hufeißen kaufft, hab alß *Sechzigen Reichsthaler* letigen standes angelegt, welches meinen Kindern zu vorauß gehörtt, denn es ist von meim vätterlichen erbe."
1 Reichsthaler ist in dieser Zeit gleich $1^{1}/_{2}$ Gulden. Der Gulden kann mit etwa 36,– DM gerechnet werden. Demnach kostet der Neuanfang Daniel Geibels 60 Reichstaler = 90 Gulden = 3240,– DM. Das sind allerdings nur Schätzwerte.
Anno 1653 folgt ein kurzer Eintrag über Eheschließung und Trauung mit „der ehr und tugendsamen jungfrau Agnes, Meister Hanß beckers von niederramstatt tochter". Der Schwiegervater ist Schmiedemeister im benachbarten Dorf.
Im nächsten Jahr wird das erste Kind geboren. Das Sternzeichen wird, wie noch öfters im Hausbuch, sorgfältig vermerkt. Die unleugbare Frömmigkeit des Hauses scheint sich mit den astrologischen Zeichen durchaus zu vertragen. „den 4. aprillis zwischen 10 und 11 uhren vor Mittag hat uns Gott der Allerhöchste mitt einem

Älteste Schmiede (Heidelberger Landstraße, an der Modaubrücke)

jungen töchterlein gesegnet, deß namen *Anna Margaretha,* im Zeichen des Fisches uff Dinstag, und ist die gooth [Gote = Patin] peter Simons Haußfrau. Gott dem Allerhöchsten sey ewiges Lob und Dank dafür. Amen."

Fünf Monate später lesen wir dann: „den 14. septembris umb 5 Uhr nachmittags, dem heyligen Weihtag, am Donnerstag, hat Gott der Allmächtige unser liebes Töchterlein von dießer bößen Welt wieder abgefordert und zu sich in himmlisch jerusalem und zu allen christgläubigen Seelen, seines alters 24 Wochen. Gott dem Herrn sey Lob und Dank immer und ewiglichen! Amen."

Der „heilige Weihtag" am 14. September wird in der katholischen Kirche als „Exaltatio crucis" = Tag der Kreuzerhöhung, gefeiert. Es ist auch da wieder deutlich, wie noch Jahrhunderte nach der Einführung der lutherischen Lehre nach dem alten Festkalender gelebt wurde.

Bereits nach einem Jahr seines Hierseins wird der Meister in das „ehrbare Gericht" berufen, ein Beweis dafür, daß er sich die Achtung seiner Mitbürger erworben hat. Er versieht diese Berufung mit einem guten Spruch: „Anfang bedenke das End, so wirstu [wirst du] nimmer Übels thun! Die Furcht des Herrn ist der Weißheit Anfang."

Anno 1662 verdingt Daniel Geibel dem hiesigen Zimmermann Hans Kindler, der auch als Baumeister fungiert, einen Hausbau. Das neue Haus wird in der Obergasse errichtet, wo es heute noch als „Geibelhaus" zu besichtigen ist. Die Baukosten werden im Hausbuch in allen Einzelheiten eingetragen. Später setzt der Sohn Johannes die folgende Aufstellung hinzu.

„Das Haus hat kost vor allererst	150 fl.
der Vortersgibel [Vorderseite und Giebel]	100 fl.
der Hintersgibel sambt Mauer, Backofen und Schweinestall	150 fl.
die Schmitt [Schmiede zu bauen]	70 fl.
die Scheuer	197 fl.
das Kelterhauß	40 fl.
das Stellche [Hühner-Ställchen]	15 fl.
summa	722 fl.

Das sind, wieder mit allem Vorbehalt, rund 2600,– DM.

Im neuen wie im alten Haus, das „an der Rathausbrucken" stand, ging in diesen Jahren das Leben seinen Gang. Es werden Kinder geboren, wobei im Hausbucheintrag jedesmal das Sternzeichen vermerkt ist: Skorpion, Waage, Schütze, Stier. Daneben begegnen uns hie und da Sterbeeinträge, im gleichen Gottvertrauen eingetragen, wie wir es oben gelesen haben. Darüber gehen viele Jahre hin.

Schließlich trägt der zweitälteste Sohn, Johannes, den Tod der Eltern ein.

„den 29. August 1689 ist Morgens zwischen 3 und 4 Uhren *meine liebe Mutter* selig von dieser argen Welt abgeschieden und den 31. dießes zur Erd bestattet worden, an der roten Ruhr, Gott verleihe ihr eine fröhliche Auferstehung, ihres Alters 54 Jahr."

Sie hatte also bereits mit 18 Jahren den mit 33 Jahren weitaus älteren Mann geheiratet. Dieser überlebt sie jedoch noch um 4 Jahre.

„den 3. September 1693 Morgens zwischen 5 und 6 Uhren ist *mein lieber Vatter* selig von dieser argen Welt abgeschieden, mit Nahmen Daniel Geibel, und den 5. dießes christlich zur Erd bestattet und durch das ehrbare Gericht getragen worden und war sein leichtext also: Sey getreu biß an den Tod, so will ich Dir die Cron des Lebens geben. Seines Alters 74 Jahr und 9 monath. Gott gebe ihnen allen eine fröhliche Auferstehung. Er und die Mutter seind neben einander kommen zu begraben in ein Grab."

(Forts. Hausb. Geibel: s. u. Nr. 7).

3. Pater Joseph reist zum Büchermarkt nach Frankfurt

An Mariae Verkündigung, dem 25. März 1684, fährt eine große Reisekutsche, bespannt mit 7 Pferden, spät abends in Eberstadt ein. Die Insassen, elf an der Zahl, sind Buchhändler und Kaufleute aus der Schweiz, die in Frankfurt ihre Geschäfte tätigen wollen. Dazu gehört auch Pater Joseph Dietrich, der aus dem berühmten Kloster Einsiedeln kommt. Er reist in seiner Eigenschaft als Stiftsstatthalter zur Buchmesse, damals Büchermarkt genannt, um die in eigener Druckerei hergestellten theologischen Werke seines Fürstabtes dort anzubieten. Die Bücher sind in großen verpichten Fässern schon vorausgeschickt worden. Über die Fahrt hat Pater Joseph einen ausführlichen und amüsanten Reisebericht geschrieben (Bericht einer Reise zum Frankfurter Büchermarkt 1684, Benziger Verlag a. a. O.).

Die Reise geht von Basel über Straßburg, Rastatt, Heidelberg nach Frankfurt. Sie dauert sieben Tage. Unterwegs übernachtet man in Gasthäusern, die der Unternehmer (der mit einem Knecht die Kutsche fährt) vorbestellt hat. Wir würden sie heute Vertragshotels nennen. Die Unterkünfte sind recht unterschiedlich, mal auf Stroh in der Gaststube, mal zu zweit in einem Bett, und in Heidelberg war man „wie die Fürsten" untergebracht. Von den Mahlzeiten gilt das gleiche. In der Herberge in Eberstadt (der Name wird nicht genannt) traf man es leider recht schlecht. Pater Joseph berichtet von diesem Tag wie folgt:

„Wir fuhren früh ½7 (von Heidelberg ab) durch Handschuhsheim, Hemsbach, Weinheim, Heppenheim, vorbei an Schloß Starkenburg, das auf einer Höhe gebaut ist, und kamen um 2 Uhr nachmittags in Bensheim an, nachdem wir einen sehr tiefen, verdrießlichen, unlustigen und kalten Weg überstanden hatten. Heute war das Fest Mariae Verkündigung, und ich konnte nicht zelebrieren, was mir ein großes Opfer war. Dieser Ort war baden-durlachisch. Wir blieben hier 2 Stunden bei beträchtlicher Rechnung. Dann fuhren wir weiter, sahen Durlach und kamen nach Zwingenberg, wo einer, der über das Rad geflochten, in der Luft hing, und kamen endlich um acht Uhr abends in einem lutherischen Dorf im Durlachischen, Eberstadt, bei einem ziemlich guten Wetter an. An diesem lutherischen Ort haben Katholiken unserer Gesellschaft mit mir gefastet (es ist Passions- oder Fastenzeit!), und sich mit einem Süpplein, Wein und Brot begnügt, und bezahlte jeder 8 Kreuzer.
Wir verweilten nicht mehr lange, sondern gingen bald zur Ruhe. Wir mußten mit rauhem Stroh vorliebnehmen, das man in dem Raum, wo wir gegessen hatten, herrüstete. An diesem Ort waren sehr schmutzige und unsaubere Leute, sogar das Stroh war nicht sauber. Wäre das Wetter nicht so kalt gewesen, hätte ich lieber unter freiem Himmel als an einem solchen Ort übernachtet."
Daß sich der Reisende in der badisch-durlachischen und hessendarmstädtischen Geographie ein wenig vertan hat, ist ihm bei der Buntscheckigkeit der Landkarte nicht übelzunehmen. Bensheim und das Auerbacher Schloß (nicht Durlach) sind hessisch, ebenso wie Eberstadt.
Am siebten und letzten Reisetag fährt man zunächst nach Darmstadt („einem durlachischen Städtlein"), wo angehalten wird, um das Weggeld zu entrichten. „Bei dieser Gelegenheit lauschten wir auf die liebliche Schlaguhr, die zuoberst im Turm der fürstlichen Residenz hängt, mit vielen aufeinander abgestimmten großen und kleinen Glocken. Jede Viertelstunde werden so viele Sätzlein abgespielt, als die Stunde geschlagen hat. Diese Musik hat mir ausnehmend gut gefallen, und ich wünschte, wir hätten in Einsiedeln etwas Ähnliches."
Der Bücherverkauf in Frankfurt ging befriedigend vonstatten. Einen kleinen Restbestand überläßt Pater Joseph einem befreundeten Buchhändler. Darüber ist die Karwoche angebrochen, und unser Pater rüstet zu einer Reise nach Mainz, wo er Ostern verleben will. Er fährt mit einem Schiff, das von sechs starken Rössern (auf dem am Ufer entlang führenden Treidelpfad) gezogen wird, den Main hinunter, von morgens 10 Uhr bis nachmittags 5 Uhr.
Das vom Bischof und Kurfürsten im Dom geleitete Pontifikalamt wird im Reisebericht ausführlich geschildert. Wir wollen heraus-

heben, was dem strengen Schweizer besonders auffiel: „Ein fetter dicker Herr trug über der Achsel das Reichsschwert, ein Erzpriester den bischöflichen und ein zweiter den erzbischöflichen Stab. Die Paramente (Altardecken, Gewänder usw.) waren sehr alt, aber sauber. Der Kelch war aus purem Gold. Der Altar stand beim Eingang des Chores gegen das Volk. Der Zelebrant ist also mit seinem Gesicht gegen das Volk gerichtet. Zur Wandlung spielte ein Diener ein Glockenspiel, es waren lauter kleine Glöcklein auf einem runden Teller aufgehängt, die alle zusammen bewegt wurden und über alle Maßen schön tönten.

Die Musik wurde ausgeführt von zwei herrlichen Trompeten, zwei Geigern, zwei Sopranen, einem Altisten, einem Tenoristen und einem Bassisten, die alle gut sangen, einer Baßgeige und einem Regal. Am besten haben mir die Trompeten gefallen, aber auch die übrigen Musikanten machten ihre Sache trefflich und gut. Ein Geiger spielte zum Offertorium (Opfergebet) als Solist und würde unsere Geiger wohl beim Wettstreit übertreffen.

Dagegen gefiel mir gar nicht, daß die Diener ihre Kniebeugung zu wenig und in seltsamer Haltung machten, während andere Zeremonien ordentlich und sauber ausgeführt wurden. Diakon und Subdiakon (die Priester neben dem Zelebranten) hatten sehr langes Haar, das sich weit über die Schulter ausbreitete, was mir nicht gefiel. Bei uns (in Einsiedeln) würden solche Storchnester nicht geduldet. Am Schluß des heiligen Amtes nach dem Segen bliesen vier Trompeter ein fröhliches Sätzlein."

Das Mittagessen nimmt Pater Joseph im Gasthaus ein. „Das Essen bestand aus einer guten Fleischsuppe, gedämpftem, gebeiztem und ungebeiztem Rindfleisch, Kabis, einem herrlichen Kalbsnierenbraten, Holländer Käse und Mandeln, mit schneeweißem Brot und edlem Rheinischem Weißwein."

Nach Frankfurt zurückgekehrt besteigen der Pater und sein Diener wieder die Kutsche, und es geht auf dem gleichen Wege zurück nach Basel. In Eberstadt fand man es diesmal offenbar besser. Am 24. April war man wieder in Einsiedeln. „Der Allerhöchste sei gebenedeiet!"

4. Diese eigenwillige Gemeinde!

Werfen wir zunächst einen Blick auf die Passiernisse in Darmstadt. Dort wurde das Jahr 1678 zu einem doppelten Trauerjahr. Im April starb Landgraf Ludwig VI., der in 1. Ehe mit Maria Elisabeth, Herzogin zu Holstein-Gottorp, und in 2. Ehe mit Elisabeth Dorothea, Prinzessin von Sachsen-Gotha, verheiratet war. Nachfolger wurde Ludwig VII. aus der ersten Ehe, der aber noch im gleichen Jahre starb. Er wurde an seinem Hochzeitstage von der Ruhr dahingerafft. Sein Halbbruder aus der 2. Ehe des Vaters, Ernst Ludwig, war zu der Zeit erst 11 Jahre alt, weshalb seine Mutter, Landgräfin Elisabeth Dorothea, zehn Jahre lang die Regentschaft ausübte. Landgraf Ernst Ludwig (1688–1739) war in seiner Jugend am berühmten Hof zu Versailles und regierte dann in Darmstadt als absoluter Fürst.

Im Eberstädter Pfarrhaus erlitt Magister Melchior Agricola 1673 einen Schlaganfall, durch den er „Sprache, Gesicht, Gehör und Memorie" verlor. Sein Sohn Bernhard, der ebenfalls zum Magister der Theologie promoviert war, übernahm die Nachfolge. Obwohl ein gescheiter Mann, machte er der Gemeinde viel Kummer. Er pokulierte gern mit seinem Schulmeister, wobei sie sich hin und wieder zu prügeln pflegten. Sie wurden deshalb 1683 zu einer Gefängnisstrafe von zwei Tagen und zwei Nächten verurteilt, die sie in der Sakristei der Darmstädter Stadtkirche bei Wasser und Brot zu verbüßen hatten. Zwei Jahre später starb der Pfarrer.

Nun wenden sich Gericht und ganze Gemeinde Eberstadt an die regierende Landgräfin mit der Bitte, die Pfarrei baldigst „mit einem anständigen Prediger wieder zu besetzen, da die Kirche von vielen durchreisenden vornehmen Leuten besucht werde, damit weder sie selbst, noch der Ort in Unehre und Unglimpf komme". Sie bitten inständig, „weil bishero hiesiger Gottesdienst merklich Abbruch erlitten um deswillen, weilen einige bisherige verstorbene Pfarrer alhier bürtig [geboren] gewesen, durch ihr Verwandten einigen Anhang gemacht und vielfältige, unnötige und große Unordnung in der Gemeinde erreget, auch sogar daß die Geistlichen nicht ihre Schuldigkeit bei der Gemeinde geleistet." Deshalb wolle man sie doch „in Gnaden vor allen in Eberstatt bürtigen Pfarrern bewahren und ihnen entweder den Pfarrer Mag. Vollhardt zu Alsbach oder noch lieber, worum sie um Gottes willen bäten, den Pfarrer Aug. Gerlach zu Nieder-Beerbach, beide berühmte und exemplarische, untadelige Prediger verleihen."

Danach wird in der Gemeinde bekannt, daß man zu Darmstadt den Pfarrer Mag. Johann Justus Wolff für die hiesige Pfarre ausersehen habe. Der aber ist von Eberstadt bürtig als Sohn des Fürstl. Schultheißen Philips Wolff. So fährt man denn von seiten der Gemeinde ganz grobes Geschütz auf und schreibt:

„Sintemal es bekannt ist, daß der hiesige Schultheiß Wolff nicht allein Ew. Fürstl. Gnaden [der Landgräfin] von der Leibeigenschaft vieles Geld und Hühner unterschlagen und entwendet, auch diejenigen, so diese Händel als Zeugen aufgedeckt oder in sein falsches Horn nicht hätten blasen wollen, aus eitel Haß und Rachgier ohn

Unterlaß nicht nur für sich selbst verfolgt, sondern auch seine Tochtermänner und Freunde angestiftet, die armen und treuen Unterthanen unschuldig zu trücken und mit Schlägen zu traktieren. Ja, wann nun der [in Aussicht genommene] Geistliche auch noch aus dieser Familie sein sollte, dann würde völlig Ruin und in allen Stücken Uneinigkeit und Zwiespalt sich ereignen."
Es ist aufschlußreich zu beobachten, wie sich ein Mann mit Fleiß und Schläue eine ansehnliche Hausmacht im Dorf aufbauen kann. Der Schultheiß Philips Wolff, von Seeheim gebürtig, heiratet 1632 in das renommierte Gasthaus zum Hirschen ein. Seine Tochter Katharina heiratet in Darmstadt den Secretarius Henrich Kleinschmidt, dessen Sohn Ernst später hiesiger Kronenwirt ist. Die Tochter Margaretha ist in 1. Ehe mit dem Frankensteinischen Keller Henrich Michelbacher verheiratet, einem Witwer. Nach dessen Tod vermählt sie sich 1679 mit Johann Wendel Mack, der damit Hirschwirt ist. Man feiert eine Doppelhochzeit, da die Tochter des Kellers Michelbacher aus dessen 1. Ehe den Kronenwirt Ernst Kleinschmidt heiratet. Der Sohn des neuen Pfarrers Justus Wolff schließlich heiratet in die Brauerei Nungesser ein (er ist Bierbrauermeister) und begründet recht eigentlich die nachmals reiche und angesehene Dorfdynastie Wolff. Es geht alles ein bißchen durcheinander, paßt aber am Schluß prächtig zusammen.
Nun lehnten die beiden erbetenen Pfarrer ab, wie sich auch auf der anderen Seite der Schultheiß auf seine vierzigjährigen treuen Dienste berief und kräftig wehrte. Schließlich hatte man in Darmstadt „keinen Lusten, *dieser eigenwilligen Gemeinde* zu Willen zu sein", und setzte mit Dekret vom 4. Januar 1685 Johann Justus Wolff als Pfarrer hierher.

5. Auch Stoffelius geht auf Reisen

Der Pfarrer Justus Wolff geht trotz der Widerstände bei seinem Amtsantritt in Eberstadt mit Eifer ans Werk. Besonders liegt ihm die Kirche am Herzen, die immer noch die Spuren des Dreißigjährigen Krieges aufweist. Da kommt ihm ein kühner Plan: eine großangelegte Sammlung bei „benachbarten und guthertzigen Christen", wobei das „benachbart" ziemlich weit ausgedehnt wird. Zu diesem Behufe wird der Schreinergesell Johann Stoffel zum „Collektor Stoffelius" befördert (das klingt besser) und auf die Reise geschickt, um das Riesengebiet zwischen Marburg (Lahn) im Norden und Augsburg–Ulm im Süden zu kolligieren. Er führt dazu ein in Schweinsleder gebundenes „Kollektenbuch" mit, das eine lange Vorrede des Pfarrers samt dessen Siegel zum Ausweis enthält.

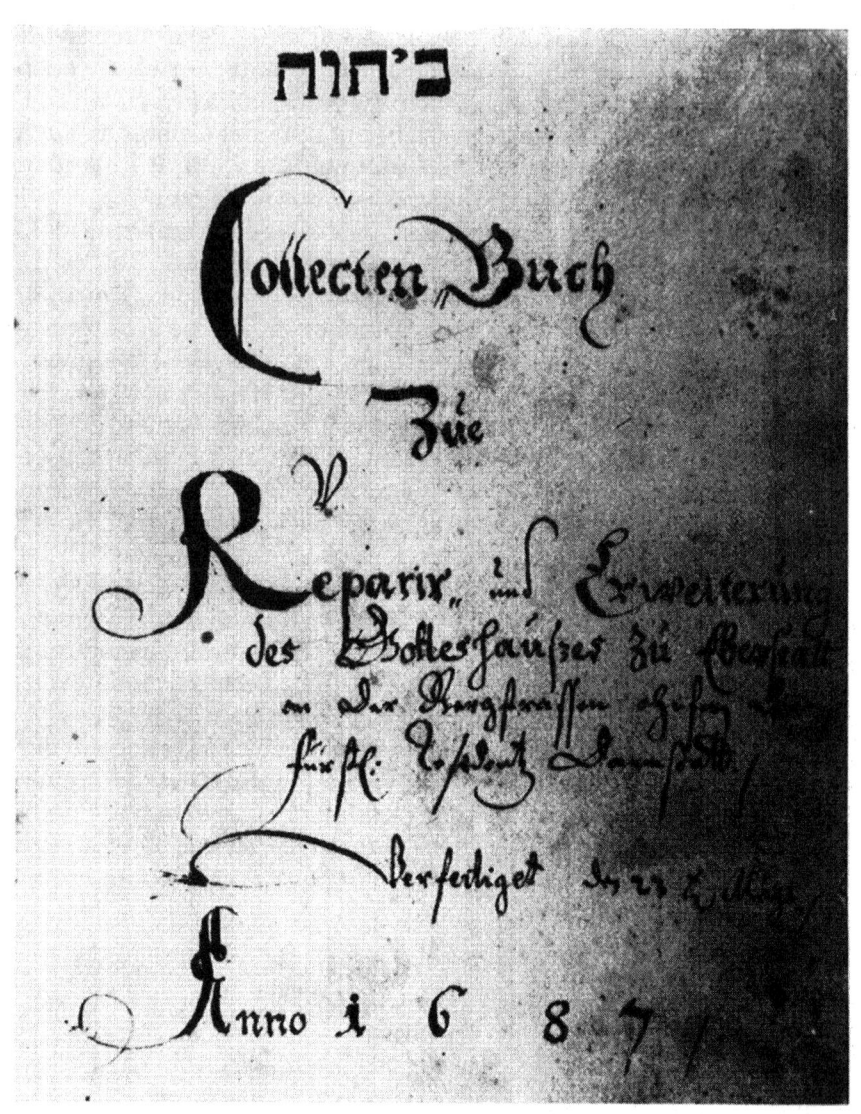

Kollektenbuch 1687
Titelblatt

Nürnberg. 10. Nov. 1687: 3 Gulden.
Von hier über Roth-Weißenburg nach Augsburg.
2. Dez./22. Nov.: 3 Kreuzer.

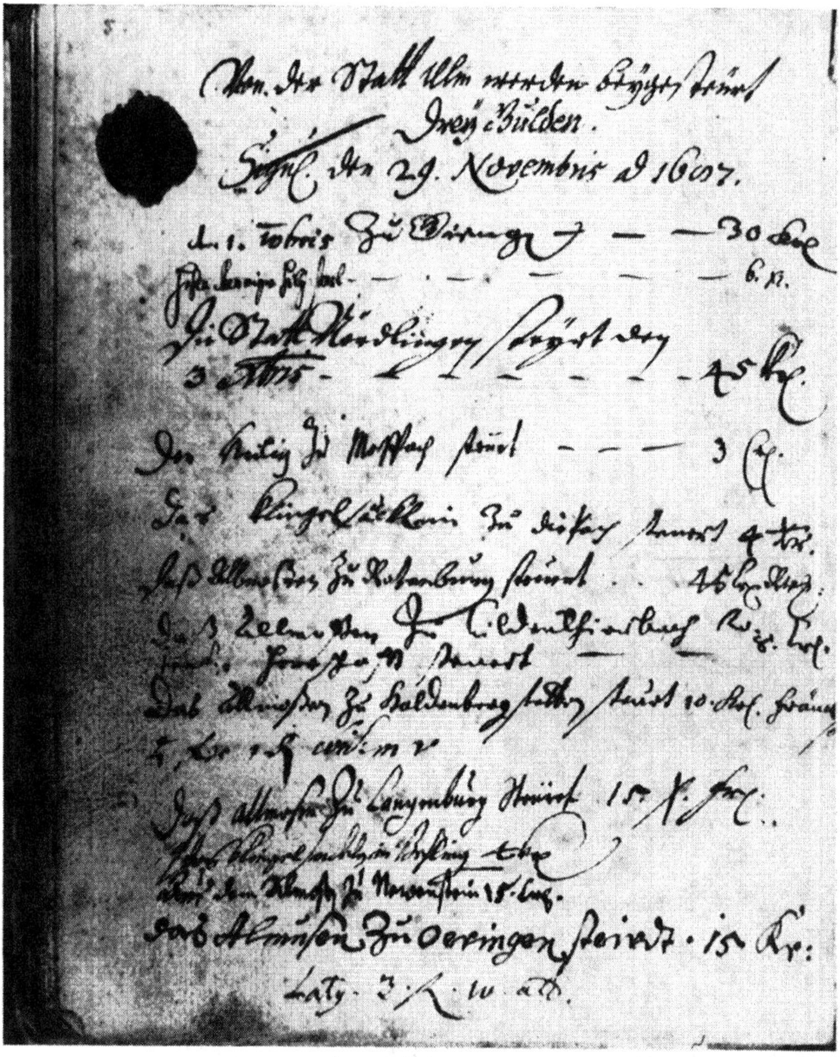
Drey Gulden.

den 29. Novembris A. 1607.

Das Almosen zu Oeringen steuert · 15 Kr:

Von hier nach Ulm. 29. Nov.: 3 Gulden.
Von hier Heimreise über
Nördlingen–Rothenburg–Langenburg–Oeringen . . .

Anm.: Nürnberg und Ulm rechnen noch nach dem alten Julianischen, Augsburg aber nach dem neuen Gregorianischen Kalender, der 10 Tage „vorgeht“.

Das Bürger... ... Roß — — — 10 ...
Der verhöffte Allmoßen zu gemeiner ... 6. ...
Ein ... Od ... Rath ... — 30 ... ...
                                      6. ...
... ...

Statt Augspurg hat den
2.t Xbris A⁰ 1687. gezahlt ... 3 ... —
    Cassier Ampt allda.

Laty · 3 ... 29 ...

Hierin tragen sich sämtliche Spender persönlich ein. Das Buch liegt heute, unversehrt, im Pfarrarchiv, als ein einzigartiges Reisedokument und kuriose Handschriftensammlung des ausgehenden 17. Jahrhunderts, mitsamt alten Stadtsiegeln von Nürnberg, Augsburg und Ulm.

Die 1. Reise beginnt am 24. Mai 1687 und führt südwärts auf der Strecke Heidelberg, Heilbronn, Backnang, Marbach, Stuttgart, Mittelstadt, Tübingen, Teinach, Hirsau („Kloster Hirscho"), Pforzheim, Durlach, Speyer, Mannheim. Am 17. Juni ist Stoffelius wieder daheim.

Wenige Tage später zieht er nach Norden durch die Wetterau, über Gießen, Marburg, Ziegenhain, Wildungen, das Sauerland und das Hinterland (mit Biedenkopf), die Gräfl. Solmsische Herrschaft Erda, und von da durch den Taunus bis Nauheim, anschließend durch den Vogelsberg und über Hanau, Babenhausen wieder nach Eberstadt. Eine 3. Reise geht wiederum in den Taunus, die Wetterau, Knüll und Vogelsberg und ist am 10. September 1687 beendet. Die 4. und letzte Reise ist zeitlich und räumlich das größte Unternehmen, zumal in der Winterzeit. Sie beginnt gegen Ende Oktober und endet vor Weihnachten. Die Hauptstationen sind: Odenwald, Maintal, Adelhofen, Uffenheim, Lehrberg, Heilsbronn (bei Ansbach), Freie Stadt Nürnberg. Hier besagt die Eintragung im Kollektenbuch: „Ein Hochedler und Hochweiser Rath der Stadt Nürnberg ließen steuern [beisteuern] drey Gulden. den 10. Novbr. 1687. Unterschriften" – und ein wunderschönes Stadtsiegel Ebenfalls ein Siegel und 3 Kreuzer bekommt der Sammler unterm „2-ten Xbris [Dezembris] 1687 im Casier-Ampt" Augsburg. In Ulm schließlich, wo Stoffelius am 29. November anlangt, fallen wieder 3 Gulden. Die Heimreise geht über Nördlingen, Rothenburg o. d. T., das Fürstentum Hohenlohe, Brettach, Kochendorf, Wimpfen.

Die Eintragungen zeigen, soweit sie datiert sind, die Reiserouten ziemlich genau an. Wer jedoch oben genau hingesehen hat, muß sich darüber gewundert haben, daß der Kollektant am 10. November in Nürnberg ist, am 2. Dezember in Augsburg und am 29. November im Ulm. Des Rätsels Lösung liegt darin, daß man in den evangelischen Reichsstädten noch nach dem alten Julianischen Kalender rechnet, während im katholischen Augsburg längst der neue Gregorianische eingeführt wurde, der um 10 Tage vorgerückt ist. Nach dem alten war Stoffelius am 22. November in Augsburg, und so stimmt die Strecke wieder. Der neue Kalender wird von den evangelischen Reichsständen, darunter auch Hessen, erst im Jahre 1700 eingeführt.

Wie fängt es Stoffelius nun in den verschiedenen Orten an? Zuerst geht er zu den kirchlichen Stellen, wobei die Konfession keine Rol-

le spielt, wie überhaupt eine großartige Solidarität der Hilfsbereitschaft überall zu erkennen ist.
Die Bedrängnis dieser Stellen bei den schlechten Zeiten drückt sich zuweilen deutlich aus. Da heißt es „der Arme Kasten zu Marpach, der täglich angeloffene Kasten zu Windhausen, der ausgeschöpfte Almosenkasten zu Büdingen, der täglich Anspruch leidende Gotteskasten in Trais an der Lumbda, der oft angeflehte Almuß zu Friedberg" u. a. Manche Kirchengemeinden sind auch „mit reparirung der eigenen Kirche beschäftigt", wie der „Heilig" zu Klein-Bottwar. Stoffelius geht aber nirgends leer aus!
Des weiteren kolligiert Stoffelius bei städtischen Ämtern, Schultheißen und Gericht, bei hohen Herrschaften und Zünften, vor den Kirchen nach dem Gottesdienst und bei einer großen Zahl von Einzelpersonen, die sich meistens als „ein guter Freund" oder „eine gute Freundin, nebst Gottes Gnade dabey wünschend" ohne Namen eintragen. So möge in buntem Kunterbunt eine Auswahl der Spender folgen:
Der fürstl. Württembergische Kirchenkasten, sowie der Hospital zu Stuttgart, der fiscus universitatis Tübingen [Amtskasse der Universität], der Cayserlichen Burg zu Friedberg Rentey, die Wüllenweberzunft, die Crämerzunft und die Schneiderzunft zu Frankenberg im Sauerland, das Hosenstrickerhandwerk zu Nidda, ein Augustiner munch [Mönch] zu Ortenberg, la diaconie franzoise [Diakonie der französ. reformierten Gemeinde] zu Hanau, der hochgebohrene Graf zu Löwenstein-Wertheim in Klein-Heubach bei Miltenberg am Main, die hochadelich Gemmingisch-Guttenbergische Herrschaft, die hochfürstl. brandenburgische vormundschaftliche Rentey zu Anolzbach, der Hospital zu Blaubeuren, das Pflegamt zu Weißenburg an der Donau, der Apotheker Hornemann zu Weinheim und der Schmiedemeister Geibel zu Pforzheim. Da dieser aus Eberstadt stammt, darf er die Reihe abschließen.
Bunt ist die Liste der Geldsorten, mit denen unser Kollektor rechnen lernen muß. Allgemein gängig ist der Gulden. In Hessen rechnet man weiter mit Albus. In Darmstadt machen, nach Frankfurter Währung, 30 Albus einen Gulden, während umgekehrt 3 Frankfurter Albus = 2 Kasselische Albus sind. In Kurpfalz, Württemberg und im ganzen Süden wird statt mit Albus mit Kreuzern bezahlt, 1 Kreuzer (Xer) gilt $1/2$ Albus. Außerdem finden sich in den von Stoffelius aufgesuchten Landen noch Reichstaler, Batzen, Pfennig, Groschen, in Butzbach gar noch das Kopfstück = 10 Albus oder 20 Kreuzer, und in Erda im Gräfl. Solmsischen Gebiet treibt sich sogar der alte Turnos aus der Katzenelnbogener Zeit herum, eine ursprünglich französische Silbermünze aus der Stadt Tours. Die Abrechnung im Kollektenbuch und später in der Kir-

chenrechnung erfolgt allerdings einheitlich nach hessen-darmstädtischen Gulden, Albus und Pfennig.

Stoffelius bringt, nach Abzug aller Unkosten, 112 Gulden 15 Albus nach Hause. Anfang des nächsten Jahres kolligiert Pfarrer J. J. Wolff persönlich mit zwei Ratsmitgliedern in der Freien Stadt Frankfurt am Main und bringt die erstaunliche Summe von 184 Gulden zusammen. Die dankbare Gemeinde läßt darauf dem Bürgermeister zu Frankfurt eine „Verehrung" von 100 ausgesuchten Krebsen aus der Modau überreichen.

Der Landgraf, Ernst Ludwig, gibt ganze 40 Gulden dazu, unter dem Hinweis, die Herrn von Frankenstein hätten 1604 zum Kirchenumbau auch nicht viel geleistet. Die bürgerliche Gemeinde leiht 100 Gulden dar, so daß am Ende 455 Gulden 19 Albus zusammen sind.

Davon können sämtliche ruinierten Kirchenfenster erhöht und erneuert, eine Kanzel erstellt (an Stelle des bisherigen Pultes) und die Kirchendecke gründlich überholt werden. Außerdem wird 1699 ein neues Pfarrhaus gebaut. Das alte, noch aus der Zeit der Laurentiuskirche stammende, blieb stehen, weil es einen ausnehmend guten Keller hatte.

6. Geheime Personenbeschreibung

Magister Justus Wolff hat gegen Ende seines Lebens noch ein eigenartiges und einzigartiges Werk hervorgebracht: eine „Prosopographia", d. h. Personenbeschreibung aller 82 Hausväter der Gemeinde (einschl. der 6 Wittiben) im Jahre 1696 nach Beruf, Charakter und Kirchlichkeit bzw. Christlichkeit. Da er die Art seiner „Schäflein" ziemlich offenherzig darstellt, schreibt er vorsorglich in lateinischer Sprache. Die Niederschrift ist für seine Nachfolger bestimmt, die denn auch fleißig darin studiert haben, wie zahlreiche Nachträge und Randnotizen bezeugen. Wir teilen die folgenden Auszüge zur besseren Übersicht nach Gruppen ein.

Amtsträger und Honoratioren

Obenan steht der Fürstl. hessische Keller, Herr Christian Benedikt Musculus, ein „Elegant", gewandt in seinem Amte, mittleren Christentums (medii Christianismi), sonst sehr aktiv, in seiner Ehe nicht ganz glücklich.

Als Gemeindevorsteher folgt der Schultheiß (praetor), Herr Joh. Wendel Mack, Schwager des Pfarrers. Er nennt ihn den „Dorfge-

Catalogus Auditor. h. l. J. Prosopographia. J. J. Wolffy.

Joh. Müller, is ipse laboriosus, attentus ad rem, in Christianismo talis qualis.

Henrich Helnrich, talis qualis, homo levis, oblocutor &c.
Adam Müller, talis qlis, in Xianismo mediocris fortis
Joh. Hosenschild, Hoo nasutus, in Xianismo tepidus, ga-
rrulus, tumax, Verbi et Mariti [?]
Amator mediocris.

Christophorus Phül, senex mediocris fortis, sacris
aguentibus sedulo vacans, alioquin attentus ad rem, avarus.

Ing. Wendel Mass, Prator h. l. Vir gravis, pruden-
tia editus singulari, orientis, preces et con-
ciones frequenter visitans, erga Verbi Pr.
cones reverendus, modestus, liberalis.

Adam Harnischfeger, Vir senio affectus, simplex,
Verbi dni et Mariti Amator talis qlis, laboriosus olim, jam claudicans, impotens.

Joh. Peter Wolff, Filius meus, adhc minor annis,
utpius Paterfamilias, catui sacrm frequentans, la-
boribus incumbens.

Joh. Seibert, senio jam affectus, infamis mendacii, ex
(ix illud ostendit mihi mendacem et ego irvam
furtum) paupre adactus: furto ō pauitus alienus,

waltigen", von besonderer Klugheit, besucht den Gottesdienst nicht gerade oft, ist aber ehrerbietig gegen die Verkündiger (praecones, Herolde), im übrigen freigebig.

Der Zöllner (publicanus) heißt Melchior Karst, durch Klugheit und Gewandtheit bekannt, guter Hörer des Wortes Gottes und dem Pfarrer zugetan.

Mehr im Nebenamt fungieren der Büttel (lictor) Johannes Helwig, arm, im Dienst so la la (in praetoria talis, qualis) und der Nachtwächter auf den Gassen und im Feld Johannes Kölsch, arm und ehrlich.

Das Gericht

Das Dorfgericht hat 12 Mitglieder oder Senatoren, die z. T. auch dem oberen, dem Zentgericht angehören. Es sind:

1. Arnold Heil, Meister des Metzgerhandwerks, ehrenhaft, auf Profit aus, im Christentum so lala, erzieht seine Kinder lobenswert, kann hart zupacken.
2. Johannes Geibel, Meister des Schmitthandwerks, allbekannt wegen seiner anständigen Gesinnung, aufmerksamer Hörer des Wortes.
3. Georg Nungesser, Bierbrauer- und Küfermeister, reich, arbeitsam, auf seine Sache bedacht, aufmerksamer Hörer des Wortes.
4. Jakob Darmstädter, Bäckermeister, fleißig, führt sein Geschäft aufs beste, im übrigen streng und zuweilen hart, aufmerksam gegenüber dem Pfarramt (ministerium), wenig im Gottesdienst.
5. Ernest Kleinschmidt, Gastgeber zur „Güldenen Kron" und Lieutnant.
6. Adam Delp, Bauer, guter Durchschnitt in Arbeit und Einkommen, untadelig im Christentum.
7. Görg Fröhlich, Müllermeister auf der oberen Wiesenmühle, früher wegen seiner Streitsucht im Rausch verschrien, jetzt im Alter ist es besser mit ihm, trägt zu guten Werken freigebig bei.
8. Leonhard Wald, ein tatkräftiger Mann – späterer Nachtrag: aber am Ende ein wackerer Zecher.
9. Joh. Lenhard Kölsch, gleichzeitig auch Kastenmeister, keineswegs ein Hinterbänkler, integer und untadelig.
10. Georg Hirsch, Salpetermacher auf der Pulvermühle.
11. Melchior Karst: siehe oben als Zöllner.
12. Michael Dober, Brandenweinbrenner und Bierbrauer (zythopaeius ac cerevisarius), einsatzfreudig und seiner Familie sehr zugetan, gegen den Pfarrer bescheiden, durchschnittlich im Christentum.

Senioren

In der Kirchengemeinde stehen, neben dem Pfarrer, obenan die Kirchmeister, Kastenmeister genannt. Es sind zwei zuverlässige und erfahrene Männer:
1. der oben genannte Senator Leonhard Kölsch,
2. Johannes Strohauer, sehr besonnen, von tadelloser Lebensführung (integra vita).

Die Mitglieder des Kirchenvorstandes (seniores) heißen:
1. Henrich Schäfer, sehr fleißig, ein schlichter (etwas ungehobelter) Mann, eifriger Verehrer des Wortes Gottes, gegen seine Familie streng.
2. Görg Darmstädter, fleißig, ehrgeizig und von mittlerem Wohlstand.
3. Daniel Schäfer, äußerst fleißiger Bauer (agricola), in dessen Hause es an nichts fehlt.
4. Schließlich ist der obengenannte Pulvermacher Hirsch ebenfalls Kirchenältester.

Den Dienst in der Kirche mit Saubermachen und Läuten versieht schlecht und recht Daniel Kolb, „der alte Glöckner". Nach der Kirchenrechnung bekommt er zusätzlich 1 Gulden jährlich „vor den balg an dem bussetiff zu heben". Damit ist das Positiv (Kleinorgel) gemeint, dessen Balg zu heben ist, um Wind zu machen.

Achtbare Herren

Eine besondere Stellung im Dorf nehmen weiterhin ein: Herr Georg Krauß, Pulvermacher (molitor rei pulverarchiae), ein ehrenhafter Mann, streng gläubig (in Orthodoxia), der nichts zu wünschen übrig läßt. Der zweite ist Herr Peter Simon, Leiter der Fürstlichen Branntweinbrennerei (principis zythopaeiae factor), ein aus Mannheim vertriebener Calvinist, aber ein eifriger Hörer des Wortes. Seine Frau stammt aus einer katholischen Familie.

„Asoziale"

Nach so viel Tüchtigkeit und Ehrenhaftigkeit begeben wir uns auf die andere Seite, zu den Armen, den aus der Bahn Geratenen, den Widerspenstigen und den Bösewichtern. Um etwaige Nachkommen nicht zu kränken, bleiben die Namen hier fort. Da ist ein Naseweis, widerspenstig und im Christentum lau, gleich daneben ein Greis mit Namen Christopherus, der der Kirche grundsätzlich fernbleibt, und wiederum ein armer, alter, schlichter Mann, der schon auf schwachen Füßen steht (claudicanus). Der calvinistische

Weber, der aus der Pfalz kam, hat auch hier sein Glück nicht gemacht, und die Wittib Catharina ist ein armes Wurm (paupercula) ihr Leben lang geblieben. Ein Männlein (homuncio) ist zum Tölpel geworden, nachdem er alles, was er besaß, in den Kneipen kleingehauen hatte (decoxit, wörtl. gargekocht). Ein „philaulos" namens Melchior ist ein hochmütiger Liebhaber von Streitigkeiten geworden, während Adam N. N. zwar vom Sakrament (sacramentum coenae) keinen Gebrauch macht, dafür aber nachsichtig gegen seine Gurgel ist (galae indulgens) – in der Kneipe.

Auf einen Johannes N. N. trifft das bekannte Zitat zu: „Zeige mir den Lügner, und ich will dir den Dieb zeigen", während ein anderer, wegen eines früheren Diebstahls gemieden (infamis), wortkarg und verschlossen wurde, nachdem er beim Verhör gefoltert worden war. Einer, der ursprünglich nur als Bruder Leichtfuß bezeichnet wurde, mußte die Gemeinde verlassen. Er ist, wie ein Nachtrag anzeigt, „wegen Mordes flüchtig". Eine etwas undurchsichtige Rolle spielt der „Herrenküfer", der, wie aus anderen Quellen ersichtlich, irgendwelche Beziehungen zum „Hofe" hat. Er wird hier als „ein Ferkel aus der Herde des Epikur" („Epicuri de grege porcus") apostrophiert, ein munterer Vertreter unbeschwerter Lebensfreude sozusagen. Der mit den römischen Klassikern offensichtlich wohlvertraute Pfarrer zitiert hier den Dichter Horaz aus dessen epist. I–4, 16.

Mit der Frömmigkeit oder Kirchlichkeit im Dorf ist es keineswegs so bestellt, wie es mancher von der „guten alten Zeit" annehmen mag. Es gibt eine große Zahl rühmlich genannter Liebhaber des Wortes, fleißiger Kirchgänger, frommer und hilfsbereiter Gläubigen. Ihnen steht aber auch eine ansehnliche Schar von Mittelmäßigen, Lauen und Unzuverlässigen gegenüber. Der eine ist nur „so la la", der andere geht „sparsam" zum Abendmahl, der eine läßt sich nie in der Kirche blicken und der andere kann den Pfarrer nun einmal nicht riechen. Es ist alles wie eh und je, in „Christianismo" und auch sonst.

7. Lebenslauf eines achtbaren Mannes

Hausbuch Geibel, 2. Teil

„Anno 1659, den 30. novembris auf Andrae bin ich, Johannes Geibel, auf diese Welt gebohren zwischen 12 und 1 uhren auf Nachmittag im Zeichen der Waag. Mein lieber Vatter war der ehrsame Meister Daniel Geibel, Schmitt handwercks, des Gerichts und Kirchensenior. Meine Mutter aber hat Agnes geheißen, nunmehr beite selig. Als ich nun gebohren war, haben sie alßobalt zur Heiligen Tauff mit Mihr geeilet, daß ich von der angebohrenen Erbsünde abgewaschen und Christo, meinem und ihrem Erlöser, einverleibt werde. So hat den Christlichen Nahmen *Johannes* mitgetheilet der Großachtbare, Insonders hochgeehrte Herr Johannes Sartornis, Fürstl. Hessischer Müntzmeister zu Darmstadt, nachmals Landhauptmann unter der Landmiliz gewesen.

Als ich nun in etwas erwachsen in dem Herren, haben mich meine lieben Eltern zur Schulen und Kirchen angehalten, da ich dann vom 1664. Jahr an biß 1671 zur Schule geschickt worden, und was ich darin erlernet, in Ewigkeit davor danken will. Anno 1672 bin ich beneben andern Kindern zur Communion gelassen worden bey dem Ehrwürdigen, in Gott ruhenden Herrn Magister Melchior Agricola, dasmaligen Pfarrer alhier. Anno 1679 bin ich zum löblichen Schmitt handwerck gethan worden. Anno 1681 bin ich in die Frembde auff die Wanderschafft gezogen biß 1683, auff beruf des Vatters wieder anheim gezogen und demselben in der Arbeit secundiret und beygesprungen, biß auff 1687. Da ich dann nach Gottes Willen und allerseits Eltern und Freundschafft mich in heyligen Ehestandt begeben mit der Ehr und tugendsamen Jungfer Maria Magdalena, des Ehrbaren Meisters Michael Dober, hiesigen Mitnachbarn, Kiefer und Bierbrauers, auch des Gerichts, ehelicher Tochter. Anno 1697 bin ich zu einem Gerichtsschöffen erwehlt worden. Anno 1699 zu einem Kirchensenior.

Meines Lebens Lauff belangend, so will ich in der Zeit Gott in meinem Hertzen behalten, lieben und verthrauen von gantzer seele und von gantzem Gemüth und meinen Nächsten ..." (Die letzte Zeile ist nicht mehr genau lesbar).

Vor diesem Lebenslauf finden sich allerlei Einträge des Johannes im Hausbuch. Er war nicht nur schreibfreudig, sondern schrieb auch, neben deutsch, in lateinischer Sprache, z.B. Agricola, Sartornis, Kirchen-Senior.

Die *Eheschließung*, damals „priesterliche Copulation" genannt, erfolgt am 19. April 1687 „in meines Schwieger Vatters Hauß, beneben zweyer Tischleuth". Die letzteren sind die Zeugen. – Die *Trauung* in der Kirche wird danach beschrieben: „Ferner den 31. May hab ich meinen christlichen Ehren- und Hochzeitstag gehalten am Dienstag im Zeichen des Zwillings auf Petronellentag im neuen Licht."

Darunter wird die *Mitgift* vermerkt: „und gab mir mein Schwiger Vatter zur Morgengab ein halb bett und oberbett – ein kuh, so wert war 12 fl. – an Gelt fünfzehn Dukaten, thut 50 fl. – ferner ¼ acker an der lame kaut ligent – weiter ¼ weingart im stroweg gelegen."

Im nächsten Jahr 1688 übernimmt Johannes das *väterliche Geschäft,* die Schmiede in der Obergasse.

Danach folgen die Einträge über die Geburt der Kinder. Eines ist am 23. Juni 1693 *unter Angst und Schrecken* auf die Welt gekommen. Es wurde noch am gleichen Tage im Haus getauft, und am andern Morgen ging die Familie auf die Flucht – „weil wir auszigen missen auf Darmstatt vort und förters auf Dieburg, da wir 8 Tage gelegen, als *der Franzos* Zwingenberg weggebrand und hat eben dasmal die 2. Armee, die *Sächsische und Hessische* hier gestanden und uns die Ernd völlig hinweggenommen, hat das Mr. Mehl gekost 8½ fl., Gott geb uns seine Gnade und Segen". Sie sind dann offenbar glücklich wieder heimgekommen.

Ende des Jahres, nach des Vaters Tod, übernimmt Johannes Geibel das *ganze Anwesen* und zahlt seine Geschwister aus. Es wird im Hausbuch alles genau verrechnet. Freilich muß er, zumal die Ernte des Sommers vernichtet war, etliche Darlehen aufnehmen. Zunächst gibt ihm ein „Capital von 100 fl. das *Hospital zu Darmstadt*". Hierfür muß er in 6 Jahren „30 fl. Pensionen", d. h. Zinsen zahlen. Daneben leiht sich Johannes bei befreundeten Geschäftsleuten in Darmstadt und Eberstadt das nötige zusammen, z. B. „vom *Apotheker Merck* am Schloßgraben" 2 fl. 4 alb. – von „*Eisenkrämer Bürger*" 1 fl. 10 alb. – vom „*Leinwants Krämer Henrich*" 2 fl. 3 alb. – vom „*jdeliäner aufm Markt*" 2 fl. – vom „*Pulvermacher* alhier Kraus" 4 fl. 15 alb. – vom „*Metzger Arnold Heyl*" 17 alb. Der obige „jdeliäner" kann nur ein *Italiener* sein. Was er ufm Markt verkaufte, steht leider nicht dabei.

Unter dem allem bekennt Johannes: „Und wan wir nur gesund bleiben und den lieben Frieden bekommen, ist es mir nicht leid, daß ich solches bezahl." Der Friede kam, und in einigen Jahren harter Arbeit ist alles bezahlt!

Bei der Erbteilung kauft Johannes Geibel auch noch *allerlei Hausrat* von den Miterben, u. a. „eine gute Weinkelter sambt dem Sail – ein 2 öhmicht und 7 Viertel Fas [Faß] – einen Disch und 3 Lehne stihl [Lehnstühle] – eine betlad wo ich ihn lieg [d. h.sein eigenes Bett im Haus] – eine back multer – einen großen kasten [wohl eine Truhe] – eine bratpfann – einen kopfern kessel und 3 aihmer". Dafür werden 17 fl. 12 albus verrechnet.

Johannes Geibel ist nicht alt geworden. Er stirbt *mit 44 Jahren* am 28. April 1703. Wiederum trägt der Sohn und Nachfolger Leonhard Geibel den Bericht über die *Beerdigung* im Hausbuch ein.

(Forts. Hausb. Geibel: s. u. IX/3)

VIII.
Das Dorf im Jammertal

1. Der pompöse Rahmen

Von der Darmstädter Fassade her gesehen ist die Zeit der Landgrafen Ernst Ludwig (1688–1739) und seines Sohnes Ludwig VIII. (1739–1768) eitel Glanz und Herrlichkeit. Die Künste blühen in der Residenz. Das 1715 abgebrannte Schloß soll nach den weitschweifenden Plänen des Baumeisters De la Fosse im Versailler Stil neu erstehen. Von 1717 an wird daran gebaut. Zehn Jahre später stehen die Hauptfront und ein Teil des Westflügels, doch weiter geht es nicht mehr. Daneben werden die Orangerie und das alte Opernhaus sowie mehrere Jagdschlösser erbaut. Ernst Ludwig ist ein großer Jäger. Als ein Akt höchster Toleranz erscheint die Genehmigung zur Errichtung einer Synagoge für die Judengemeinde in der kleinen Ochsengasse. Von merkantilem Weitblick zeugt die Ansiedlung geflüchteter Waldenser in den „welschen Dörfern" Rohrbach, Wembach, Hahn im Odenwald. Dagegen verrennt sich der Landgraf in alchemistische Experimente, um den chronischen Geldmangel zu beheben, aber das kostet natürlich immer nur mehr Geld. Die Markgräfin Wilhelmine von Bayreuth, Schwester des Preußenkönigs Friedrich II., sagt von ihm:
„Seine unselige Sucht, den Stein der Weisen zu suchen, hat sein Land, das in einer unerhörten Unordnung war, ganz zugrunde gerichtet."
Landgraf Ludwig VIII. frönt den gleichen Leidenschaften: Goldmacherei und Jagd. Vom Jagdschloß Kranichstein fährt er in einem mit sechs weißen Hirschen bespannten Wagen in die geliebte Oper. Berühmte Musiker wie Graupner und Hesse sowie Maler, Fiedler und Konrad Seekatz, zieht er an seinen Hof. Ein Waisenhaus wird erbaut und außerdem ein „Spinnhaus", ein Arbeitshaus am „Runden Turm". Im 78. Lebensjahr wird der Landgraf bei einer Opernaufführung plötzlich dahingerafft, als der auf der Bühne sterbende Schauspieler die Worte sprach „Gott sei meiner Seele gnädig" und der Vorhang fiel. Sein Sohn und Nachfolger berichtet darüber, daß seines „Vaters Durchlaucht gantz vergnügt in Dero Hände klatscheten und brabo sagten und plötzlich starben."
Daß hinter dem ganzen pompösen Rahmen nichts anderes als Not und Elend im Lande erwachsen konnten, liegt auf der Hand. Die absolutistischen Fürsten hatten jeden Überblick über die Finanzkraft des Landes verloren.
„Sie überschätzten die von häufigen Franzoseneinfällen und Kriegsverheerungen ausgezehrte Steuerkraft ihrer Untertanen in dem gleichen Maße, wie sie die Kosten für ihre Prunkliebe und ihre Jagdleidenschaft unterschätzten." (Reinowski a. a. O.)
Zusammenfassend sagt der Historiker über diese Epoche:

„Die schwierige Lage Hessen-Darmstadts im späten 17. Jahrhundert macht es verständlich, daß die wirtschaftlichen Verhältnisse des Hofes und des Landes nicht wieder gesunden wollten, und die überkommenen Schulden dauernd wuchsen. Als Ludwig VII. die Regierung übernahm, betrugen die Schulden bereits etwa 2 Millionen Gulden, beim Tode Ernst Ludwigs 1739 etwa 4 Millionen. Diese Verschuldung hing jedoch nicht nur mit der bedrängten politischen und militärischen Lage des Landes zusammen, sondern ist zweifellos auch durch Aufwendungen für Bauten, Theater und Jagden, die das finanziell Mögliche überschritten, zustande gekommen ... Infolgedessen war eine durchgreifende Ordnung der finanziellen Verhältnisse im Lande nicht möglich. Nur dem besonders engen Verhältnis Landgraf Ludwigs VIII. (1739–1768) zur Kaiserin Maria Theresia und ihrer Verwendung beim Reichshofrat für den Landgrafen ist es wohl zu danken, daß die ständig drohenden Exekutionskommissionen nicht eingesetzt wurden und das Land damit vor dem erklärten Bankrott verschont blieb". (K. Demandt a. a. O.)

2. Bauernelend

Der von den Umständen am härtesten Getroffene ist naturgemäß der kleine Mann, in diesem Fall der Bauer auf dem Lande. Die Dörfer erleiden einen wirtschaftlichen und moralischen Niedergang ohnegleichen.
Am schlimmsten wirkt sich der ungeheure Wildschaden aus, zusammen mit den Schäden der aus Frankreich eingeführten Parforcejagd. Hierbei wird ein vorher ausgemachter stattlicher Hirsch von den berittenen Jägern mit der Hundemeute so lange durch Wälder, Weinberge, Getreidefelder und Bäche gehetzt, bis er zusammenbricht. Der Fürst endet schließlich das Leben des gequälten Tieres. Was auf den Feldern und Wiesen bei diesen Hetzjagden zertrampelt und verwüstet wird, geht zu Lasten des Bauern. Er erhält keinerlei Entschädigung, sondern höchstens Hohn und Spott, wenn er klagt.
Deshalb ist die Erinnerung an diese Zeiten bis in unsre Gegenwart im Dorf lebendig geblieben. Noch vor wenigen Jahren hieß eine Holzbrücke über die Modau westlich von Eberstadt allgemein die Parforce-Brücke. Auch in die Literatur ist diese grausige Art von Jagd eingegangen. Der Balladendichter Gottfr. August Bürger (1749–1794) läßt den empörten Bauern dem Fürsten die zornige Anklage ins Gesicht sagen, die dieser selbst wohl kaum zu sagen wagte:

> Wer bist du, Fürst, daß ohne Scheu
> zerrollen mich dein Wagenrad,
> zerschlagen darf dein Roß?
> Wer bist du, daß durch Saat und Forst
> das Hurra deiner Jagd mich treibt
> entatmet wie das Wild?
> Du, Fürst, hast nicht bei Egg und Pflug,
> hast nicht den Erntetag durchschwitzt –
> mein, mein ist Fleiß und Brot!

Ein Zeitgenosse, der das Elend noch miterlebt hat, Pfarrer Johannes May, berichtet später (1791) darüber.

„Eberstadt befand sich vor 40 Jahren in einem sehr dürftigen Zustand. Man fand einen großen Theil der Unterthanen tief verschuldet, dem Leichtsinn, Müßiggang und Trunksucht ergeben, eine gewöhnliche Ausschweifung bei Leuten, die alles verloren und nichts zu gewinnen sehen.

Einige wenige, welche Vorsicht oder Zufall in einiges Vermögen gesetzt, benutzten den traurigen Zustand anderer und brachten um einen unglaublich geringen Preis deren Güter mit Geld, Brot und Säsamen an sich, indem sie die Zeit im Frühjahr und beim Zudringen des Creditors und Executanten [Gerichtsvollziehers] listig abwarteten."

Wegen der Wildplage, berichtet May, mußte die Gemeinde für eigens angestellte Feldschützen viel Geld aufbringen. Diese durften das Wild auf den Feldern zwar nicht erlegen (es war alleiniges Eigentum des Fürsten), wohl aber wenigstens vertreiben. Da dies nicht ausreichte, errichtete man auf größeren Flächen Hütten, in denen oft genug sogar Schulkinder „nach ausgehaltener ermüdender Tagesarbeit des Nachts wachen mußten und also in diesem Betracht ein trauriges Schicksal dulden mußten, als das Wild selbst, das doch am Tage ruhen konnte, wenn es sich des Nachts gesättigt hatte."

Zu den Parforcejagden kamen noch die winterlichen Wolfsjagden hinzu, „wo öfters der Unterthan abwechselnd wohl 14 Tage bei Tag und Nacht unter freyem Himmel bei schlechter Kleidung und Kost aushalten mußte."

Bei der damals recht rückständigen Bodenbewirtschaftung war der Viehstand erbarmungswürdig.

„Der Mangel an Weide und hinlänglichem Wieswuchs, dessen Surrogat [das Heu!] man damals noch nicht kannte, brachte es dahin, daß das Zugvieh, so den Acker bauen [pflügen] sollte, im Frühjahr vor Mattigkeit nicht aufstehen konnte. Beim ersten Auftauen im Frühjahr mußte jung und alt mit Hacken ins Feld eilen, Quecken

Parforcejagd an der Eschollmühle,
im Besitz der Müllerfamilie Emich dortselbst.
Beschriftung: „Gemalt von Gg. Adam Eger,
gestochen von Basler", 1767

zu suchen, um das Vieh vorm Krepieren zu retten. Kamen noch Mißjahre an Frucht und Wein oder Viehseuchen hinzu, so war der Unterthan, welcher keine eigene Unterstützung [Reserven oder Kapital] hatte, ganz verloren und rettungslos."

Von einer seltsamen Anbaumethode berichtet Pfarrer May weiter: „Unsre einzige Frucht außer dem Korn war die Gerste im starken Felde und diese wurde oft 20 Jahre ohne Abwechslung auf einem und demselben Acker gebaut. Freilich saugte das Unkraut noch mehr als die Gerste den Acker aus. Aber es sagte mir einmal ein alter Feldverständiger den Grund: Die Hirsche fressen die Gerstenähren, weil sie so rauh sind, nicht gern ab."

Beim Vergleich der späteren besseren Zeiten mit dieser dunklen stellt May mit Genugtuung fest, „daß gegenüber früher kein einziger habitueller Trunkenbold mehr im Ort ist, deren vor 40 Jahren wohl Dutzende waren."

3. Der beschwerliche Schulstaub

Von 1663 bis 1674 wirkt *Georg Mattern*, Schulmeisterssohn aus Darmstadt, an unserer Schule. Er muß ein guter Lehrer und vor allem auch ein tüchtiger Orgelbauer gewesen sein; denn er fertigt für die hiesige Kirche ein „Positiv" (kleinere Orgel). Er stirbt bereits mit 35 Jahren.

Über Georg Mattern haben wir ein rührendes Zeugnis der Dankbarkeit (wie es auch einem tüchtigen Lehrer nicht immer zuteil wird) im Lebenslauf des hiesigen *Schmiedemeisters Johannes Geibel* im Familientagebuch, das noch heute im Familienbesitz ist (s.o.).

Hier lesen wir: „Als ich nun in etwas erwachsen [war] in dem Herren, haben mich meine lieben Eltern zur Schule[n] und Kirche[n] angehalten, da ich dann vom 1664. Jahre an biß 1671 zur Schule geschickt worden, und *was ich darin erlernet, in Ewigkeit davor danken will.*"

Die für die damalige Zeit fast erstaunlich lange Schulzeit von 7 Jahren fällt in das Wirken des oben genannten Schulmeisters Georg Mattern. Daß dieser ein hochgebildeter Mann war, erkennt man auch an Schrift und Stil der Tagebucheintragungen des Johannes Geibel. So sind z.B. Namen, wie die eines Taufpaten, des Münzmeisters Sartoris in Darmstadt, oder des hiesigen Pfarrers Mag. Melchior Agricola, mit lateinischen Buchstaben eingetragen.

Auf Georg Mattern folgen Johann Henrich Breuner aus Darmstadt (1675–1678), Joh. Christian Lippold, Pfarrerssohn aus Tübingen (bis 1679), und Justus Zimmermann (1680–1686).

Um das Jahr 1700 wird eine neue Schule in der Kirchgasse eingerichtet. Das Haus Nr. 11 heißt heute noch „ins Schul-Neusels". Die Bau- und Unterhaltungspflicht lag bei der (bürgerlichen) Gemeinde. Von 1710 ab finden sich in deren Rechnungen Ausgabeposten „vor [für] arbeiten an der nei [neuen] schuhl". Des weiteren lesen wir 1714 von „allerhand Maurer-Arbeiten in alhießige Schuhl als von der [für die] Stube unten und oben auß-zu-weißen". In der Küche wird „der Feierherd mit gebacken stein belegt und gemauert". Die Küche gehört zur Lehrerwohnung im oberen Stockwerk. Im Hof stehen ein Häuslein mit dem Backofen, der Viehstall und die Scheune.

Über die *Schülerzahlen* hören wir in dieser Zeit nur einmal etwas, 1730: da besuchen 71 Kinder die Schule, die noch immer einklassig ist. Welch ein schwieriges Geschäft für den Lehrer, der sich hier wirklich als Schul-Meister bewähren muß. Der Unterricht wird in drei Abteilungen durchgeführt.

Die dabei gehabte Mühe tut sich im Stoßseufzer des Pfarrers Johann Georg Olff kund, der 1732 hierher kommt, nachdem er vorher als Lehrer in Katzenelnbogen gewirkt bzw., wie er es nennt: „neun Jahre *den beschwerlichen Schulstaub eingenommen*" hatte. Inzwischen war hier allerdings der Glöcknerdienst vom Schuldienst getrennt und ein eigener Glöckner angestellt worden. Der frühere Brauch, daß der Schulmeister in der Kirche „das Säcklein" trug, war ebenfalls weggefallen.

In einem alten Buche haben die Pfarrer recht bemerkenswerte Schilderungen über den Schulbetrieb und etliche Schulmeister hinterlassen, die übrigens zum Teil ebenfalls Theologen waren.

1. **Johann Henrich Ahl,** 1684–1686 Schulmeister zu Gundernhausen, 1686–1687 in Groß-Zimmern und von da bis 1711 hier in Eberstadt. Von ihm heißt es: „In der Music ziemlich erfahren, aber bei Jahren, wurde begraben 1711 Fest. visit. Mariae [Fest der Heimsuchung Mariens], nachdem er bey 25 Jahr hier Schulmeister gewesen."

2. **Joh. Georg Voigt** aus Thüringen, 1704–1711 Lehrer in Seeheim, 1711–1721 (†) in Eberstadt: „Ist ein Musicus und sonsten im Informiren und Rechenkunst ziemlich geübter Mann. Kann zur Not auch wohl die Knaben im lateinischen decliniren und conjungiren informiren und wurde von hiesiger Gemeinde sehr beliebt." Die Gemeinde schlägt ihn deshalb beim Hochfürstlichen „Consistorio" zum Definitiv-Examen vor, welches er auch besteht. Er stirbt aber schon 1721, erst 35 Jahre alt. Danach muß die Gemeinde inständig und anhaltend um einen neuen Lehrer bitten, bis es „dem

Herrn Hochwürdigen Superintendenten Gebhardt endlich beliebet ..." (so berichtet es der Pfarrer Hennemann, der 1717 hierherkommt, mit einigem Unmut), einen neuen Mann zu schicken.

3. **Johann Niclas Rauch** (1721–1733 (†): ein lediger Studiosus Philosophiae von Breitenbach in Thüringen. „Er wurde von mir [Pfarrer Hennemann als Vorgesetztem] nach der Catechismuslehr dem Gericht [Ortsgericht] und der Gemeindt, wie auch der versammelten Jugend in der Schule – weil er daselbst hauptsächlich dienen muß, – mit einer geschärften Vorstellung, auch *Überreichung eines Stockes und der Orgelschlüssel* öffentlich vorgestellet und installieret. Mußten auch alle Kinder eins nach dem anderen *den Gehorsam angeloben*. Gott segne diese Arbeit reichlich."

4. **Johann Christian Bindewald** von Leidhecken, 1733–1739: „Anno 1733 ist nach Absterben Herren Rauchen [s. o.] Herr Johann Christian Bindewald, gewesener Praeceptor zu Eppstein und Candidatus theol. [der Theologie] am Sonntag Rogate nachmittags nach gehaltener Betstund als Praeceptor und Organist unter einem Sermon [Ansprache] vorgestellet und installieret worden. Gott segne seine Arbeit." (Eintrag von Pfr. Joh. Georg Olff.)

Die Namen der Nachfolger im Schuldienst sind **Joh. Konrad Petri**, ein Pfarrerssohn aus Beedenkirchen (1739–1752), **Joh. Andreas Schellhaas** (1753–1788 (†) und **Joh. Peter Dingeldey,** Sohn des Cent- und Gerichtsschöffen Gg. Dingeldey zu Neunkirchen, Praeceptor, 1781–1788 Vikar von Praeceptor Schellhaas, 1788–1807 als hiesiger Praeceptor.

Herr Schellhaas, geboren 1711 zu Biebesheim, tat seinen Dienst bis 1781; da war er 70 Jahre alt. Nun hielt er sich einen „Adjunkt" (Gehilfen) in der Person des obengenannten Peter Dingeldey, den er aus eigener Tasche bezahlte und wohl auch an seinem Tische mitessen ließ. Dadurch konnte der alte Lehrer sein Pfründe bis zu seinem Tode behalten. Das war damals Rechtens, da es um diese Zeit natürlich noch *keinerlei Altersversorgung, Krankenversicherung und dergleichen* gab. Das muß man sich heute gelegentlich einmal ins Gedächtnis rufen.

Im Jahre 1817 wird eine zweite Schule (Klasse) im neuerworbenen Rathaus in der Oberstraße für die Mädchen eingerichtet. Diese ehemalige frankensteinische Kellerei reichte jedoch bei weitem nicht aus, da die Schülerzahl ständig stieg.

Deshalb wurde das Gebäude abgerissen und ein neues Rathaus errichtet, in dem gleichzeitig vier Schulsäle und die Bürgermeisterei untergebracht wurden. Es ist dies das heutige Rathaus, Oberstraße 11.

4. Strafen über Strafen

Die zunehmende Verschlechterung der sozialen Verhältnisse der „Untertanen" steht in einem merkwürdigen Verhältnis zu dem Bemühen um die Verbesserung ihrer Moral. Schon die Kirchenagende enthält neben schönen Gebeten, geistlichen Vermahnungen und Gesängen recht massive Strafbestimmungen bei unordentlichem Verhalten. Die Vorschriften zur „Sonntagsheiligung" lassen am Ende nur mehr zu, „sich nach vollbrachter Andacht mit einem zulässigen Spatziergang zu erquicken".

Praktisch heißt das: Wer die Predigt schwänzt, in der Kirche Allotria treibt oder sich auf der Straße und im Wirtshaus ungebührlich aufführt, wird gestraft – von Obrigkeits und Amts wegen.

Beispielsweise kostet es bei Versäumnis der Predigt: 4 Albus, Versäumnis der Katechismuslehre: 2 Albus, Versäumnis einer Kirchenvisitation: 7 Albus 4 Pfennig.

Bestraft wird alle und jede üble Aufführung in der Kirche unter währendem Gottesdienst. Da kostet das Plaudern: 4 Albus, das mutwillige Stoßen und Drucken auf den Bänken: 5 Albus, das Stampfen mit den Füßen: 7 Albus, das miteinander Schimpfen und Zanken: 10 Albus, und das Werfen mit kleinen Steinen oder Blumen nach den jungen Weibs-Leuthen: gar 15 Albus. Hierzu muß man sich vorstellen, daß die jungen Burschen oben auf der Empore sitzen und eben diese jungen Weibsleute unter ihnen ihren Platz haben. Wenn nun die Predigt einmal gar zu lange (oder langweilig) ist, vergnügt man sich damit, kleine Steinchen oder Blumen auf die Mädchen hinunterzuwerfen. Man sieht, wie allzu harter Zwang oder auch die Langeweile junge Leute schon immer zum Unsinn verführt hat.

Wer am Sonntag über Land verreisen will und dabei erwischt wird, zahlt 7 Albus 4 Pfennig. Kartenspiel, Würfeln und Kegeln, wie auch das Sauffen in den Wirthshäusern am Sonntag kosten 15 Alb. = $^1/_2$ Gulden Strafe.

Im Jahre 1724 erscheint eine „geschärfte" hochfürstliche Verordnung, die nunmehr alles verbietet, was den Leuten bisher zum Sonntagsvergnügen gedient hat:

Gastereien und insonderheit das Fressen und Sauffen, so verdammliche Sünde ist, Jagen, Kaufen und Verkaufen, Bier und Wein zapfen, ausgenommen nur soviel zur Leibesnotdurft nötig ist, Sonntagsspiele, Tänze, Fechten, Ballschlagen und Trommelschlagen, Gras- und Fruchtmähen, Bulengespräch und Bulenlieder, ärgerliches, unzeitiges und unnötiges Gassenstehen, Schwätzen, Lachen, Pfeifen und dergleichen verhinderliche Werke.

Zum Schluß heißt es, daß „die Übertreter mit Geld- Thurn- [Turm-] oder Gefängnisstrafen belegt und also die öffentlich herrschenden Übeltaten aus unserem Vaterland ausgemustert werden" sollen. Zum „Bulengespräch" ist zu erklären, daß Bursch und Mädchen nicht mehr Hand in Hand spazieren und das junge Volk keine Liebeslieder mehr am Sonntag singen dürfen.

Wegen der „Excesse in Schild- und Busch-Wirtshäusern" soll die Polizeistunde dort ganz streng durchgeführt werden, so daß der Wirt nach 9 Uhr abends kein Gesöff und Geschwärm hegen darf. Es hilft ihm auch nichts, wenn er zur Entschuldigung vorbringt, daß sich die Gäste von ihm nicht wegjagen ließen, sondern lauter Drohworte – die Fenster und alles entzweischlagen! – hören ließen. Für diesen Fall soll nunmehr eine starke Patrouille ausgeschickt und durch dieselbe die Wirtshäuser visitiert, die über die gesetzliche Zeit darin befindlichen Schwelger ausgetrieben, und wenn sie sich widersetzten, beym Kopf genommen, in Arrest gebracht und sodann zur gebührenden Straf gezogen werden.

Die eingehenden Strafen gehen, soweit es den Sonntag betrifft, an die Kirchenkasse. Sie finden sich dann in den Kirchenrechnungen wieder unter der Rubrik: „Einnahme von Freveln und Bußen".

Der Müller N. N. zahlt 15 alb., daß er auf den 2. Ostertag gemahlen. Ein andrer ist mit 3 alb. dran, daß sein Sohn in der Kirch sich ungebührlich gedränget. Wieder ein andrer muß gar einen Gulden bezahlen, weil er uffen Sonntag auf die Gernsheimer Kirmeß geritten.

Wegen „Sontagstanzen" werden etliche Burschen mit 3 Gulden gestraft. Drei weitere müssen mit 1 fl. 3 alb. dran glauben, daß sie auf einen Sonntag Karten gespielt. Etliche Müller werden zur Rechenschaft gezogen, weil ihre fünf Konfirmanden-Knaben in der Kirch ungehorsam waren. Hartmann L. zahlt 1 fl. 22 alb., daß er auff einen Sonntag Gäste gesetzet, d. h. eine größere Einladung gehalten hat. Vier junge Burschen machen sich einen üblen Spaß damit, daß sie auf der Landstraß frömde [fremde] Leuthe arretierten und übel tractierten auff einen Sonntag, was jedem 2 Gulden Strafe eintrug.

5. Gottesdienst und Kirchenbuße

In allem Elend fehlt es nicht an ernstlichen Bemühungen seitens der Obrigkeit und der Pfarrer zur Aufrechterhaltung von Moral und Glauben. Freilich begegnen wir dabei bestimmten Einstellungen (und den entsprechenden Formulierungen), wie sie gerade für heutige Ohren höchst befremdlich klingen.

Der Gottesdienst

Wir schauen uns zuerst ein wenig in der Kirche um, die 1604 umgebaut und erweitert wurde und seitdem ihre Gestalt nicht verändert hat. Sie ist im Innern auf allen Seiten von Emporen umsäumt. Auf der Ostempore, etwas hinter dem Altar, steht das Positiv, eine Kleinorgel, während die andern den Männern vorbehalten sind. Im Schiff stehen die „Weiberstühl", wobei man nicht an Stühle denken darf, sondern an eine enge Bank, die jeweils auf beiden Seiten ein Türchen hat. Die Kirchenstühle werden teilweise vermietet, worüber die noch vorhandenen Kirchenstuhlbücher Auskunft geben. Nach hinten zu werden die Plätze billiger.
Für die Honoratioren gibt es eine Reihe von Extra-Stühlen, z. B. eine „Loge" für die Frankensteiner Herren, die später vom Hochfürstlichen Amtskeller eingenommen wird. „Linker Hand der großen Kirchtür" steht der Stuhl der Pfarrfamilie. Diese Tür, inzwischen zugemauert, ist von außen noch an der Erinnerungstafel vom Kirchbau 1604 zu erkennen. Der „lange Stuhl" gehört dem Herrn von Lehrbach. Einen andern hat der Präzeptor inne, wie der Schulmeister jetzt heißt. Der Schultheiß, die Gerichtsmänner, besonders angesehene Leute und dergleichen verfügen ebenfalls über einen eigenen Stuhl.
Nunmehr beginnt mit dem Geläute der Glocken (darunter nach wie vor „St. Anna" von 1512) der Gottesdienst nach der alten reformatorischen Agende.
Zum Eingang stimmen die Schüler, unter Leitung des Kantors, mit „gebogenen Knien" das „Komm, Heiliger Geist" an, worauf der „Introitus" samt „Kyrie" und „Ehre sei Gott in der Höhe" gesungen wird. Die Epistel liest der Pfarrer „für dem Altar", worauf eine Sequenz ertönt und das Sonntagsevangelium gelesen wird.
Auch das Glaubensbekenntnis wird gesungen, wenn es nicht der Pfarrer „mit klarer Stimm dem Volk fürliest". Sequenzen und Psalmen können „Teutsch oder lateinisch" gesungen werden.
Im Gesangbuch stehen noch die ursprünglichen Texte. So heißt es z. B. im 3. Vers des Liedes „Wachet auf, ruft uns die Stimme" von Philipp Nikolai:

Gloria sei dir gesungen	Kein Aug hat je gespürt,
mit Menschen- und mit Engelzungen,	kein Ohr hat je gehört
mit Harpfen und mit Zimbeln schon.	solche Freude,
Von zwölf Perlen sind die Pforten	des sind wir froh, jo jo, jo jo,
an deiner Stadt, wir sind Konsorten	ewig in dulci jubilo.
der Engel hoch in deinem Thron.	

Einmal kommt auch die Polizei in Gesangbuch vor, in einem Vers des Pfingstliedes „Zeuch ein zu deinen Toren" von Paul Gerhardt, der all das enthält, was nach der Auffassung jener Zeit zur Wohlfahrt des Landes gehört.

> Beschirm die polizeyen,
> bau unsres Fürsten thron,
> daß er und wir gedeihen;
> schmück als mit einer cron
> die alten mit verstand,
> mit frömmigkeit die jugend,
> mit Gottesfurcht und tugend
> das volck im gantzen land.

Während die Gemeinde singt, besteigt der Pfarrer den Predigtstuhl, der Kanzel. Die Predigt darf dreiviertel und allerhöchstens eine Stunde lang sein. So schreibt es die Agende vor.

Die *Aufgabe der Predigt* ist es, „die jungen, einfältigen und unverständigen" Gemeindeglieder zu unterrichten – die „Verständigen und so die Lehr wissen" im Glauben zu bestätigen – „die Gottlosen in ihrem unchristlichen Wesen und Wandel zu strafen" – die „schwachgläubigen, betrübten und bekümmerten Hertzen" zu trösten – und also „die gantze Gemein zu bessern". Dabei soll sich der Pfarrer befleißigen, verständlich zu reden, so daß auch „die allereinfältigsten etwas daraus vernehmen und behalten mögen". Deshalb soll er streng am Text bleiben und sich nicht selber zu Gefallen reden. „Denn darumb ist es nicht zu thun, daß weitläufftig und mit vielen Worten von Sachen [Themen und Begriffen] geredt werde, und der Prediger sein Kunst und Memorien ostendir [vorführe] und beweise, sondern die Kirche Gottes erbauet und gebessert werde."

Nach der Predigt wird die *„Action des heiligen Abendmahls"* angestellt und verrichtet. Die Agende sagt dazu: „Wann die Predigt ein Ende hat, soll der Pfarrherr und Diener des Göttlichen Worts seine Rede zu den Communicanden [Abendmahlsgästen] kehren und sie mit kurtzer summarischer Repetition der [vorigen Tages, am Vorabend angehörten] Erinnerung und Vermahnung nochmals vor dem Mißbrauch dieses „hochwürdigen Sacraments" warnen."

Am Tage vorher, „umb die Vesperzeit zu zwo oder drey Uhren" war eine Vorbereitung in der Kirche gehalten worden. Hierzu hat sich jeder einzeln angemeldet, und, wo es für notwendig und heilsam empfunden wurde, sprach der Pfarrer „in privato colloquio" mit ihm. Das heißt, hier wurde das persönliche Beichtgespräch unter vier Augen gehalten.

Nach der Kurzbeichte am Sonntag treten die Kommunikanten an den Altar, „fein züchtig und ehrbarlich, ohne Tumult und Gedränge einer nach dem andern, vors erst die Männer und darnach die

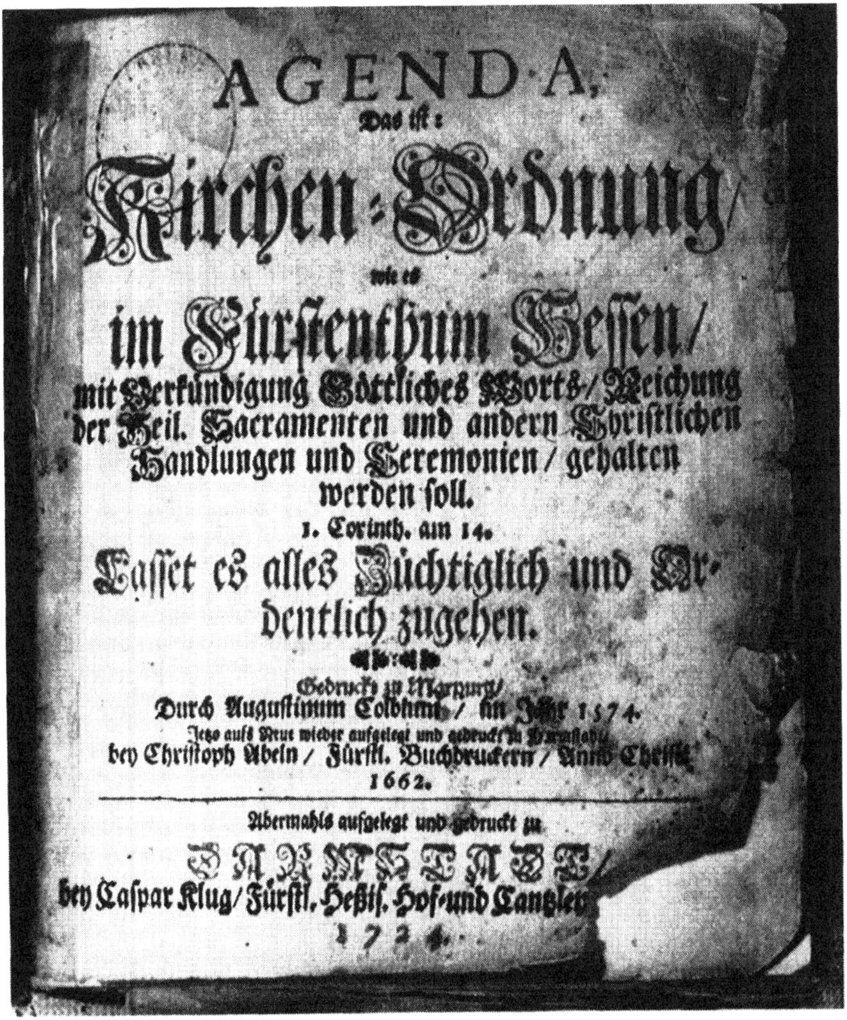

AGENDA,

Das ist:

Kirchen-Ordnung

wie es

im Fürstenthum Hessen/

mit Verkündigung Göttliches Worts/ Reichung der Heil. Sacramenten und andern Christlichen Handlungen und Ceremonien/ gehalten werden soll.

1. Corinth. am 14.

Lasset es alles Züchtiglich und Ordentlich zugehen.

Gedruckt zu Marpurg/
Durch Augustinum Colbium/ im Jahr 1574.
Jetzo aufs Neue wieder aufgelegt und gedruckt zu Darmstadt/
bey Christoph Abeln/ Fürstl. Buchdruckern/ Anno Christi
1662.

Abermahls aufgelegt und gedruckt zu
DARMSTADT
bey Caspar Klug/ Fürstl. Heßis. Hof-und Cantzley
1724.

Hessische Kirchenagende

Weiber". Hier empfangen sie „erstlich vom Pfarrer das gesegnete Brot und den Leib des Herrn, und darnach vom Kaplan oder einem andern Gehilfen den Kelch und das wahre Blut des Herren".
Der Gottesdienst schließt mit Gesang, Gebet und Vaterunser. Danach entläßt der Pfarrer die Gemeinde mit dem Segen und dem Votum: „Gehet hin. Der Geist des Herren geleite euch zum ewigen Leben."
In einer Verordnung von 1724 wird mit großem Ernst zur geistlichen Vorbereitung auf den Gottesdienst gemahnt. Man soll „der Natur an Essen und Trinken abbrechen, was erträglich ist", am Sonnabend die biblischen Lesungen des Sonntags bereits „durchgehen und betrachten", sich am Sonntag im Hause Gottes „mit eifriger Andacht einstellen, die Predigt göttlichen Wortes mit Andacht und großer Lust anhören" und sich zum heiligen Gebrauch der Sakramente „emsig einstellen".

Kirchenbuße

Zu den Strafen, die die Obrigkeit verhängt, gesellt sich (ebenfalls auf behördlichen Befehl) die Kirchenbuße. Die Tonart in den amtlichen Dekreten wie in den Kirchenbüchern ist derart deutlich, daß man sie an dieser Stelle kaum erwartet hätte. Aber so ist und denkt man in dieser Zeit.
Zunächst eine kleine Blütenlese aus dem Taufbuch:

(1725) kam die Hure Barbara N. aus Schwäbisch-Hall gebürtig, ins Kindbett. Gibt zum Vater an zuerst einen Fuhrmann aus Gießen und sodann einen Müllerknecht von hier.
(1727) gebar die ertzliederliche Hure Elisabetha N. das zweite Hurenkind. Diese Hure hat erst 1725 öffentliche Kirchenbußte getan, sich aber in Darmstadt von des Herrn Präsident-Cantzlers v. Moskowski Gärtner Friedrich N. wiederum schwängern lassen.
(1737) kam die leichtfertige Hur N. N. mit einem Hurenkind nieder, gibt zum Vatter an einen Korporal vom Löbl. Schrautenbachschen Regiment, welcher aber das factum [Geschehen] gäntzlich leugnet, daher ihr die öffentliche Kirchenbuß auferlegt wurde.
(1743) gebar die ertzleichtfertige Canaille Sophia Eleonora, weiland Jacob N. N.'s gottlos verhurte Tochter, ein Hurenkind. Gab einen Corporal bei der Leibkompagnie an. Ob er es eingestehen wird, muß die Zeit lehren, weil er absens [abwesend] ist.
(1745) kam Gertraude N. von Darmstadt, mit einem Töchterchen nieder, und war der angebliche Vatter einer vom Kayserlichen Hof, wie sie zu Frankfurt residierten, namens N. N., Hofrat.
(1748) kam die ertzleichtfertige freche Hur N. N. mit einem Söhn-

lein nieder. Gibt pro patre [zum Vater] an Friedrich N., Dragoner bey der Fürstl. Leibkompagnie, welcher es auch eingestanden.

Die Sprache ist, wie gesagt, nicht gerade zimperlich, auch sollte der Schimpf einer „Hure" abschrecken; denn es handelt sich hier nicht um die „Gewerbsmäßigen", sondern zumeist um bisher unbescholtene Mädchen, denen es irgendwie passiert war.
Zur Abhilfe schuf man die Institution der Kirchenbuße, wie aus dem Erlaß von 1705 über die „frühen Beyschläfer" hervorgeht.

1. Öffentliche Kirchenbuße
„Diejenige Personen, welche ohne vorhergegangenen Eheverspruch sich zusammen in Hurerei fleischlich vermischet, dann aber auf Zureden oder eigene Erkenntnuß heiraten wollen, sollen die Buße in folgender Gestalt verrichten. Sie werden zuerst vor den Senioren ihrer begangenen Unzucht halber beweglich erinnert, und finden sich dann in einer Wochenpredigt [Andachtsstunde] in ihren gewöhnlichen Stühlen [Kirchenbank] ein.
Der Prediger zeigt der Gemeinde, ohne ihre Namen zu nennen, an, daß zwei Personen sich wider das 6. Gebot [„Du sollst nicht ehebrechen"] vergriffen, aber nachmalen sich ehelich copuliren zu lassen resolviret haben, dannenhero sie die Gemeinde bäten, ihnen das Ärgernis christlich zu verzeihen."

2. Stille Kirchenbuße
„Denjenigen, die sich ordentlich verlobt, aber vor der priesterlichen Copulation [Trauung] sich fleischlich zusammengetan, sollen nur vor dem Prediger und den Senioren in der Sacristey in der Stille ihre begangenen Fehler vorgestellet werden."
Beamte und Pfarrer sind von Amts wegen verpflichtet, „falls eine ledige Weibsperson öffentlich im Geschrey ginge, daß sie sich schwanger befände", der Sache nachzugehen. Man zitiert sie zunächst vor den Kirchenvorstand, und wenn sie den „Autor" oder „Imprägnator" gleich angibt, auch diesen vor den Kirchenkonvent. Hier werden sie befragt: „Wann und wo ist das geschehen? Wieviel Vermögen habt ihr? Wollt ihr einander heiraten?" Abgesehen vom 6. Gebot spielt hierbei die Sorge um das Kind eine Rolle. Wer soll es ernähren, wenn der „Schwängerer" sich drückt? Bei solchen Schwierigkeiten geht die Sache allerdings weiter an die Kanzlei (Konsistorium) in Darmstadt. Mancher erklärt sich da schon bereit, „die Person zu nehmen".
In einer Verordnung von 1719 legt der Landgraf Ernst Ludwig seinen Beamten und Pfarrern erneut auf, sich um „also beschrieene Personen" zu kümmern. Es müsse unbedingt vermieden werden, „daß dergleichen liederliche Personen aus Furcht vor Strafe entwe-

der allerlei verbotene Mittel brauchten [Versuch der Abtreibung] oder, wenn solches nicht erfolgen wollte, alsdann auf Antrieb des bösen Geistes bey erfolgender Geburt ihre neugeborenen Kinder gar ums Leben brächten." Hier spricht eine echte menschliche Sorge mit. Militärische Interessen bestimmen den Landgrafen 1729, nachdem er mißfällig wahrgenommen, wie gewisse Weibspersonen „aus einer unzeitigen Männerbegierde sich gar leicht zum Beischlaf überreden lassen und Uns dadurch die tüchtigsten Leute zu verführen suchen", mit aller Strenge solche Liebesabenteuer zu unterbinden. Es ergeht folgender Erlaß.

„1. Wenn keine Ehedispensation seitens des Obristen sowie des Landgrafen vorliegt, soll auch ein eidliches heimliches Eheversprechen selbst bei „nachfolgender Schwängerung" ganz unkräftig, null und nichtig sein.

2. So sollen sich leichtfertige Weibspersonen durch Hurerei einen Soldaten zum Mann zu bekommen, künftighin nicht die geringste Hoffnung mehr machen.

3. Dieweilen die leidige Erfahrung bezeiget, wie daß es sonderlich in den Städten unter den Dienst-Mägden viele Dirnen gibt, die – wenn sie sich gleich keine Hoffnung machen können, einen Soldaten zum Mann zu bekommen, denselben jedoch aus Geilheit solange nachlaufen und, um sie zu locken, ihnen allerhand gute Sachen (so sie vorher ihrem Dienstherrn entwendet) zutragen, – bis sie sich endlich schwanger befinden, –
also befehlen Wir gnädigst, daß der gleichen mit Soldaten sich behängende Weibs-Personen weder vor ihre Privat-Satisfaction, noch auch vor die Allimentation und Versorgung des Kindes nicht das Geringste zu erwarten haben, – wofern der Impraegnator außer seinem Sold sonst nichts zum Vermögen hätte."

Damit diese Verordnung zu jedermanns Notiz gelange, ist sie gedruckt worden (ein Exemplar befindet sich in unsrem Pfarrarchiv) und wird auch „von allen Cantzeln durchs gantze Land publicieret".

Versöhnlich stimmt der Lebensroman eines Mädchens aus dem Schwäbischen, das auf irgendwelchen Wegen hierher gekommen war und sich in der Herberge zum „Weißen Roß" 4 Wochen lang verborgen gehalten hatte, bis ihre Niederkunft erfolgte. Zum Vater des unehelichen Kindes gibt sie einen adligen Rittmeister unter den Dragonern von Churpfalz zu Mannheim an, bei dessen Eltern im heimatlichen Schloß sie vier Jahre gedient, wo sie auch „geschwängert" worden. Die Patenschaft übernimmt der Roßwirt, der sie verbotenermaßen versteckt gehalten hatte.

Hierzu findet sich im Taufbuch der Nachtrag: „Der angegebene Vater hat sich durch Briefe zum impraegnatore [Erzeuger] erkannt und sich des Kindes angenommen."

N. B. Bei genauer Überprüfung der Taufeinträge von 1718–1752 stellt sich heraus, daß unter 1207 Getauften genau 59 „Hurenkinder" sind, das heißt: ganze 5 %.

6. Die widerspenstige Braut

Die nachfolgende Begebenheit ist durch einen Bericht des hiesigen Pfarrers Brade an das „Hochfürstliche Konsistorium" in Darmstadt vom Jahre 1702 besten verbürgt. Sie mag zunächst unglaubhaft erscheinen, spiegelt jedoch die Hektik und innere Widersprüchlichkeit dieser Elendsjahre deutlich wider.
„Es ist geschehen, daß kurz vor der Adventszeit [1701] der Kirchensenior N. N. mir eröffnete, wie daß seine Tochter Maria Margaretha mit einem Metzger Joh. Martin N. aus Seeheim versprochen sei und noch vor dem Christfest zur Vollziehung der Ehe in der Stille [die Adventszeit ist „geschlossene" Zeit] schreiten wolle. Dazu sich auch der Bräutigam bequemet und mit Mund und Hand versprochen, alles solches Ehewerk gottselig, kurz und still auszurichten und den Kirchgang [die Trauung] in der ersten Adventswoche halten zu lassen.
So habe ich der Trauung erwartet, aber vergeblich, indem die Braut – ihren Eltern ungehorsam und der Eitelkeit sehr ergeben – ihren Bräutigam von der vorgefaßten Resolution zurückgezogen hat, bloß aus solchem eitlen Sinn: *„Es wäre ihr eine Schande, wenn dies Ehewerk so bald zu Ende ginge und sie sich auf ihrer Hochzeit nicht sollte lustig machen."* Der weitere Bericht erzählt, daß endlich Anfang Januar (1702) der Brautvater wieder kommt und kundgibt, daß der Bräutigam die Hochzeit nun doch mit Üppigkeiten treiben wolle. Er bittet den Pfarrer, daß er solches steuern (verhindern) möge. Der gute Herr Brade aber schützt eine „Unpäßlichkeit" vor, „erhebt sich" nach Darmstadt und überträgt die Trauung kurzerhand seinem Nachbarn, dem Pfarrer zu Pfungstadt. Vorher läßt er allerdings den Brautvater noch wissen, daß der Superintendent, auf seinen Antrag hin, alle Üppigkeiten straks verboten habe.
Nun folgt eine Szene im Pfarrhaus: Da der Pfarrer von Pfungstadt das gewöhnliche Testimonium [Bescheinigung] von Seeheim verlanget, daß sich dasigen Ortes nichts gegen die Proclamation erhoben, – zumal dort ein Geschrey entstanden, als wolle ein gewisses

Mensch ihm Einspruch tun – hat sich der Hochzeiter trotzig widersetzt: Er wäre kein Dieb, noch Schelm, noch Hurenkind, und man verlange solches [die Bescheinigung] nur aus Affecten und Feindschaft. Es wäre kein Wunder, wenn man Braut und Hochzeit einfach stehen ließe und fortginge.

Hierin haben ihn 4 seiner Freunde aus Darmstadt noch gesteifet, welche zum Pfarrhaus eingestürmet kamen mit anzüglichen Reden: „bei solchen Formalien [Formelkram] möchte der Bräutigam ja kein ehrlicher Mensch seyn, weil man ihn nicht wolle copulieren." Vor allem ein Schuster namens N. N. schrie: „Wenn es mir so ginge, ich wüßte wohl, was ich thäte", wodurch der Hochzeiter noch mehr gereizt wurde, jedoch sich endlich bequemet, zur Kirch zu gehen.

Die Trauung ging vonstatten, der Eberstädter Pfarrer kehrte heim, schickte den Kirchendiener noch einmal ins Hochzeitshaus, sie an ihre „Parol" (Versprechen) zu erinnern, und bis 9 Uhr abends war auch alles still.

Allein unverhofft gegen 9 Uhr finden sich 4 Soldaten-Pfeifer (Musikanten) ein. Darauf es anhebt zu lärmen, tantzen, schreyen mit schändlichen Worten, und hat sonderlich den Anfang hierzu gemacht die üppige eitle Braut mit diesen Worten, so mir bewußt: „Nor druff, laß es koste, was es will, ich bin heit schon genug vom Parrer geschorn worn!"

Darnach ist es drunter und drüber gegangen mit Fiedeln, Schreyen, tantzen und Turnieren bis morgens 4 Uhr.

Die nicht gerade feinen Worte der Braut, auf echt Eberstädterisch in die Nacht hinausgeschrien, wurden dem Pfarrer „bewußt", weil das Hochzeitshaus dem Pfarrhaus gerade gegenübersteht. Im kleinen Dorf ist alles eng beisammen! Was die Braut meinte, heißt: „Nur drauf! Laß es kosten, was es will, der Pfarrer hat mich heute schon genug geschoren", womit sie die Sporteln für Trauung, Predigt, Geläute und Orgel meint, die von ihr erhoben wurden.

Das hochfürstl. Konsistorium fordert nunmehr den Schultheißen zum Bericht auf, wobei folgendes herauskommt:

Man habe im Hochzeitshaus beisammengesessen und auf das Läuten zur Kirche gewartet, was sonst bei Trauungen um 1 Uhr wäre. Dann habe man erfahren, der Pfarrer sei nicht „einheimisch" (zu Hause), und der Pfarrer von Pfungstadt, zur Trauung bestellt, habe „gehabter Geschäfte wegen nicht ehnder abkommen können", so daß man bis zum Abend warten mußte! Und ist man noch zur Kirche gegangen, und die Einsegnung bei Licht „beschehen", d. h. bei Fackelschein. So sei man sehr spät zu Tisch gekommen und der Zeit unvermerkt vergessen, so sind die Leute zwar noch bis 3 Uhr morgens beisammen gewesen „und wie sie musicieret, lustig gewe-

sen, aber keine weiteren Excesse, und als sie erinnert worden, daß es so spät wehre, baldt danach voneinander gegangen."
Der Schultheiß versichert zusammenfassend, daß „die Gäste zwar über die Zeit beysammen gewesen, dabey aber keinerlei Excesse meines Wissens vorgegangen, die Ew. Gnaden etwan möchten hinterbracht worden seyn".

7. Einquartierung

Zu den schweren Steuerlasten, den Parforcejagden und Wildschäden kommen als weitere Bedrückung die Kriegsereignisse hinzu. Eine ebenso nüchterne wie beredte Chronik hierüber liefern ungewollt die Gemeinderechnungen des Dorfes. Ob es sich um Einbrüche des „Feindes", meistens der Franzosen, handelt – ob die hessischen, österreichischen, ungarischen und anderen „Freunde" Quartier beziehen, Lebensmittel anfordern, den Wirt bestehlen, Vorspanndienste erzwingen –, es kommt alles auf dasselbe hinaus. Die Gemeinde, das heißt der kleine Mann, bezahlt.

Der polnische Erbfolgekrieg 1733–1738

Anno 1734 ist der Hofstaat Prinz Maximilians von Hessen zur Armee marschieret und in hiesigem „Hirschen" 6 Zimmer inngehabt nebst 64 Pferden.
In der Hauptwache bei Schneidermeister Adam Müller liegen 2 kaiserliche Kürassiere 3 Monate lang. Ihnen folgen 8 Mann dänische Kürassierreiter mit Profoß, 11 Pferden und 4 Arrestanten 9 Tage lang. Nach denen kommen Preußen mit 11 Pferden und einem Stall voll Hunden, wiederum mit dem Profoß. (Die Hunde dienen zum Einfangen von Deserteuren.)

Anno 1735 liegen nacheinander im Dorf:
Von den Wolfenbüttelschen Völkern 1 Hauptmann, 2 Leutnante, 1 Fändrich.
Von den Sallmischen 1 Fändrich samt 1 Regimentspater mit 2 Feldweiberl und 45 Rekruten. Sie versprechen, den Ort zu schonen, wofür ihnen Geld verehret wird.
Der Graf von Holstein und Officirs mit 48 Pferden, 17 Mann Saxen-Weimarische.
Der russische General von Hassling mit 20 Mann und 38 Pferden.
Der Hauptmann Meyer vom Prinz-Max-Regiment mit Frau und Bedienten, samt 9 Pferden, 1 Doktor, 1 Apotheker und 1 Feldscherer.

Im Jahre 1736 sind bei Anna Margaretha Kleinschmidt in der „Güldenen Cron" Dragoner von des Herrn Printz Eugen im Quartier. Hauptmann Sapper vom Kaiserl. Walzeckischen Infanterieregiment liegt mit seinen Leuten im Winterquartier. Da er gute Zucht hält, verehrt ihm der Schultheiß 10 Gulden. Er wohnt bei der Frau Landkommissarius Mackin im „Güldnen Hirschen".

Im „Ochsen" liegt 7 Wochen lang eine Ordonanz, beim Sonnenwirt ein Rittmeister mit 9 Personen und 11 Pferden, der dazugehörige Lieutenant im „Hirschen" und der Fendrich [Fähnrich] im „Goldenen Wolf".

Ein katholischer Rittmeister bekommt, „weil Fasttag war", 2 Gulden für 12 Pfund Karpfen und 10 Albus für Krebse zu fangen. Der arme Schultheiß Becker – der alles liefern soll, was er nicht hat – wird von einem Hauptmann „gar übel tractiret und geschlagen". Als die „de Lignischen dragons" in Eberstadt gelegen, und wegen Vorspann und auch sonsten sehr übel gehauset, haben sie den Schultheißen mit „Schläg' so tractiret, daß er sich mit der Flucht hat salvieren müssen". Er ist an den erlittenen Drangsalen bald danach gestorben, jung an Jahren.

Der Österreichische Erbfolgekrieg 1740–1748

Am schwersten für unser Dorf sind die Jahre 1743 und 1745 mit Einfällen der Franzosen. Die Gemeinderechnung registriert für 1743 folgende Ausgaben.

59 Klafter Holz mit 9 Mann in das französische Lager nach Pfungstadt geliefert.

Die Franzosen die Zäune an den Weinbergen weggerissen und verbrannt. Gerste beim Rückmarsch der Franzosen von den Fouragirern verdorben, Korn abgemacht, Holz im Wald ruiniret.

Holz für Holändische Völker vom Frankensteiner Wald nach Pfungstadt gebracht.

Nächtlich eingerückte Ungarn gar übel gehauset.

70 Gulden für Sä-Gerste [Gerste zum Säen] für bedürftige Unterthanen in Eberstadt collektiert.

Königlich-französische Reiterei im Quartier, Wache im Rathaus.

Holz zur Bäckerei der Oesterreichischen Truppen nach Erfelden [Rhein] gebracht.

Französische Völker Korn abgemacht und liegen gelassen.

Vorspanndienste für Hannöversches Corps bis übern Main.

Weitere Einquartierung in der „Güldnen Sonne":
1 General, 3 Oberoffiziere mit Bedienten und 30 Küraßreiter. [Offenbar Franzosen]

1 Hauptmann, 1 Lieutenant, 1 Wachtmeister und 40 Gemeine, die den blessierten [französischen] General nach Wormbs gebracht.
2 Schandarmen und ihre Knechte.
Der General Forgatsch mit Bedienten, 1 Weißzeugverwalter, 1 Koch, 1 Jäger, 1 Kammerdiener, zusammen 18 Personen und 48 Pferde, sowie 8 Ochsen, welche 2 Bagagewagen führten [zogen] und 4 Bauern, so übern Main mitgenommen waren.
Etwas bescheidener zieht der Leutnant von den Menzelschen Husaren in den Krieg. Er führt nur 1 Kinderfrau, 1 Kind und 1 Koch mit sich. Wo die Frau Gemahlin abgeblieben ist, erfährt man aus einer Gemeinderechnung leider nicht.
Von diesen bösen Jahren schreibt der Schmiedemeister Leonhard Geibel zu Eberstadt in das Hausbuch ein: „Es tut mir weh, daß ich solches schreiben muß, daß, die nach mir kommen, es auch lesen können. Den Sonntag nach der Heiligen Dreifaltigkeit ist die Franzosenarmee hierher nach Eberstatt kommen und haben das [grüne] Korn größtenteils abgemacht und sind hinten hinaus nach Seligenstadt [Main] und allda ist eine Bataille gehalten worden, und die Franzosen haben eingebüßt, und sind wieder zurückgekommen und in Eberstadt über Nacht blieben und *haben alles weggemacht.* Gott wolle uns ferner in Gnaden davor bewahren.
Im Jahr 1745 sind sie [die Franzosen] wiederkommen 5 Wochen vor Weihnachten und alles weg bei uns, dann im Winterquartier noch gehalten und weiters allzeit Durchzug kommen, daß wir manche Woch 26 Mann [im Quartier] haben müssen und sind auch nicht abgezogen. Nach Pfingsten hab ich wieder 14 rote Dragoner 17 Tage lang halten müssen, und die Gemeinde hat Schulden gemacht für Hafer und Fleisch, das man ihnen haben liefern müssen. Und aufs letzte haben sie doch die [grüne] Frucht noch abgemacht und das Korn. Der allmächtige Gott wolle uns doch ferner in Gnaden davor behüten!"
Die Gemeinde muß außerdem 140 Gulden leihen (bei Joh. Tobias Wolff), „zur Abdrängung des gedrohten Unheils von einem französischen Capitain, welcher vorgibt, daß ihm seine Equipage von hiesigen Unterthanen entwendet worden, als ihm von den Oesterreichischen Husaren seine Pferde ausgespannt waren."
Einquartierung 1746: Beim Buschwirt Jonas kaiserl. Rekruten, 33 Tag lang, jedem 1 alb. Schlafgeld. Wache der Husaren bei Johannes Haller. Einquartierung im „Weißen Roß".
Einquartierung 1747: 50 kaiserliche Rekruten bei Adam Wiemer. 8 Mann bei Adam Eymer.
In der „Güldenen Cron" 4 kaiserliche Generalsbediente.
Bei Fendrich Johannes Wiemer [dem Fähnrich der Landmiliz] über 100 Rekruten in seinem Haus.

Gefangene Panduren hier, von den Preußen.

Als das teroller [Tiroler] Regiment hier gelegen und biß 200 Rekruten auf dem Rathaus gelegen, 2 Tag und Nacht, 23 Stück Lichter geholt [beim Krämer, auf Kosten der Gemeinde]. 3 Pfund Butter vors Lazarett im Rathaus.

Die französischen Soldaten haben viel angerichtet, die evangelische Kirche jedoch haben sie geschont. Hierüber liegt im Pfarrarchiv folgender Befehl aus dem französischen Hauptquartier vor, und zwar in einer amtlichen deutschen Kopie.

„Jean-Baptiste–Francois de Maillebois, Mareschall de France etc. Wir verbieten hiermit allen Commandanten und übrigen Offizieren der Französischen Trouppes und allen Feldpredigern, sie seyen von der Armee oder von den Regimentern, die Einwohner des Landes Darmstadt in der Übung [Ausübung] ihrer Religion zu stöhren und in ihren Kirchen Messe zu lesen oder lesen zu lassen. Wir befehlen Ihnen, einen andern bequemen und anständigen Ort, um daselbst das Heil. Meßopfer zu verrichten, auszusuchen.

Wir wollen, daß der Copie dieser Ordre, welche von einem unserer Secretarien collationiert [verglichen] und unterschrieben ist, eben der Glaube beygemessen werden soll, als dem Original selbst, an welches wir unser Siegel beydrücken und dasselbe durch unsern Secretair contrasignieren lassen.

Geschehen im Hauptquartier zu Groß-Gerau, den 5. Marty 1745
    [unterschrieben] le Mareschal de Maillebois
        [und weiter unten]
        Par Monseigneur Paulain

Collationiert mit dem Original gegenwärtiger Ordre zu Groß-Gerau den 5. Marty 1745
    [Unterschrift:] Paulain"

Der hiesige Pfarrer Olff gibt aus diesen Jahren einen kurzen Bericht. „Die Franzosen machten nach ihrer Niederlage 1743 noch einmal in Eberstadt Station, wobey sie alle Früchte [Feldfrüchte, Korn usw.] totaliter ohne geringste Noth [Notwendigkeit] ruinieret haben."

IX.
Aufstieg zu besseren Zeiten

1. Ludwig IX., die Große Landgräfin und ihr Minister

Erbprinz Ludwig, Sohn und Nachfolger des Landgrafen Ludwig VIII., ererbt 1735 die Grafschaft Hanau-Lichtenberg im Elsaß, die ein Teil des französischen Staatsgebietes ist. Im Jahre 1741 vermählt er sich mit Henriette Caroline, Pfalzgräfin von Zweibrücken aus dem Hause Wittelsbach. Als Bewunderer des Preußenkönigs Friedrich II. nimmt der Prinz an den Feldzügen 1744/1745 teil und rückt auch bei Ausbruch des 7jährigen Krieges im Range eines preußischen General-Lieutenants in Schlesien ein. Das verträgt sich jedoch weder mit der politischen Stellung seines Vaters (auf seiten der Kaiserin Maria Theresia) noch mit seiner eigenen als Regent eines unter französischer Oberhoheit stehenden Gebietes. Er kehrt deshalb zurück und bezieht im deutschen Teil seiner Grafschaft Lichtenberg, in Pirmasens, buchstäblich „Garnison". Von hier aus regiert er dann, lange Kerls drillend und Militärmärsche komponierend, sein Land Hessen-Darmstadt, als der neunte Ludwig.
Seine Gemahlin, Henriette Caroline, residiert von 1768 an in Darmstadt und führt stellvertretend die Geschäfte.
Seiner Art nach ist der Landgraf ein bedächtiger, persönlich äußerst sparsamer, vernünftigen Erkenntnissen aufgeschlossener Mann. Im Jahre 1769 wird in Darmstadt ein junges Mädchen zum Tode verurteilt. Die Qualen der Folter hatten der Unglücklichen ein Geständnis erpreßt. Das ihm vorgelegte Urteil hebt der Landgraf jedoch auf: „Ein durch die Tortur erzwungenes Geständnis kann nicht hinlänglich sein. Der König von Preußen hat die Tortur abgeschafft, und ich will hier ein Gleiches haben." Er verschmäht dabei den sonst beliebten Ausweg eines Universitätsgutachtens: „Mein Gewissen ist keiner Universität anvertraut. Die Professoren sind Menschen und können sich in ihren Meinungen ebenso wie die andern betrügen."
Die Tortur wird im gleichen Jahr abgeschafft.
Als der hochfürstliche Vetter, Landgraf Friedrich II. zu Hessen-Kassel, seine Landeskinder unter einem fragwürdigen sogenannten Subsidienvertrag an England verkauft, um gegen Amerika zu kämpfen (Gesamteinnahme für den Landgrafen = 21 Millionen Taler), erklärt Ludwig IX. von Hessen-Darmstadt, er betrachte „Menschenverkauf für Blutgeld" als unvereinbar mit seiner Ehre! Das Ansinnen war auch an ihn gestellt worden.
Leitende Stellen in Heer und Verwaltung läßt der Landgraf (hier im Gegensatz zu dem Preußenkönig und entgegen allem Herkommen) auch durch „Bürgerliche" besetzen. Seine Meinung darüber lautet: „Ich statuiere absolut kein Monopolium in diesem Fall. Ich

habe Exempel, daß Bauern- und Soldatensöhne weit besser ausgefallen sind, als Kinder der Geheimen und anderer Räte."
Das wichtigste war jedoch, den drohenden Staatsbankrott schnellstens abzuwenden, nachdem die vom Kaiser eingesetzte Schuldenkommission bereits in Darmstadt amtierte. Der Landgraf beruft, auf den Rat seiner Gemahlin, Henriette Caroline, 1772 den Freiherrn Friedrich Karl von Moser zum ersten Minister und überträgt ihm die Regierung. Der Minister greift zu strengen, manchmal auch rigoros durchgeführten Maßnahmen. Der Wildbestand und die Parforcejagd, das Kreuz und Elend der armen Bauern, werden radikal reduziert, ein neues Landrecht eingeführt und die zerrüttete Wirtschaft in neue Bahnen gelenkt.
Ein neuer Stil ist auch im Geistigen erkennbar. Unter anderem begründet Moser eine Zeitung, um „den Weg der Communication des Landes unter sich zu erleichtern". Zum ersten Redakteur wird der Dichter Matthias Claudius berufen, der aber nur ein Jahr (1777) in Darmstadt bleibt. In dieser Zeit hat er allem Vermuten nach auf dem Schnampelweg nach Traisa das bekannte Abendlied gedichtet: „Der Mond ist aufgegangen."
Henriette Caroline, von Goethe die Große Landgräfin genannt, ist 1721 in Straßburg geboren und in ihrer Bildung französisch geprägt. Die deutsche Sprache ist nicht unbedingt ihre Stärke. „Wie immer aber Seele und Geist allen Borniertheit und Niederträchtigen standhaft entgegengetreten sind, so stand sie nicht minder auf dem Boden der rauhen Wirklichkeit und wußte in allen brennenden politischen Fragen taktisch zu verfahren. Man begreift es, daß sie sich immer wieder über den Gemahl beklagt, für den sie in heiklen Situationen die Kastanien aus dem Feuer holen müsse." (Gunzert)
Den tiefsten und schönsten Ausgleich zu dem allem findet die Landgräfin – eine der edelsten Frauen des hessischen Fürstengeschlechts (Reinowski) – im Kreise der „Empfindsamen", der sich um sie schart. Ihm gehören der Dichtervater J. W. Gleim, der Musiker und Komponist Chr. Willibald Ritter von Gluck, der Geschichtsphilosoph und Sprachforscher J. Gottfried Herder, der Dichter Chr. Martin Wieland und der Kriegsrat J. Heinrich Merck zu Darmstadt an.
Im Jahre 1773 findet ein besonderes Ereignis statt: die Hochzeit zwischen Paul I., Sohn der russ. Kaiserin Katharina II., und Wilhelmine, Tochter Ludwigs IX. und der Landgräfin. Die Braut muß dabei wie üblich zum orthodoxen Glauben übertreten und nimmt den Namen Natalia Alexandrowna an. Sie wird von der Mutter und einer größeren Begleitung, zu der auch Merck gehört, nach Moskau begleitet. Der Landgraf bleibt verärgert in Pirmasens zurück.

Er hatte sich, wiewohl er sich russischer Generalfeldmarschall nennen durfte, mehr von dieser Hochzeit erhofft.

Henriette Caroline trat die beschwerliche Reise an, obwohl sie sich körperlich gar nicht wohl fühlte. Auf der abenteuerlichen Rückreise muß schon in Berlin Station gemacht werden, da sich Fieber einstellt. Endlich an Weihnachten kommt sie in Darmstadt an. Aber noch kann sie nicht ruhen. Der Gemahl hat sie nach Pirmasens bestellt, wo sie sich wegen des Übertrittes der Tochter schwerste Vorwürfe gefallen lassen muß. Im Januar 1774 nähert sich das Ende. „Das Spiel ist aus. Wenn ich mich dorthin aufmachen muß, wo sich niemand auskennt, so mache ich mich eben auf. Ich hätte nichts dagegen, gesund zu werden und in dieser Welt, die ich einmal besser kenne, noch eine Weile zu bleiben", schreibt sie an Nesselrode. Sie stirbt am 30. März. „Bestürzung und Trauer herrschen nicht nur in Darmstadt, sondern überall dort, wo man auf die Heilung des Staates durch den Geist und nicht durch Subversion und Gewalt hofft", schreibt Freiherr von Moser an Nesselrode.

Die Kaiserin Katharina, die mit der Nachricht von der glücklichen Ankunft der Reisenden in Darmstadt zugleich die Todesnachricht erhält, bewundert Caroline: „Diese Landgräfin war eine einzige Person! Wenn die Reihe an mich kommt, werde ich ihr nachzuahmen suchen und, wie sie, alle Weiber von meinem Bett jagen." Die Landgräfin ruht, ihrem Wunsche gemäß, im Herrngarten der Residenz, „dem Orte, wo ich dem Geräusche des Hofes entzogen meine Seele mit Gott unterhalten habe, dem ich bald für mein Leben Rechenschaft abgeben werde."

König Friedrich II. von Preußen ließ zu ihrem Andenken in tiefer Verehrung eine Urne auf das Grab setzen. Sie trägt die berühmte Inschrift: „Femina sexu, ingenio vir", dem Geschlechte nach eine Frau, dem Ingenium nach ein Mann.

Sechs Jahre nach dem Tode der Großen Landgräfin wird der erste Minister, Freiherr von Moser, unter fast ehrenrührigen Umständen vom Landgrafen entlassen.

2. Neues aus dem Blättgen

Seit 1738 erscheint in der Residenz das „Darmstädtische Frag- und Anzeigungsblättgen", das uns den Alltag der kleinen Stadt samt ihrer Umgebung vor Augen führt. Man findet hier ungefähr alles: Anzeigen der Geschäftsleute, die der Lehrbub schnell zur Druckerei bringt, wenn wieder ein großer Frachtwagen mit 4 Pferden angerumpelt kam, oder wenn etwas zu vermieten und zu verkaufen oder auch verlorengegangen ist. Man erfährt, wer seine Dienste als Lakai oder als Zahnarzt anbietet, was die Polizei zu publizieren hat, und welche vornehmen „Passagirs" in Darmstadt angekommen sind. Das alles hat natürlich auch in Eberstadt interessiert.

In- und ausländische Waren aller Art
Bey dem Fürstl. Zollverwalter, Mehlwagschreiber und Eisenhändler Herrn Stumpf ist eine Quantität Rhein-Wein zu billigem Preiß zu verkaufen, in gleichem auch allerhand Sorten von ausländischem Wein, fein Provencer Oehl, Liqueur, Cellery, Gold-Wasser, Romano, Barbados, Perfico, Cordial, Caffee, Annis, Kümmel, Rogal, Fengel, frische Austern.
Bey Ludwig Wencken selig Wittib ist zu haben veritabler Burgunder-Wein, die Bouteille zu 24 kr. (Kreuzer).
Bey dem Fürstl. Zollverwalter Sumpf sind wiederum angekommen ganz neue Heringe, frische Confecturen, Austern, Bücking, Sardellen, Holänd. Kräutertee uws.
Bey dem Handelsmann Beitnitz an der Stadtkirche sind dermalen allerhand Waaren angekommen, als: Pfeffer, Ingber, Nägelköpf, Caroliner Reiß [Reis], Spanische Nudeln, extra gute weiße Seife, Holland-Käse, Limburger, Schweizer Käse, feine weiße Stärke, extra feine blaue dito, Caffé-Bohnen pfundweiß, Javanische Caffébohnen, Baumöl, Melis, Raffinoth, Boser Brod. Auch führt derselbe allerhand guten Rauch-Tobac, Schnupf-Tobac, schöne lange Tobacs-Pfeifen, Rosinen, feine Gewürze, Thee-Boy, grünen Thee, englischen Leim, sowie Cöllnischen dito.

Zu vermieten und privat zu verkaufen
In der alten Vorstadt ist in dem Pettenkoferischen Haus die mittlere Etage, nemlich 2 Stuben, 2 Kammern und Pferdestall vor eine ledige Person um billigen Preiß zu verlehnen. Wer nun dazu Lusten hat, kann sich deßfals an behörigem Orte melden.
Eine französische Bettlade vor 2 Persohnen mit einer Decke von blauem Rasch und der Himmel nebst denen Vorhängen mit gelben Galonen bordieret, steht zum Verkauf.
Es ist ein recht gutes, von dem berühmten Silbermann in Straßburg verfertigtes Clavecin zu verkaufen, welches 3 Register nebst einem Lautenzug, 2 Claviere, die biß in das contra F gehen, und übriges wohl conditioniertes Zubehör.

Verloren und gestohlen, entflogen und verlaufen
Am letztgewichenen Sonntag-Abend ist ohnversehens eine Tombacerne Schnupftobacsdose mit dem Schnupftuch aus dem Sack gezogen worden und verloren gegangen. Wann nun der Finder der-

selbigen solche in die hiesige Buchdruckerey liefern wird, so soll er daselben 1 Gulden zum Recompenz zu empfangen haben.

Eine Schlafhaube von geblümtem Lautertuch mit einer Spitze ist vorgestern verloren worden. Wer solche gefunden und in die Buchdruckerey bringen wird, soll ein Trinkgeld erhalten.

Am Abend vor denen letzte Weihnachten ist jemandem ein Blutfink [Dompfaff], welcher das Lied „Ich weiß mir ein ewiges Himmelreich usw." und ein Trompeterstückgen pfeiffet, samt Käfig entkommen. Wer nun Nachricht hiervon hat und entweder in der Buchdruckerey die Anzeig hiervon thut oder selbigen dahin liefert, der soll ein gutes Douceur bekommen, auch der Name verschwiegen bleiben.

Verlaufen: Ein Budel-Hund, ein Dächsel-Hund, ein Poloncuser-Hündgen mit schwarzen Ohren.

Angebote

Ein ansehnlicher Mensch, welcher 6 Jahre als Cammer-Diener gedienet und gute Attestata vorzeigen kann, auch sowohl Teutsch und gut Französisch spricht, und mit Haarfrisieren umzugehen weiß, auch sich etwas auf Pferde versteht, sucht wieder als Cammer-Diener zu dienen. Er ist von Ginsheim gebürtig und logiert dermalen allhier im „Schwanen".

Ein junger Mensch, welcher schon gedienet hat, und mit Rechnen und Schreiben versehen, frisieret und rasieret, auch in der französischen Sprache erfahren, ist seiner Profession ein Schneider, sucht Dienste bey einem vornehmen Herrn.

Er ist alhier angekommen Johann Valentin Köhler, ein Harfenist aus Heydelberg, mit guten Attestata versehen, welcher mit Singen der evangelischen Lieder, auch Psalmen nach dem sächsischen Choral wohl darzu singet. Er logiert alhier im „Schwarzen Adler". Wer also seiner begehrt, kann ihn in die Häuser abholen lassen. Er wird sich zum Vergnügen sehr bescheiden aufführen.

Herr Adolph Hirsch, Italienischer Sprachmeister, empfiehlt sich dienstfertig denen Herrn Liebhabern dieser Sprach.

In der „Güldenen Cron" hat sich der Hochfürstliche Baden-Durlachische Privilierte Zahn-Operateur Joh. Andreas Kuntzmann etabliert. Er putzet 1) die schwarze, gelbe oder vom Weinstein unsauber gewordenen Zähne mit der größten Subtilität rein und weiß. 2) Füllet er die hohlen Zähne mit Gold, Silber oder Bley ohne Empfindung aus, daß solche vor dem Eindringen der Luft und der Speisen bewahret und ohne Schmerzen gebraucht werden. 3) Setzet er auch Personen, so Zähne verloren oder zu wenig im Mund haben, von einem glasierten Bein, welches zeitlebens die Farbe nicht verändert, andere ein, sodaß kein Unterschied von falschen und natürlichen

Zähnen zu machen ist. 4) Führet derselbe eine präservierende Zahn-Latwerge mit, so den üblen Geruch des Mundes benimmt.

Lesestoff für alt und jung
In der Buchhandlung des Blättgens: John Goodmans, weyl. D. Theol. und Archi-Diakon zu Middlessen: Unterredungen über die Wahrheit der geoffenbarten Religion und sittliche Dinge, als ein Muster eines edlen Zeitvertreibs vor vernünftige Menschen bei langen Winterabenden. Aus dem Englischen, 50 Kreuzer.
Processualische Mausefallen oder kürzliche Vorstellung, wie es bei Processen insgemein herzugehen pflegt, und was man Gutes dabei zu hoffen hat? 30 Kr.
Friedrich Carl Mosers [des Ministers] kleine Schriften zur Erläuterung des Staats- und Völkerrechts, wie auch des Hof- und Cantzley-Ceremoniels. a 45 kr.
Gottselige Gedanken über die Mitteilung und Bestätigung der Kindschaft, bey der Confirmation seiner Confirmanden niedergeschrieben von Georg Hohenschild, Feldprediger alhier. [Anm.: Verfasser ist der Sohn des Unterwiesenmüllers zu Eberstadt.]
Mennoza, ein asiatischer Prinz, welcher die Welt umher durchzog, Christen zu suchen, aber der Gesuchten wenig gefunden. 44 kr.
Dr. Reinhardts satyrische Abhandlung von den Krankheiten der Frauens-Personen, welche sie sich durch ihren Putz und Anzug zuziehen. 16 kr.
Das Glück, eine kritisch-satyrische Geschichte, 8 kr.
Der Abend, die Nacht, der Morgen und der Mittag auf dem Grabe, 34 kr.
Die Schule junger Frauenzimmer, Künste für Frauenzimmer in der Stadt und auf dem Lande. 1 Gulden.
Die Schwachheit des menschlichen Herzens bey den Anfällen der Liebe. 30 kr.
Die Eifersucht in der Liebes- und Lebensgeschichte des Grafen von Blendre und der Fräulein von Adlerstirn. 40 kr.

Die Lotterielose haben Wahlsprüche
Die Frankfurter Armen-Häuser-Lotterie ist gezogen. Es haben folgende Lose bey mir getroffen: Nr. 708 = Was Gott will, Nr. 829 = Wie es Gott fühgt, bin ich vergnügt, Nr. 830 = Vivat, Prinz Georg!, Nr. 830 = Cranichstein soll unsre Losung sein, und ist allstündlich das Geld gegen Einsendung der Lose bey dem Zollverwalter zu empfangen.
Weitere Gelegenheit, sein Geld einzusetzen, findet man bei der Herzogl. Württembergischen, der Hohenlohe-Waldenburger und Syndringer, der Gräfl. Ysenburgischen, der Hochfürstl. Erbach-

Schönbergischen und nicht zuletzt natürlich der Darmstädtischen Lotterie. Die Lotterieeinnehmer sind der Schutzjude Heyum Gundersheim, die Directionskommission in der Mainzer Gaß, der Cafetier Joh. Philipp Becker (der das 1. Darmstädter Kaffeehaus eingerichtet hat) und der schon genannte Zollverwalter.

Polizey-Publicandum, betr.: die Gassensäuberung
Es wird „mißfällig bemerkt", daß Straßen und „Gässger" der Stadt „mit Baumaterialien, Wägen, Karn [Karren], Fässern, Dielen, wie auch Schutt, Kersel [Kehricht] und Mist versperrt und fast ungangbar gemacht sind." Also wird allen Bürgern, Christen wie Juden, verboten: 1. Die Straßen mit Kutschen, Wagen usw. zuzustellen, 2. Kersel oder Mist vor die Häuser, in den Schloßgraben oder den Stadtbach zu schütten. 3. wird den Barbierern und Feldscheerern verboten, ihre Rasierbecken mit Seifenwasser aus den Häusern auf die Gasse zu gießen. 4. Für das Abfahren von Mist und Kersel wird den „Kärchern" [Fuhrleuten mit Karren] folgende Taxe auferlegt: 6 Kreuzer vor die Stadttore, das Bessunger und Frankfurter Tor, in das Hölgen, den Soder und dasige Gegend an den großen Woog, biß an den alten Messeler Weg und die Herren-Wingertsgärten, 7–8 Kreuzer vor das Sporertor, nach dem Arheilger Weg und durch den Bangertsgarten.

Angekommene frembde Herren Passagirs
An den verschiedenen Stadttoren sitzen die Wachen. Wer in die Stadt hinein will, muß sich genauestens ausweisen. Wer irgend nur von Rang und Stande ist, wird aufgeschrieben und dem „Blättgen" gemeldet. So atmet man hier den Duft der großen Welt zeitungslesend ein. Es ist aber schon recht erstaunlich, wer da alles ankommt. Wir notieren vom Jahre 1750 folgende Passagirs:
5 Handelsleut auf den ordinairen Postkutschen – 3 Grafen Radullinski aus Pohlen – Herr Graf Nesselrath – Herr von Kelter, Kayserl. Hauptmann – Herr Daniel, Amtskeller aus Stuttgart – Herr Basumbiere, Kaufmann aus Frankfurth – Herr Dißbach, Holländischer Capitain – Printz Josephus Nahemi, aus Syrien, nebst bey sich habenden 3 Personen, logiert im „Adler" – Herr von Wallmoden, Cammer-Junker vom König von England, logiert im „Trauben" – Herr Graf von Degenfeld, Preußischer General-Lieutenant, logiert im „Adler" – Herr Stamm von Büdenkopp [Biedenkopf], logiert im Storken [Gasthof zum Storch] – Herr Sprenger, Procurator von Frankfurth. [Des letzteren Frau stammt aus Eberstadt und ist die Tochter des Unterwiesenmüllers Hohenschild, wie auch Schwester des obengenannten Feldpredigers.]

Ein *Auszug aus dem Jahr 1756 enthält folgende Passagirs:*
Herr Dames und Herr Chiacky, beide Musici aus Mannheim, logieren im „Ochsen" – vier Musikanten aus Wien, logieren im „Schwanen"; und 17 Kauf- und Handelsleut – Herr Baron von Cleres, Bayrischer Lieutenant – drei französische Offizirs – 4 Holländische Offizirs – Herr Graf Uschinski aus Pohlen – Herr Major von Rabenau aus Echzell – Herr Graf Holstein, Dänischer Generaladjutant – Frau von Säng, Kayserl. Hauptmännin (diese logiren im „Trauben") – Herr von Gottwitz, französ. Capitain – Ihro Durchlaucht der Prinz von Usingen – die Frau Marschallin Gräfin von Löwenthal – Herr von der Heyden und dessen Suite aus Paris, sowie 4 Holländische Offizirs und 11 Kaufleuthe aus Mannheim und Frankfurt. Es folgen: der regierende Graf von Erbach und dessen Suite – Herr Graf Brühl, Cammerherr vom König in Pohlen – Herr Graf von Ysenburg, Churpfälzischer Hauptmann – Herr Graf von Burggraf, Churpfälzischer Rittmeister von der Leib-Guarde zu Pferd – Frau Gräfin von Heydenheim mit bey sich habender Suite von Personen, und der Herr de la Fron, gewesener General in Rußland.
Dies sind nur einige wenige beliebige Auszüge. Die Herren und Damen logieren teils, als erlauchte Gäste, im Hochfürstl. Landgräflichen Schloß, teils in den Gasthöfen als da sind: Zum „Trauben" (heute Hotel Traube), zum „Ochsen", zum „Schwan", zur „Güldnen Cron", zum „Schwarzen Adler", zum „Engel" und zum „Wilden Mann".

3. Wendel Geibel macht sein Testament

Hausbuch Geibel, 3. Teil
Unter dem dritten Schreiber im Hausbuch, Johann Leonhard Geibel (1695–1779), scheint das Geschäft mehr und mehr zu florieren. Man erkennt es an Ackerkäufen, Erwerb von Weingärten, zum Teil allerdings aus Versteigerungen usw., mit deren Eintragung sich manche Seite im Hausbuch füllt.
Inzwischen sind auch die Kinder herangewachsen. *Anna Maria* verheiratet sich 1761 mit Georg Wendel *Leining*. Sie bekommt 135 Gulden „zu ihrem haus" sowie zur Aussteuer u. a. „ein neu bett 18 ehl. bargen [18 Ellen Barchent] und vor ihr schwartz kleitt 11 Gülden". Das ist wohl das neue Abendmahlskleid. Im nächsten Jahr stiftet der Vater „3 gulten zur Amm", also für die Hebamme. Im gleichen Jahr macht der *Sohn Wendel* – nun schon der vierte in der Schmiededynastie Geibel – sein *„Meisterstück"*. Die Kosten trägt der Vater im Hausbuch ein, zum Beispiel: „Zu des Wendel Meister

Stick auff. Darmstatt ein gebott machen lassen 24 fl. [Gulden]" – „zu seim meister stick zu machen 30 fl." – „dem ams diner [Amtsdiener] geben 15 alb.".

Die *Hochzeit des Wendel* am 6. Mai 1762 mit „Anna Elisabetha, Gottfried Soßdorfs aus Krumstatt tochter, verwittibte Hirschin" richtet ebenfalls der Vater aus. Zuerst wird der Bräutigam neu ausstaffiert: „vor sein kleitt, duch und futer und kneb und Carn geben 30 fl.". Das ist der neue Anzug mit Tuch, Futter, Knöpfen und Garn. Dazu kommen die Schuhe: „vor ein par schu geben 1 fl. 20 alb."

Für das *Hochzeitsmahl* werden gebraucht: „8 pund Cal fleisch [Kalbfleisch] 1 fl. – 25 pund Schweinfleisch 3 fl., 10 alb. – 13 pund ossen fleich 1 fl., 26 alb. – zu gewirtz 20 alb. – 3 zidrone 18 alb. – vor reiß [Reis] 7 alb., 4 pfennig". Alles übrige, wie Fett, Butter, Gemüse, am Ende auch schon Kartoffeln hat man selbst im Hause. An *Gebühren für die Trauung* muß der Vater zahlen „1 fl. 15 alb. den schulbuben [für das Singen] – dem Herrn Parr [Pfarrer] 2 fl. 22 alb. 4 pfennig [für die sogen. Stolgebühren] – Herrn Scholhaß [dem Praeceptor Schellhaß für Orgelspiel] 22 alb. 4 pf. – dem klekner [Glöckner] 22 alb. 4 pf.".

Am 27. Januar 1767 *stirbt Frau Anna Ursula,* Leonhard Geibels Frau. Ein kurzer Eintrag darüber ist zugleich der letzte von dessen Hand im Hausbuch. Er selbst ist 1779 im Alter von 84 Jahren heimgegangen.

Es folgt *Johann Wendel Geibel (1731–1808).*

Nachdem wir in den Eintragungen des Vaters mancherlei über den Wendel gehört haben, ist dieser selbst sehr wortkarg im Hausbuch. Er scheint ein ebenso zurückhaltender wie fleißiger und betriebsamer Mann gewesen zu sein. Das letztere mag man aus den vielen Einträgen schließen, die seine Finanzen betreffen. Er hat viel Geld ausgeliehen und führt darüber genau Buch.

Einmal freilich läßt uns Wendel Geibel sozusagen in sein Herz hineinsehen. Als er 73 Jahre alt geworden, schreibt er *sein Testament* im Hausbuch ein, selbstverständlich auch hier in allem genau und korrekt.

„Wann ich nach Gottes willen sterben werde, so sollen meine leuthe morgends mich begraben lassen und durch das gericht lassen tragen und ihr Gebühr, wie gewenlich, geben, nemlich 3 Kuchen, 2 leib broth, ein braden [Braten], 6 maß wein und 2 fl. an geldt, und mit Mihr zur Leich soll gehen mein Dochtermann und mein 2 Söhne und mein brutter [Bruder] Johannes. Mein schwester kann bey meiner frau bleiben, biß solge [solche] wieder vom Kirchhoff kommen, und soll solges [die Beerdigung] *ganß still und ohne große manier* hergehn." Anschließend ist das gesamte Vermögen aufge-

zeichnet sowie die noch vorhandenen Ausstände – samt genauer Verteilung auf die Erben. Zum Schluß wird noch einiger Hausrat verteilt: „Erstlich ein Kleitter Schrank und ein mehl Kasten dem Johannes – ein Küchenschrank, der Liß zu gefallen – ein disch in der understub [ist jedoch wieder durchgestrichen] – ein disch in der oberstub dem jacob – ein kleiner back Droog [Trog] dem Johannes" usf.
Jedoch: der Mensch denkt und Gott lenkt! Wendels Frau stirbt *vor* ihm, und dies ist dann der letzte Eintrag von seiner Hand: „1804. 10. Decbr., ist meine, in ihrem Leben lieb geweßene Frau in dem Herrn selig entschlafen und ist begraben worden mittwochen, 12. Dcb., morgens um 9 uhr und ist durch das gericht getragen worden, ist alt worden 70 jahr und 8 mont.
Nun, der liebe Gott gebe mihr ein baldige nachfahrt in das Ewige leben, welches ich von Hertzen wünsche durch Jesum Christum! Amen. Wendel Geibel." (Er starb den 17. Januar 1808.)

4. Goethe im Eberstädter „Ochsen"

Am Montag, dem 30. Oktober 1775, früh morgens um 6 Uhr, besteigt in Frankfurt am Main ein Herr die Kaiserliche fahrende Post. Es handelt sich um den Lizentiaten der Rechtswissenschaft Johann Wolfgang Goethe, dermalen Advokat in seiner Vaterstadt, 26 Jahre und in literarischen Kreisen als Verfasser des „Werther" und des „Götz von Berlichingen" bereits hinreichend bekannt. Die Reise soll zunächst nach Heidelberg gehen und von da aus weiter nach Italien. Ein Diener begleitet den Herrn Rechtsanwalt.
Das erste Stück der Fahrstrecke führt über Langen nach Darmstadt und weiter nach Eberstadt. Hier hält die Kutsche am Gasthof „Zum Ochsen" zur üblichen langen Mittagsrast. Und ausgerechnet hier, an diesem gänzlich unbedeutenden Ort, beginnt Goethe sein berühmtes Tagebuch.
Vermutlich hat er in der rückwärtigen Stube mit dem Blick zur Burg Frankenstein einen stillen Platz zum Nachdenken und Schreiben gefunden. Die erste Tagebuchseite wird zu Papier gebracht, wie wir sie im originalen Wortlaut wiedergeben.
„Ebersstadt, d. 30. Oktr 1775
Bittet daß eure Flucht nicht geschehe im Winter, noch am Sabbath: lies mir mein Vater zur Abschiedswarnung auf die Zukunft noch aus dem Bette sagen! – Diesmal rief ich aus ist nun ohne mein Bitten Montags Morgends sechse, und was das übrige betrifft so fragt das liebe unsichtbare Ding das mich leitet und schult, nicht ob und wann ich mag. Ich packe für Norden, und ziehe nach Süden; ich

sagte zu, und komme nicht, ich sagte ab und komme! Frisch also, die Torschließer klimpern vom Burgemeister weg, und eh es tagt und mein Nachbaar Schuflicker seine Werkstäte und Laden öffnet: fort. Adieu Mutter! – Am Kornmarkt machte der Spenglersiunge rasselnd seinen Laden zurechte, begrüste die Nachbaarsmagd in dem dämmrigen Regen. Es war so was ahndungsvolles auf den künftigen Tag in dem Grus. Ach dacht ich wer doch – Nein sagt ich es war auch eine Zeit – Wer Gedächtniß hat sollte niemand beneiden. – Lili Adieu Lili zum zweitenmal! Das erstemal schied ich noch hoffnungsvoll unsere Schicksale zu verbinden!

Es hat sich entschieden – wir müssen einzeln unsre Rollen ausspielen. Mir ist in dem Augenblick weder bange für dich noch für mich, so verworren es aussieht! – Adieu – Und *du*! wie soll ich dich nennen, dich die ich wie eine Frühlingsblume am Herzen trage! Holde Blume sollst du heißen! – Wie nehme ich Abschied von dir? – Getrost! Denn noch ist es Zeit! Noch die höchste Zeit – Einige Tage später! – und schon – O lebe wohl – Bin ich denn nur in der Welt mich in ewiger unschuldiger Schuld zu winden – Und Merck, wenn du wüßtest daß ich hier der alten Burg nahe sizze, und dich vorbeyfahre der so oft das Ziel meiner Wanderung war. Die geliebte Wüste, Riedesels Garten den Tannenwald, und das Exerzierhaus – Nein Bruder du sollst an meinen Verworrenheiten nicht theilnehmen, die durch Theilnehmung noch verworrener werden.

  Hier läge denn der Grundstein meines Tagbuchs!
  und das weitere steht bey dem lieben Ding das
  den Plan zu meiner Reise gemacht hat."

Mit den Verworrenheiten ist einmal die Beziehung zu Lili Schönemann in Frankfurt gemeint, die Goethe gelöst hatte – zum andern aber die Enttäuschung durch den Herzog Karl August zu Sachsen-Weimar, da er schreibt: „Ich packte für Norden und ziehe nach Süden".

Für „Norden" heißt: nach Weimar! In Karlsruhe hatte Goethe nicht lange zuvor die Bekanntschaft mit dem Herzog Karl August von Sachsen-Weimar erneuert und war auch mit dessen Braut, Prinzessin Luise von Hessen-Darmstadt, einer Tochter der „Großen Landgräfin", Henriette Caroline, zusammengetroffen. Die beiden Männer hatten solches Gefallen aneinander gefunden, daß Goethe eine Einladung nach Weimar angenommen hatte. Er nahm bei Freunden und Bekannten in Frankfurt Abschied und – dann kam die Kutsche nicht, die ihn abholen sollte. Der Vater riet deshalb zur Reise nach Italien, zur „Flucht".

Doch es löste sich alles. Die 2. Tagebuchseite, die am Abend in Weinheim geschrieben wird, zeigt den Dichter schon in besserer Stimmung.

Ehemaliges Gasthaus zum „Ochsen",
Gedenktafel an Goethe links daneben

„Weinheim Abends sieben. – Was nun aber eigentlich der politische, moralische, epische oder dramatische Zweck von diesem allem? – Der eigentliche Zweck der Sache meine Herren (hier belieben alle vom Minister, der im Namen seines Herrn Regimenter auf gut Glück mitmarschieren läßt, biss zum Brief und Zeitungsträger ihre Nahmen einzuzeichnen. NB. Von dem Rangstreit der Brief und Zeitungsträger nächstens) – ist, daß sie gar keinen Zweck hat. – soviel ists gewiß, treffliches Wetter ists, Stern und Halbmond leuchten, und der Nachmittag war trefflich. Die Riesengebeine unsrer Erzväter aufm Gebürg, Weinreben zu ihren Füßen hügel abgereiht, die Nußallee, und das Thal den [nach dem] Rhein hin. Voll keimender frischer Wintersaat, das Laub noch ziemlich voll und da einen heiteren Blick untergehender Sonne drein! – Wir fuhren um eine Ecke! – Ein mahlerischer Blick! – wollt ich rufen. Da faßt ich mich zusammen und sprach! sieh ein Eckgen wo die Natur in gedrungener Einfalt uns mit Lieb und Fülle sich um den Hals wirft. Ich hatte noch viel zu sagen, möcht ich mir den Kopf noch wärmer machen – Der Wirth [in Weinheim] entschuldigte sich, wie ich eintratt daß mir die Herbst Butten [Traubenbütten] und Zuber im Weg stünden; wir haben sagt er eben dies Jahr Gott sey Dank reichlich eingebracht. Ich hies ihn garnicht sich stören, denn es sey sehr selten, daß einen der Segen Gottes inkommodiere – Zwar hatt ichs schon mehr gesehn – Heut Abend Bin ich kommunikativ, mir ist als redet ich mit Leuten da ich das schreibe – Will ich doch allen Launen den Lauf lassen."

Den andern Tag fährt Goethe weiter nach Heidelberg, um hier mit Freunden – darunter Demoiselle Delph, wo er einkehrt – ein paar Tage zu verweilen, bis er sich endlich nach Italien aufmacht. In einer Nacht aber wird die ganze Gasse durch das laute Hornblasen eines reitenden Boten aufgeschreckt, der einen Herrn Goethe aus Frankfurt sucht. Aufgeregt erscheint Jungfer Delph mit Licht und Brief an dessen Bett: Nachricht von Karl August, Herzog zu Sachsen-Weimar!

„Eine heftige Scene beendet Goethe dadurch, daß er dem Diener befiehlt einen Wagen zu bestellen! Jetzt benutzt er eine Extrapost, um schneller an das vorherbestimmte Ziel zu gelangen. Mit den leidenschaftlichen Worten Egmonts über die Gewalt der Schicksals bricht er auf. Vier Tage später, über die wir keinen Bericht haben, am 7. November, einem Dienstag, kommt Goethe um 5 Uhr morgens in Weimar an. Jetzt erst kann er wissen, was es bedeutet: Ich sagte zu und komme nicht, ich sagte ab und komme. Es ist zugleich komplexer und einfacher, als er in Eberstadt vermutete. Unbeirrbar hat ihn das liebe unsichtbare Ding seinen Weg geführt. Es beginnt ein neues Kapitel nicht nur in der Biographie Goethes, sondern in der deutschen, ja sogar in der europäischen Geistesgeschichte." (I. Kruse)

5. Portrait eines Aufklärers

Mitte Juli 1751 zieht ein neuer Pfarrer in Eberstadt auf, Johannes May, von dem man noch nicht ahnen konnte, welche Bedeutung er einmal für das Dorf erlangen würde. Er darf mit Fug und Recht ein Sohn der Aufklärung, des Rationalismus genannt werden. Zwar gelten die Pfarrer dieser Epoche in feineren Theologenkreisen zuweilen als Leute, die an Weihnachten im Blick auf die Krippe nur über den „Nutzen der Stallfütterung" predigen und im übrigen den Kartoffelanbau beförderten. Letzteres taten sie wohl, aber es steckte doch mehr dahinter. Schließlich stellt sich sogar heraus, welcher Schwärmerei und Gefühlsseligkeit ein „Aufklärer" fähig sein kann.
Nach bestandenem Examen war Johannes May nach Darmstadt gegangen und hatte sich mit „Privatinformation" beschäftigt, d. h., er war Hauslehrer geworden. Als sich zarte Bande mit einer Pfarrerstochter aus dem Dreieicher Hain bildeten, war es an der Zeit, sich um eine Pfarrstelle zu bewerben. Biebesheim liegt ihm im Sinn. May sendet das offizielle Gesuch um die Stelle an den Landgrafen, unterstützt es gleichzeitig aber mit einem Poem, das sogar in der „Frankfurter Gelehrten Zeitung" gedruckt wird. Er muß gute Beziehungen zu hohen und höchsten Kreisen haben, in denen er als Hauslehrer beliebt ist, daß er sich solches leisten kann, zumal die Reime nicht gerade flüssig sind.

> Mein Wunsch ist klein vor Deine Gnad!
> Ich such' nicht Ehr, noch große Schätzen –
> Du kannst mich ohne Wundertat
> mit einem Wort in Ruhe setzen.
> Oh mach den Schluß von meinem Reim,
> schreib', teurer Fürst, schreib: Bibißheim!

Der teure Fürst jedoch, Landgraf Ludwig VIII., schrieb keineswegs das Gewünschte, sondern – Eberstadt. Und so bekommt unser Dorf einen gar trefflichen Mann.
Am 23. November 1751 wird geheiratet. Den Eheleuten werden 8 lebende Kinder geboren. Die engen Kammern im Pfarrhaus sind stets belegt. Buben und Mädchen wachsen früh in die häuslichen Pflichten hinein, als da sind: Vieh und Hühner besorgen, Kühe melken, Holz holen, Obst pflücken, Trauben lesen, der Mutter bei der großen Wäsche zur Hand gehen und dabei noch fleißig lernen und studieren.

Der Pfarrherr plagt sich mit allerlei Nöten und Ärgernissen dienstlicher Art herum. Die Kirchenrechnungen jener Jahre erzählen vom ständigen Kampf mit den Reparaturen und dem notorischen Geldmangel. Alle Augenblicke fällt ein Gefach aus den Wänden im Pfarrhaus, das Scheuertor fällt auseinander, das Dach vom Taubenhaus trägt ein Sturm davon. Die Löcher im Haus-Ehrn (Hausflur) müssen geflickt werden, der Feuerherd neu gemauert, das „Tagloch" am Keller „reberiert" werden, „welches bey Nachtzeit von den Dieben verruinieret worden". Im Kuhstall muß der Schmied neue „Reff hoke (Reff-Haken an der Futterkrippe) anbringen.

Auf dienstliche Notstände macht Johannes May den Superintendenten in einem Visitationsbericht aufmerksam. Da ist immer noch die leidige „Hurerei", da „viele das 2. und 3. Hurenkind gantz ohngestraft in die Welt setzen", wodurch die Autorität der Kirchenältesten zum Spott wird. Ja vielfach wird die Hurerei geradezu für eine *„privilegierte Sünde"* angesehen. — Ein andrer Übelstand ist die ständige Störung des sonntäglichen Gottesdienstes durch Fuhrleute, die „die Unterthanen einfach aus der Kirche herausrufen lassen", um Vorspann zu leisten.

Doch ungetrübt ist die Schwärmerei unsres „Aufklärers" für die geliebte Heimat, die Bergstraße, und das angestammte Fürstenhaus.

Schon 1756 läßt er in der Fürstl. Hof- und Cantzley-Druckerei ein Büchlein erscheinen: „Kurze poetische Gedanken über die irdische Glückseligkeit der Bergstraß", die allerdings reichlich lang geriaten. Wir wollen wenigstens zwei Verse daraus zitieren.

>Bergstraß! Schönster Strich der Welt,
>holde Gegend, Hessens Gosen,
>Bild des Segens und der Lust,
>Garten voller Frucht und Rosen,
>Mutter, die stets ihre Kinder
>mit gefüllten Brüsten nährt,
>wenn ich nicht dein Lob besänge,
>wär ich nicht der Gegend wert.

>Jeder Fremdling, dem vor allem
>Sonst sein Vaterland gefällt,
>hält die Gegend, wo wir wohnen,
>vor den schönsten Strich der Welt.
>Denn als nach dem Sündenfalle
>Eden dort sein Glück verließ,
>bleibt nunmehr auf dieser Erde —
>Bergstraß einzig Paradies.

Oekonomische,
auf Erfahrung und Augenschein gegründete,

Anmerkungen,
über die

Ab- und Zunahme
des

Nahrungsstandes
der Unterthanen in Eberstadt, bei Darmstadt.

Von einem durch 40 Jahre nicht gleichgültigen Beobachter.

J. May

Darmstadt,
im Verlag der Fürstl. Invalidenbuchhandlung.
1791.

Titelblatt der Schrift des Pfarrers Johannes May 1791

Ludwig IX. ließ 1772 den Aussichtsturm (einen der ersten in Deutschland) auf dem Melibokus errichten. Auf einer dort angebrachten Tafel verkündet Johannes May:

> Dies Denckmal, Cattenberg,
> du Ursprung aller tapfren Hessen,
> hast du der Gegenwart
> des neunten Ludwig beizumessen,
> der, wie dein erstes Volck
> gedacht und dencken wird,
> daß Heldenmut und Ruhm
> des Fürsten größte Zierd.

Hier liegt freilich eine doppelte Verwechslung vor. Der Malschenberg, wie er eigentlich heißt, ist falsch latinisiert, und die Heimat der Chatten (oder Hessen) aus Oberhessen hierher verlegt worden, wo sie nie gesessen haben.

Einige Jahre später hat der damals bekannte Reiseschriftsteller Joachim Heinrich Campe den Vers, in Unkenntnis der pastörlichen Urheberschaft, nach Strich und Faden verrissen: „Diese Reimereien sind so erbärmlich, daß sie in dem rohen Gehirn eines Jägers oder Bereuters entstanden sein müßten, der seinem Fürsten eine derbe Schmeichelei auftischen wollte, um ein Geschenk oder eine bessere Versorgung zu erhaschen." Damit dürfte dem glühenden Verehrer Ludwig IX. und seiner Gemahlin, der Großen Landgräfin, doch ein wenig Unrecht getan sein.

(Der Aussichtsturm samt Tafel wurde 1945 von deutschen Truppen in die Luft gesprengt.)

Das härteste Leid, das eine Familie treffen kann, bricht 1773 über das Eberstädter Pfarrhaus herein. Die Mutter stirbt. Im Kirchenbuch lesen wir von der Hand des Gatten geschrieben den Sterbeeintrag:

„den 13. Februar starb meine ewig unvergeßliche Gattin Maria Philippina Justina, eine gebohrene Fridelin, und wurde den 16. unter viel tausend Thränen zur Erde bestattet ihres Lebens 48 Jahr und 6 Monath."

Ein Epitaph zu ihrem Andenken im Stil der Zeit hängt heute am Eingang zur Kirche. Oben ist eine zierliche Maiblume zu sehen (nach dem Namen „May") und unten ein Totenschädel mit Fledermausflügeln. Die Inschrift besagt: „Dem unvergeßlichen Andenken einer ewig geliebten Freund- und Gattin, der weyland tugendsamen und werthesten Frau Maria Philippina, geb. Friedelin, welche 1724 den 24-ten August in dem Dreyeicher Hayn gebohren und nach einem 22-jährigen vergnüglichen und gesegneten Ehstand den 13-ten Februar 1773 selig verschieden. Aus Hochachtung und

Liebe errichtet von dem tiefgebeuten Witwer Johanes May, Pfarrer alhier."

Zwei Jahre später muß Johannes May den Tod seiner Tochter Friderika eintragen, die mit 21 Jahren stirbt. Den eigentümlich schönen Text ihres Gedenkens entnimmt der Vater dem 45. Psalm: „Höre, Tochter! Siehe und neige deine Ohren und vergiß deines Volkes und deines Vaterhauses, so wird der König Lust an deiner Schöne haben; denn er ist dein Herr, und du sollst ihn anbeten."

Johann May selbst stirbt 1796. Der Sohn und Nachfolger trägt die Beerdigung im Sterbebuch ein: „den 12. Februar starb der Fürstliche Pfarrer Herr Johannes May in seinem 73. Jahr und 45. Amtsjahr. Er war geboren zu Hähnlein anno 1724 und kam 1751 als Pfarrer hierher, nachdem er zuvor in Darmstadt als Candidat sich mit Privatinformation beschäftigt. Sein Andenken bleibt allen, die ihn kannten, im Segen."

Eine Todesanzeige erscheint im Darmstädter Frag- und Anzeigungsblättchen: „Mit der innigsten Wehmut mache ich in meinem und meiner Geschwister Namen allen unsern Verwandten und Freunden bekannt, daß wir unseren teuren Vater, den bisherigen Pfarrer May zu Eberstadt am 12. May durch die Folgen eines Schlagflusses verloren haben. Da wir ohnehin überzeugt sind, daß keiner seiner Freunde diese Nachricht ungerührt lesen wird, so verbitten wir uns alle schriftlichen Versicherungen ihrer Teilnahme. Ernst Wilhelm May, Freiprediger bei der hiesigen Garnisonsgemeinde." (Das „verbitten wir uns" bedeutet nur: Wir bitten Abstand zu nehmen.)

Im Jahre 1858 trägt einer der Nachfolger eine Liste der hiesigen Pfarrer in die Chronik ein. Da heißt es von Johannes May, unterstrichen: *„Sein Andenken steht noch im Segen."*

6. Kartoffeln und Dung befördern den Wohlstand

Johannes May gibt 1791 in der Fürstl. Invalidenbuchhandlung zu Darmstadt ein schmales Büchlein heraus, dem er den zwar länglichen, aber zu bescheidenen Titel gibt: „Oekonomische, auf Erfahrung und Augenschein gegründete *Anmerkungen* über die Ab- und Zunahme des Nahrungsstandes der Unterthanen in Eberstadt bei Darmstadt. Von einem durch 40 Jahre nicht gleichgültigen Beobachter." In Wahrheit ist dies eine grundlegende sozialpolitische Arbeit mit hochinteressanten Aufschlüssen über die Situation des Dorfes gegen Ende des 18. Jahrhunderts. Deshalb geben wir weite Teile des Büchleins im Wortlaut wieder.

Wie reizend ist doch der Geschmack

Der *Kartoffelanbau in Eberstadt* ist, so berichtet Johannes May, vor allen anderen Orten im Land ausgezeichnet an Menge und Geschmack. Kartoffel, ein Gepflänz, von welchem schon so viel gesagt und geschrieben, vielleicht aber nirgends als in Eberstadt so viel davon empfunden worden, verdient, daß ich mich etwas dabei aufhalte. Dieses Produkt schien eigentlich in Eberstadt sein Mutterland gefunden zu haben und alles zu ersetzen, was uns sonst mangelte. Unsere ausgebreiteten Sandgegenden haben sich über alles Erwarten, wann sie nur einigermaßen gedüngt werden, in dieser Plantage [Anpflanzung] ergiebig erzeiget, so daß man wohl Beispiele in nicht zu dürren Jahren gehabt, wo ein wohlgedüngter Morgen zu 100 Ruten 100, ja wohl 120 Malter hervorgebracht. Wer sollte nun bei einem solchen Segen nicht aufgefordert werden, selbst Hand anzulegen! So wuchs dieser Anbau dermaßen, daß, etwa im 1790er Jahr, gewiß *16000 bis 18000 Malter* eingesammelt wurden.

Dieser Bau [Anbau] hatte noch den sichtbaren Nutzen, daß unsre vordem wilden Berggegenden [nach Nieder-Ramstadt zu] angerodet, von Mutterunkraut gereinigt, aufs folgende Jahr an Früchten auf gereinigten Äckern doppelte Ernte gegen sonst brachten. Es ist wahr, der größte Teil dieses Produktes wird auf Nahrung für Menschen und Vieh verwendet –, so, daß wenn nur ein Jahr ein totaler Mißwachs [an Korn u. dgl.] entstehen sollte, bei der überhäuften Menschenmenge gewiß *Hunger und aus diesem entstehende Pest* folgen würden. Ich kann mir daher die schon seit über 100 Jahren in Teutschland unbekannte Pest, welche nach der Geschichte alle Jahrhunderte grassierte und durch Mißwachs, Krieg und Hunger erweckt wurde, nicht anders, als durch diese neue Brodkammer [eben der Kartoffel] erklären.

Setzt man nun noch hinzu, wie gesund diese Kost für Menschen und Vieh ist, *wie reizend der Geschmack für Reiche und Arme*, besonders wie lüstern die Kinder nach solchen streben, wie leicht die Apretur besonders beim Landvolk durch Salz, Öl oder Essig geschiehet, und bei bloß gequellten Kartoffeln die Kinder zufriedener sind, als bei Semmeln, Fleisch und andern Gerichten, – so kann man daraus schließen, was arme Familien eine Ersparnis an Brod dadurch gewinnen, und daß man diesen unerkannten Nahrungssegen zur Verbreitung nicht genug anpreißen kann.

In Eberstadt kommt noch hinzu, daß Kartoffel *fast das einzige sichere Produkt* ist, woraus die Unterthanen häusliche Bedürfnisse und Abgaben [Steuern] bestreiten. Sechs, in Zukunft neun importante *Brandweinbrennereien*, welche 500 bis 600 Ohm jährlich debitiren, erfordern gewiß jährlich *8 000 Malter Kartoffeln,* ohne den Zusatz an Früchten [Korn etc.] zu rechnen. Eine sehr glückliche und wohltätige Erfindung zur Fruchtersparung! Kein Unterthan ist im Ort, der nicht nach Proportion seiner Güther eine ansehnliche Parthie verkaufen und auf dem Felde versilbern kann – so, daß man den Betrag des erlösten Geldes leicht auf 4 000 fl. [Gulden] rechnen kann. Da ferner die Kartoffelplantage nicht leicht mißräth, keinem Wetterschaden unterworfen ist und öfters in schlechten Fruchtjahren am besten gedeihet, so verdient solche mit Recht in Eberstadt den *Namen eines sicheren Rettungsmittels* bei allen sonstigen Bedürfnissen der Unterthanen. Dieser Kartoffelbau hat bei uns die Wirkung [wegen dem dadurch zu erlösenden Gelde] gehabt, daß jetzo jedes Guthstück [Grundstück] vierfach höher verkauft wird, und der Gütherbestand hat sich dadurch so erhöht, daß öfters vom Morgen 24 fl. jährlicher Bestand [Pacht] bezahlt wird.

Von Kühen, Schweinen und einem niedrigen Gegenstand – Nichts für delikate Ohren –

Der Viehbestand ist jetzt ganz das Gegenteil von jenem vor 40 Jahren. Da nun durch die Kartoffel der Unterthan reichlich mit gedeihlichem Winterfutter versehen und in Stand gesetzt ist, das etwa mangelnde rauhe Futter zu kaufen, so kann sich jetzo der Unterthan seine Ochsen, [denn diese machen hier im Ganzen das Zugvieh aus] selbst anziehen [heranziehen], da er solche sonst von Juden borgen mußte. Man siehet deswegen wenig Unterthanen, welche nicht ihre Zöglinge neben ihrem Zugvieh laufen haben, und unser Melkvieh, das sonst so elend war, kann jetzt neben jede Heerde in der Obergrafschaft gestellt werden und wird viele an Ansehen und Benutzung übertreffen.

Die verbesserte Viehnahrung und die vergrößerte Benutzung unsrer Bergfelder hat die gute Wirkung gehabt, daß der Mittelmann [mittlere Bauer] seinen Ackerbau mit Zügen von Kühen bestellt und dadurch die Anspannung allhier verdoppelt hat. Was eine verbesserte Viehzucht wiederum für Einfluß auf die *Besserung der Güter durch die Dung* erhält, brauche ich hier nicht anzuführen. Aber neu in Brauch und Nutzung gesetzte Dung-Arten allhier, die man ehemals für Gift hielt, darf ich wegen ihrem großen Nutzen zum Kartoffel- und Fruchtbau nicht übergehen, *so niedrig auch der Gegenstand manchen delikaten Ohren* scheinen möchte. Ich meine den Pfuhl und die Schweinedung!

Elf mehrenteils große und mit starkem Wassertrieb versehene *Mühlen,* die gewiß jährlich etliche 100 000 fl. [Gulden] durch Ein-

und Verkauf im Handel in Umlauf bringen, unterhalten schon seit undenklichen Jahren vom Abgang der Mahlfrüchte *eine starke Schweinemast.* Einige treiben es jetzo so stark, daß sie 70 bis 80 und mehr Stück unterhalten und so vielleicht des Jahres 4 mal abwechseln.

Ein *schädliches Vorurtheil, daß die Dung von Pfuhl und Schweinen* auf dem Sand nachtheilig und für Gepflänz und Früchte ein brennendes Gift seyen, verursachte, daß ehemals mehrere hundert Wagen davon durch hiesige Bach *in den Rhein geschwemmt* wurden. Vor etwa 20 Jahren wagte es endlich der aus seiner Schlafsucht erwachte und vom herkömmlichen Gengelbande befreite Unterthan, Proben von dieser Dungart *beim Kartoffelbau* zu machen. Nun wurde dieser schmutzige Ackersegen, den man sogar vor 40 Jahren [jezt weiß man es besser!] als ein Gift verboten in die Bach zu werfen, aller Orten aufgesucht und der Wagen wohl zu 1 fl. [Gulden] bezahlt. Nimmt man noch die Pfuhldung hinzu, welche sonst bei jedem Regenguß aus den Höfen in die Bach geflößt worden, oder zum Nachtheil der Gesundheit in den Höfen verdampfen mußte, – der aber jezt in Fässern aufs Feld gefahren wird und trefflich anschlägt, – so kann man gewiß diesen zwei Dungarten einen Zuwachs von mehreren 1000 Maltern Kartoffeln allein zuschreiben.

Wovor Amsterdam Millionen zahlen würde!

Die hiesige *Wasserbenutzung* hat einen unbeschreiblichen vorteilhaften Einfluß auf den Wohlstand der Unterthanen. Wir benutzen hier *3 Quellen vom besten Bergwasser,* welche durch Röhren ins Ort geleitet werden. Davon versorgt die erstere das Ort aus 5 Fontainen mit dem schmackhaftesten und gesundesten Wasser, das vielleicht nirgends besser zu finden ist. Da die Gemeinde die Röhren zur Wasserleitung umsonst aus ihrem Wald nehmen kann, – wo andere sie von entfernten Orten Eberstadt theuer abkaufen müssen, – so ist die Unterhaltung der Fontainen von keinen großen Kosten. Eine von den *unerkannten Wohltaten,* weil solche beständig fort fließen, *wovor Amsterdam Millionen zahlen würde!* Die beiden anderen Quellen springen theils in unseren 3 großen *nahrhaften Brauhäusern,* so hoch man will, erleichtern das Braugeschäfte und bringen uns das von undenklichen Zeiten im ganzen Bezirk um uns bekannte gute Eberstädter Bier, – theils werden solche in 5 starken *Brandtweinbrennereien* zu Kühlung der Tonnen fast ohne Handanlegung bebraucht, da ohne diese Erleichterung diese Fabriken nur mit schwerer Arbeit und geringerer Ausbeute müßten betrieben werden. Endlich: welche Lobrede würde *unsre Modaubach* erhalten, wenn sie solche hören könnte, da sie bei Eber-

Die alte Herren- oder Kaisermühle, 1681

stadt aus dem Gebirge bricht, 10 große Mühlen treibt, welche einen großen Theil unsrer Fruchtprodukte theils in fein Mehl, in Perlengerst, geschälten Hirsen usw. verwandeln, in Frankfurt und Mainz durch den Handel versilbern und also den Unterthanen für ihre Früchte um theuren Preis durch diesen nahen Verkehr Geld in die Hände liefern.

Der *Weinwuchs* war in vorigen Zeiten weit beträchtlicher, als jetzo. Im 1753-ger Jahr mag der Betrag nicht geringer als 800 Ohm gewesen seyn, welcher im Durchschnitt genommen jetzo bis auf 100 heruntergesunken ist. Die Ursachen dieser Abnahme sind theils die öftern Mißjahre, so die Unterthanen mißmüthig machten, daß gewiß ein Drittel der Wingertsgegenden zu Irren liegen blieb, – theils der starke Kartoffelanbau, so den Wingerten die Dung entzogen, weil letzterer Ertrag sicherer und einträglicher ist, – theils auch die üble Gewohnheit, daß, wenn ja ein Wingert Dung erhält, solche wieder durch die zwischen die Weinstöcke gesetzten Kartoffel ausgesogen wird. Indessen ist doch nicht leicht jemand, er sei auch noch so arm, der sich nicht etliche Viertel Wingerten anschaffen und solche erhalten sollte, weilen der Boden um einen geringen Preis auf den Sandbergen kann angekauft werden. Es wäre aber schade, wenn dieser Weinbau nicht sollte unterstützt werden, der doch eine Art kleiner Ernte ist, von welcher die Einwohner im Ried und Odenwald nichts wissen. Da *die Güte des Weins aus blossem Sand* die Eigenschaft hat, daß er schon im ersten Jahr trankbar wird und nicht lang braucht gefüttert zu werden, so dann der Preis, welcher aus angeführten Eigenschaften ihn gewöhnlich den mehrsten Rheinweinen in den ersten Jahren gleichsetzt, empfehlen diesen Weinbau noch besonders.

Ein sehr beträchtlicher Nahrungszweig in Eberstadt ist *auch der Obstbau*, wenn er sich vielleicht zum Nachteil des Fruchtbaues, da fast alle Äcker ums Ort herum damit angefüllet werden, sich allzusehr vergrößert. Indessen zieht der Unterthan durch das nahe Darmstadt jährlich eine ansehnliche Einnahme von diesem Produkt. Besonders trifft man hier *viele Arten von Frühobst* an, welches nach den Frühkirschen, so die Obsthändler 10 Stunden von hier bey Heidelberg oft gleich nach Pfingsten abholen, den hiesigen Obsthandel anfängt. Nirgends wird man ein Geschäft mit größerer Emsigkeit betreiben sehen, als von hiesiger weiblicher Jugend. *Ganze Heerden gehen abends ab* und finden morgens früh, 10 Stunden entfernt, ihre Abnehmer, sodaß sie eine Tracht Kirschen [Tracht soviel man tragen kann] oft mit 1 fl. [Gulden] Gewinn und noch darüber verkaufen. Wenn dann das Frühobst vorbei ist, geht der Handel in den entferntesten Odenwald, sodaß viele

**Kirche mit ältestem Pfarrhaus, Kopie von Heinrich Zernin
(Heute: Ev. Pfarrhaus an der Kirche)**

arme Familien blos von diesem Handel für das ganze Jahr ihren Unterhalt finden.

Der *Hauptobsthandel* sind in guten Jahren *die Nüsse und Zwetschen*. Diese beiden Produkte sind so ergiebig, daß gewiß öfters davon mehrere 1000 Gulden den Unterthanen in die Hände kommen. All unsre Wingerte sind *mit Zwetschenbäumen angefüllt*, die gemeiniglich in den Jahren gerathen, wenn der Herbst [Wein] mißlingt, und da dieselben in einem Boden stehen, der das Jahr 4mal bearbeitet wird, so gedeihen dieselben selbst im schlechtesten Sand und bringen in guten Jahren einen solchen Segen hervor, daß viele Wägen voll ins Ried verkauft werden, ein großer Theil zu Markt (nach Darmstadt) getragen wird, ein noch größerer aber gedörrt und *über Mainz in die nordischen Gegenden zu Wasser geführt* wird, – nicht zu gedenken, was der Unterthan zu seiner Nahrung und allerhand Abwechslung im Haus benutzet.

Nüsse werden ebenfalls auf sehr verschiedene Art in Eberstadt eine *reiche Nahrungs- und Geldquelle*, wenn solche wie doch meistens, gerathen. Die große Menge der Nußbäume, welche gleichsam das Ort wie mit einem Wald bedecken, die Bach durch einen Strich von einer halben Stunde einfassen und fast alle Wege zieren, geben nicht nur dem Unterthan *das Gewürz zu seinen Kartoffeln*, daß er seine Butter verkaufen, seine Herrschaftlichen Abgaben davon bestreiten und auch noch viele Fuhren an Fremde, welche die Nüsse in die nordischen Gegenden fahren, für baar Geld jährlich abgeben kann. Ich erinnere mich deshalb auch wohl, daß ein ehemaliger Rentei-[Steuer-]Beamter zu sagen pflegte: In Eberstadt muß man auf die Jahre achten, worin Zwetschen und Nüsse gerathen! Und ein anderer: Man muß auf die Buchtel-Jahre [Bucheckern-Jahre] Acht haben, um herrschaftliche Rückstände einzutreiben. *Lobenswürdige Vorsicht eines Beamten,* der auf das *Können* und *Nichtkönnen* der Unterthanen Rücksicht nimmt.

Karakter der Eberstädter

So schreibt Johannes May das Wort, und mit diesem Abschnitt beschließt er zugleich seine „Ökonomischen Anmerkungen". Bis dahin ging es dem Verfasser darum, den gewaltigen wirtschaftlichen Fortschritt seiner Zeit mit genauen Anfgaben und Daten darzustellen. In diesem letzten Abschnitt zeigt sich jedoch, daß er als erstes

**Abbildung rechte Seite:
Burg Frankenstein, von Georg Primavesi, 1819**

und letztes den *Mitmenschen selbst* in seine Betrachtung einbezieht. Deshalb kommt er hier ganz selbstverständlich auf den „Karakter", die Wesensart und menschlichen Verhältnisse seiner Gemeindeglieder zu sprechen. Wir geben den Abschnitt im folgenden ungekürzt wieder.

Ich habe oft gedacht, ob nicht jene Allegorie vom Saamen (das Gleichnis vom Viererlei Ackerfeld), eine *Anspielung auf die schwere moralische Ausbildung der Einwohner,* die am Wege, also an der Landstraße wohnen, enthalte; und ob nicht die Vögel des Himmels, so den guten Saamen auffressen, die fremden Vorbeireisenden bedeuten, deren oft nicht nachahmungswürdige Sitten die Einwohner an Landstraßen so gern annehmen. Ich finde dies in Eberstadt bestätigt, wo ein großer Teil der Sitten der Vorbeireisenden, bis auf die fremden Fuhrmannsflüche, angenommen wird. Wenn man noch die große Anzahl derer in Anschlag nimmt, die durch Handel und Gewerbe beständig auf dem Wege und im Umgang mit der großen Welt sind, – so wird man leicht begreifen, daß der Karakter anders gebildet werden muß, als bei jenen, die einsam an abgesonderten Orten bei einförmiger Lebensart wohnen.

Man findet daher in Eberstadt bei den mehrsten *offene und gewandte Köpfe,* gewinnsüchtige Gesinnungen, eisernen Fleiß in ihrem Gewerbe, weil er seine Belohnung findet, eine sparsame und genügsame Lebensart beim großen Haufen, so daß jetzo kein einziger habitueller Trunkenbold im Ort ist, deren vor 40 Jahren wohl Dutzende waren, Beweis, daß Erwerblosigkeit liederlich, Gewerbgedeihen aber fleißig und sparsam macht. Gute und treue Unterthanen, die nicht durch Liederlichkeit ihre herrschaftlichen Abgaben unmöglich machen, Unterthanen, die von ihrer ganzen Seele ihrem Landesregenten ergeben sind. *Dienstfertigkeit und Wohltätigkeit sind keine seltenen Tugenden,* bei vielen gute Wirkung der Religion, obgleich mitunter zuweilen auch Aberglauben, der aber wohl nicht ganz zu tilgen ist.

Da man in Eberstadt eine reine Luft, das beste Wasser und gesunde Nahrung genießet, so sind *Epidemien ganz unbekannt* und ich erinnere mich deren seit 40 Jahren gar nicht. Selbst die, vor mehreren Jahren fast in ganz Europa grassierende Influenza ist hier kaum gespüret worden.

Gott segne nur unseren theuersten und gnädigsten Landesfürsten, unsre geliebteste Landesmutter und deren Durchlauchtigstes Haus, unter deren Schutz und Landesväterlicher Mitwirkung wir so viel Gutes genießen, und laß diesen Segen bis auf unsre spätesten Enkel fortdauern!   Eberstadt, den 15. März 1791 *May*

X.
Von der Postkutsche zur Eisenbahn

1. Das Monument zu Darmstadt

Auf dem Darmstädter Luisenplatz steht das Monument, eine 39 m hohe Sandsteinsäule mit dem Standbild des 1. hessischen Großherzoges. In der Landessprache heißt es „Der lange Louis". Die Einweihung erfolgte 1844, 14 Jahre nach dem Tode des Großherzogs, wie folgt.

„Den 25. August sah man aus allen Teilen des Landes Schwärme von Menschen zur Residenz ziehen, um der Enthüllung des Ludwigsmonumentes beizuwohnen. Den Plan zu dem Monument hatte Oberbaudirektor Dr. Moller entworfen.

Auf der westlichen Seite des Postamentes liest man die Inschrift:

Ludewig
dem Ersten
sein dankbares Volk

Mehr als 80000 Menschen drängten sich an jenem festlichen Tage in den Straßen. In dem Festzuge waren neben den Beamten, der Geistlichkeit, den Ärzten, den Anwälten und den Lehrern der öffentlichen und Privat-Lehranstalten, sämtliche Zünfte, Gewerbsleute und Deputationen des Bauernstandes aus allen Teilen des Landes, in ihre malerischen Nationaltrachten gekleidet, vertreten. Sämtliche hiesigen, sowie die Gesangvereine aus Mainz, Gießen und Offenbach wirkten bei der Festfeier, welche einen echt volkstümlichen Charakter trug, mit.

Zehn große Standarten, deren Inschriften die hervorragendsten Verdienste Ludwigs um die Landwirtschaft verkündigten, wurden von verschiedenen Bauerngruppen getragen. Die Aufschriften lauteten:

    Aufhebung der Leibeigenschaft 1811 und 1827
    Fronfreiheit 1811, 1819, 1824, 1827
    Aufhebung des Novalzehnten 1816, 1820, 1821
    Verwandlung des Zehnten 1816, 1824
    Vergütung des Wildschadens 1810
    Ablösung der Grundrenten 1821
    Gemeinheitsteilungen 1814, 1821
    Aufhebung des Mühlbanns 1818
    Beförderung der Wiesenkultur 1829
    Freier Absatz der Produkte, Zollverein 1828

In beredten Worten verkündeten Prälat Dr. Köhler, der das Denkmal weihte (der evangelische Leiter des Konsistoriums), und der Geheime Staatsrat Freiherr Schenk zu Schweinsberg die Segnungen, welche die Regierung Ludwigs I. dem Lande gebracht hatte.

Die Hülle fiel, Kanonen und Geläute aller Glocken verkündeten weithin den festlichen Augenblick, und ein unbeschreiblicher Ju-

bel entrang sich der Brust der Tausende, die mit Hurra-Ruf, Vivats und Schwenken der Fahnen und der Hüte das eherne Bildnis Ludewigs, des Vaters des Vaterlandes, grüßte." (Ferd. Dieffenbach, a. a. O.) P. S. Es gibt noch viele Bewohner des Landes, denen sich der 25. August fest eingeprägt hatte, weil es da Schulfrei gab (bis 1918). Das Monument blieb im Bombenhagel 1944, der Darmstadt zu $^9/_{10}$ zerstörte, fast unversehrt stehen. —
Ludwig, letzter Landgraf und erster Großherzog, ist ein Sohn des „Pirmasensers" und der Großen Landgräfin. Klug und begabt, den Künsten, besonders der Musik zugetan, trägt er das Erbe seiner Mutter in sich. Seine Jugend gehört noch dem Idyll des Rokoko an. Das abseits der großen Straße gelegene Fürstenlager bei Auerbach wird der Lieblingsaufenthalt des Fürsten. Hier ist es auch, wo er im Sommer 1805 den württembergischen Gesandten empfängt, der ihm mit großer Beredtsamkeit den Plan eines Bündnisses der süddeutschen Fürsten gegen Napoleon vorträgt und ihn zum Beitritt auffordert. Ludwig hört ruhig zu und zeigt dem Gesandten als Antwort vom Fenster seines Wohnzimmers aus den Rhein, den Hessen mit Frankreich zusammen zur Grenze hat. (Stürz a. a. O.) Diese Lage wie auch die Schwäche des deutschen Reiches zusammen mit der immer noch drückenden Schuldenlast erlauben nur ein äußerst vorsichtiges Paktieren.
So tritt der Landgraf 1806 auf Drängen Napoleons dem „Rheinbund der deutschen Fürsten" bei und kann sich dafür zum „Großherzog von Hessen" erheben.
Im Innern erfolgen einige fortschrittliche Veränderungen, darunter die ersten Impfungen als Vorbeugung gegen die Blattern. Die Verordnung von 1807 lautet:
„Wiewohl die Schutzkraft der Kuhpocken gegen die Blattern durch unzählige Beispiele unwidersprechlich erwiesen ist, so haben doch Vorurteile, Saumseligkeit und mancherlei Unordnung die Fortschritte dieser guten Sache zum größten Nachteil der Gesundheit und des Lebens so sehr gehemmt, daß an den Blattern noch häufig viele Personen sterben, welche durch Impfung hätten gerettet werden können. Wir finden uns daher aus Landesväterlicher Fürsorge für Unsere Unterthanen bewogen, folgende Verordnung zu erlassen . . ."
Auch die Pfarrer, Lehrer und Hebammen werden in die „Beförderung des Fortschritts" eingespannt: „Die Prediger sollen *bei der Taufhandlung* dem Vater und den Paten in einer kurzen, die schützende Kraft der Kuhpocken fasslich darstellenden Rede die baldige Impfung des Getauften zur Pflicht machen. Sie sollen weiterhin bei jeder Gelegenheit die Hebammen von den Vorteilen der Impfung überzeugen. Ihren Gemeinden sollen sie bei passender Gelegenheit

in ihren Vorträgen von der Canzel die Pflicht, ihre Kinder vor großer Gefahr zu schützen, ans Herz legen und die noch bestehenden abergläubischen Vorurtheile durch aufklärende Darstellung ausrotten. Auf ähnliche Art sollen auch die Schullehrer sich bestreben, ihrerseits privatim wie in ihrem Amt der Schutzpockenimpfung immer mehr Eingang zu verschaffen."

Im gleichen Jahr wird der Fürst Carl Alexander von Thurn und Taxis zum Erblandpostmeister in Hessen ernannt und dadurch eine einheitliche und zuverlässige Postbeförderung gewährleistet. Nach Gießen kann man jetzt, von Darmstadt aus, zweimal in der Woche fahren, nach Frankfurt geht es sogar an einem Tag hin und zurück. Bis Heidelberg braucht man (für rd. 60 Kilometer) $5^{1}/_{2}$ bis 11 Stunden, mit Pferdewechsel, Rast u. dgl., während die Fahrt nach Frankfurt zwischen 3–6 Stunden dauert – je nachdem, ob man mit der Post, der Eil-Post oder der Ordinari-Post fährt.

Zum Betr.: „Zulassung der jüdischen Kinder in die christlichen Schulen" heißt es, daß noch zur Zeit den Juden nicht gesetzlich anbefohlen sei, ihre Kinder in die christlichen Schulen zu schicken, doch aber der Wunsch, daß solches geschehen möge (um der Weiterbildung der Kinder willen) von höchster Stelle mehrmals ausgesprochen worden. „Da nun aber angezeigt worden, daß die Intoleranz, mit welcher hier und da von den christlichen Schullehrern gegen die jüdischen Kinder verfahren werde, deren Eltern häufig abhalte, sie die Schule besuchen zu lassen", so wird den Beamten und Schulinspektoren aufgetragen, bis zum Erlaß gesetzlicher Bestimmungen, die Hindernisse wegräumen zu helfen.

Die Zugehörigkeit zum „Rheinbund" zwingt den Großherzog, seine Soldaten an allen Unternehmungen der Armee des Korsen teilnehmen zu lassen. Von 5000 Mann, die unter dem Befehl des Prinzen Emil 1812 mit der großen Armee nach Rußland marschieren, kommen nur 500 wieder heim. Auch in der Völkerschlacht bei Leipzig fechten sie noch auf seiten Napoleons. Danach schließt sich Ludwig I. den Verbündeten an. Auf dem Wiener Kongreß 1815 kann er nicht nur seine Stellung halten, sondern noch die Provinz Rheinhessen hinzugewinnen. Deshalb trägt er jetzt den Titel: „Großherzog von Hessen und bei Rhein".

Danach erst können weitgehende politische Maßnahmen im Lande in Angriff genommen werden. Dazu gehört vor allem die Umwandlung Hessen-Darmstadts in ein „konstitutionelle Monarchie", die Errichtung von zwei Kammern (1820) und eine neue Gemeindeordnung (1821). Allzugroß ist der Einfluß der Bürger in der landständischen Ordnung noch nicht, aber es ist immerhin ein Anfang, ein Hauch von Demokratie – dem freilich unter Ludwigs Nachfolgern die Reaktion mit übelsten Polizeimethoden folgen sollte.

Die *erste Kammer* wird gebildet aus den Prinzen des Großherzoglichen Hauses, den Häuptern standesherrlicher Familien, dem Senior der Familie der Freiherrn von Riedesel, dem katholischen Landesbischof, einem evangelischen Geistlichen mit der Würde eines Prälaten und 10 „ausgezeichneten Staatsbürgern", die der Großherzog auf Lebenszeit beruft.

Die *zweite Kammer* wird gebildet aus

1. sechs Abgeordneten aus dem angesessenen Adel, die mit genügend Grundbesitz ausgestattet sind,

2. zehen Abgeordneten derjenigen Städte, welchen, um die Interessen des Handels oder alte achtbare Erinnerungen zu ehren, ein besonderes Wahlrecht zusteht. Es sind dies Darmstadt und Mainz mit je 2, sowie Gießen, Offenbach, Friedberg, Alsfeld, Worms und Bingen (Rhein) mit je 1 Abgeordneten. 34 Abgeordneten aus Wahldistrikten, die von den nicht genannten Städten und den Landgemeinden gebildet werden.

Die Abgeordneten der 2. Kammer müssen 30 Jahre alt sein und „zur Sicherung einer unabhängigen Existenz genügendes Einkommen besitzen. Als Nachweis hierfür gilt ein jährliches Steueraufkommen an direkten Steuern von mindestens 100 Gulden."
Um einen Vergleich zu haben, geben wir die Zahl aus unsrem Dorf Eberstadt an, das um diese Zeit mindestens 1000 Einwohner zählt und keine unbedingt arme Gemeinde ist. Wählbar sind hier lt. amtlicher Bekanntgabe im Regierungsanzeiger nur drei Ortsbürger: 1. Herr Philipp Wiemer, Oberwiesenmüller, 2. Herr Georg Wolff, Küfer- und Bierbrauermeister, sowie auch Wirt zum „Goldnen Wolf", 3. Herr Georg Dörner, Müllermeister auf der Neumühl. Sie sind untereinander alle drei verwandt oder verschwägert und darüber hinaus mit vielen andern „Honoratioren" freundschaftlich oder geschäftlich eng verbunden.
Die gemeindliche Selbstverwaltung wird 1821 eingeführt. Der Ortsvorstand wird danach gebildet aus dem Bürgermeister, dem (oder den) Beigeordneten und dem Gemeinderat. Dessen Mitglieder werden gewählt.
Zwei Bemerkungen zu dem ganzen Verfassungswerk aus dem Munde des Großherzog's selbst seien noch angeführt. Ludwig I. vor der Kammer: „Meine Herren, auf mich können Sie stets rechnen!", und zu dem Hofprediger Zimmermann (den er nicht mag), als dieser die Verfassung als die beste preist: „Nun, das ist Ihre Meinung. Ich will Ihnen aber auch sagen, welche Verfassung *ich* für die beste halte – die nordamerikanische!"

2. Briefe an einen Studenten

Von der Zeit zwischen 1825–1850 spricht man als vom Biedermeier. Der „Biedermeier" war ursprünglich eine Spottfigur, ein Herr mit hohem Zylinder, Vatermörder, gelber Weste und Spazierstock. Die Biedermeiermöbel sind anheimelnd gemütlich, der Lebensstil ist kleinbürgerlich-behaglich. Die Damen sind geziert mit Schutenhut, Puffärmeln, weiten bunten Röcken und lieblich-frühlingshaft anzuschauen. Auch können sie gut kochen.
Die Nachkommen des hiesigen Pfarrers Justus Guntrum haben Briefe aufgehoben, die dieser und sein Töchterlein Ferdinande in den Jahren 1827/1828 (noch von Mörfelden aus) an den Sohn und Bruder Georg geschrieben, und die die Zeit gut widerspiegeln.

Lieber Georg! Hier folgt endlich einmal ein Wäms'chen, ein Schreibermel [Ärmel], ein paar leinene Strümpfe und ein Paar Pantoffeln. Deine Mutter hat letztere etwas in Gebrauch genommen, weil sie ihr ein wenig klein dünkten.
In Deiner letzten Rechnung [Abrechnung] standen 5 fl. [Gulden] für ein Rapier [Schläger für studentische Mensuren]. Diese Ausgabe hättest du bei den gegenwärtigen schlechten Zeiten unterlassen sollen! Bei meinem Aufenthalt in Gießen [als er, der Vater, dort studierte] hatten 15–20 Mann an *einem* Theil. Deinen Beitrag, der sich daraus ergeben hätte, hätte ich mir noch wollen gefallen lassen.
Bedenke stets den Hauptzweck, warum Du in Gießen bist, und wähle Dir gute und nur wenige Gesellschaft.
Es grüßt Dich mit mir, Mutter und Geschwistern!
M., 6. July 1827. Dein Vater Justus Guntrum

Lieber Georg! Bist Du nicht mit Briefpapier versehen, damit Deine Briefe nicht so theuer werden! Der letzte vom vorigen Samstag kostete 13 Xer [Kreuzer] casu quo non [im Falle, daß nicht] kaufe Dir in dieser Absicht, wenigstens zu so weitläufigen Briefen, einen kleinen Vorrath.
Wegen eines Stipendiums habe ich schon viele Briefe erlassen, heute namentlich habe ich auch noch einen an einen Vetter in Alsfeld abgeschickt.
M., den 8. August 1827. Dein Vater J. Guntrum

Lieber Georg! Ich habe mich bei der Erledigung mehrerer Pfarrstellen um eine solche oder um eine angemessene Gehaltszulage bemüht, ebenso bin ich aufs neue um gnädigste Verleihung eines Stipendiums für Dich eingekommen. Habe auch bei meinen Umgängen und in meinem schriftlichen Gesuch gesagt, daß ich umso

mehr der gnädigen Willfahrung meiner unterthänigen Bitte entgegen sehe, da wegen der Relegationen mehrerer Studierender, die im Besitz eines Stipendiums waren, fürs nächste Semester wohl mehr Stipendien, als zu irgendeiner Zeit sonst, vacant seyn dürften.
Es wurde das nicht in Abrede gestellt und mir auch vom Geheimen Staatsrat von Vreden wie früher neue Hoffnungen gemacht, ob es aber nur leere Worte waren, wird die Zeit lehren.
Wenn Du noch etwas Geld vor den Ferien nöthig hast, so will ich Dir etwas zukommen lassen. Spare aber, wo es möglich ist, so viel Du kannst! Ich habe in den neueren Zeiten – durch der Mathilde Unart, die durch ihre Naschsucht nach den unreifen Mirabellen den rechten Arm am Ellenbogen aus der Pfanne gefallen, bedeutende Apotheker- und ärztliche Kosten gehabt. Nur war es ein Glück, daß sie doch, wie wir hoffen, den völligen und gehörigen Gebrauch ihres Armes wieder erhält.
Auch habe ich dadurch neuen beträchtlichen Schaden erlitten, daß sich von dem nach Pfingsten erkauften Wein durch das Zerspringen eines eisernen Reifes ein Ohmfaß in den Keller leerte [auslief], und ich nur höchstens 2 Maas rettete.
M., den 8. August 1828. Dein Vater J. Guntrum

Anmerkungen: In dieser Zeit sind viele Studenten von der Universität Gießen relegiert, d. h. hinausgesetzt worden, weil sie an politischen Unruhen teilgenommen hatten. Wenn die naschhafte Mathilde, das jüngste Töchterlein, vom Mirabellenbaum herunterfiel, so war das im engbemessenen Haushaltsgeld nicht mit einbegriffen. Da es keinerlei Krankenkasse oder ähnliches gibt, muß der geplagte Papa alles selbst bezahlen. Das Unglück mit dem Ohmfaß bedeutete einen Verlust von 156 Liter Wein, da nur 2 Maaß = 4 Liter gerettet wurden.

Voller Schalk ist das ältere Pfarrerstöchterlein Jeanette Ferdinande, die uns verrät, wie auch streng erzogene Kinder kleine Heimlichkeiten vor den Eltern pflegen, und nicht gerade ungeschickt. Sie schreibt:
An Herrn Studiosus Guntrum in Gießen, wohnhaft bei dem Herrn Bäckermeister Schwan auf dem Seltersweg.
Sonntag, den 11. Novbr. 1824. Lieber Georg! Schon längst wartete ich auf eine Gelegenheit, wie sie sich mir heute darbietet, nämlich dir einen Brief ohne Aufsicht schreiben zu können. Das kann nach langem vergeblichem Harren erst heute geschehen, da Vater und Mutter auf „Niklaspforte" der Kindtaufe beiwohnen, da Gott den Herrn Revierförster Seipel abermals mit einer Tochter, und zwar mit der *sechsten* Tochter gesegnet hat. Da es sehr schlechtes Wet-

ter ist, glaube ich, daß sie auch so bald nicht wiederkommen, und darum auch meinen Brief ganz ungestört werde schreiben können. [Es wird dann mit vielem Hin und Her dem Bruder mitgeteilt, wieviel dem Schwesterlein daran gelegen ist, einen Gruß auszurichten] – „einen dreifach herzlichen Gruß, lieber Georg", und sehr oft noch mit dem Zusatz: „wie es *ihr* so leid sei, daß du nicht mehr hier seiest, und was du wohl jetzt machtest".
[Es ist also ein Mädchen aus dem Dorf, das gar zu gerne wüßte, wie es Georg geht, dem sie nicht schreiben darf, – kurzum: es ist „Emielchen", die grüßen läßt!] Deine dich liebende Schwester F. Guntrum.

3. Rezepte der Frau Hofmetzgermeisterin

Aus einem alten Eberstädter Bürgerhaus stammen einige handgeschriebene Blätter, auf denen die nachmalige Frau Hofmetzgermeisterin Anna Margaretha Linß, geb. Darmstädter, die Rezepte der Mutter notierte. Später erwirbt sie noch ein gedrucktes Kochbuch, die „Neue Köllner Köchin", und schließlich ein praktisches Haushaltungsbuch, „Die Wirtschaftskunst" betitelt.

Griesbutting und Kataiserklös
1. Nehme eineinhalb Schoppen kochende Milch und rühre für 4 Xer [Kreuzer] Gries hinein, und lasse es kalt werden. Dann schlage vier Eier und Butter und Salz hinein, und verrühre es durcheinander, schmiere die Form mit Butter und lasse es auf Kohlen und mit Kohlen auf dem Deckel dunkelgelb werden.
2. Kataiserklös [Kartäuserklöße]. Reibe den Weck [Semmel] ab, weiche ihn in Wein und Ei, welche miteinander verrührt worden seyn müssen, und lasse ihn ohngefähr eine Stunde weichen, bestreue ihn mit dem abgeriebenen Mehl und backe ihn in Butter.
3. Abendessen: zwei Gemüse, Rosen- und Blumenkohl, Kalbskoteletts, ein Fischragout, Mehlspeise, Weckbuting, Sallatbraten, Backwerk, Eingemachtes.

Neue Köllner Köchin oder Handbuch der Kochkunst
6. Auflage, 1831
Im Vorwort heißt es bezeichnenderweise dazu: Die Herausgeber waren bemüht, die Zubereitung der Speisen und Getränke auf eine Art zu lehren, die für bürgerliche Haushaltungen nicht zu kostspielig und doch den Anforderungen des feinen Geschmacks entsprechend war.

Küche aus der Biedermeierzeit

Die Mode und der Geist unserer Tage wollen pikante Speisen und eine gewürzhafte Zubereitung. Deswegen war es unvermeidlich, manche fremde Gewürze und Luxussachen zum Gebrauche vorzuschreiben. Eine sorgliche Hausfrau jedoch, welche die einheimischen Küchenkräuter als die, der menschlichen Gesundheit mehr zuträglichen vorzieht, wird leicht im Stande seyn, manches Gericht durch wohlfeilere vaterländische Erzeugnisse ebenso schmackhaft zu würzen, als es mit theuren indischen Produkten gewöhnlich zu geschehen pflegt.

Aus der Fülle der herrlichen Möglichkeiten seien einige dargeboten.

Es gibt 31 *Suppen,* darunter Hühner-, Zitronen-, Krebs-, Bier-, Wein- und Brüsseler-Suppe. An *Gemüsen* finden sich 27 Arten: Cichorien, mit Tauben oder Hinkeln zu servieren, Sauerkraut mit Hecht oder Schinken, ein schönes Hopfengericht, Artischocken mit Erdäpfeln u. a. Die Zubereitung von *Hammelfleisch a la Paganini* geht folgendermaßen vonstatten:

Hacke das gekochte, von den Knochen gereinigte Fleisch recht fein, mit einer Handvoll Chalottenzwiebeln und Petersilie. — Nehme zwei Hände voll Champignons und Murcheln, prüfe und reinige sie, gib sie in Butter zum Feuer und dämpfe sie einige Minuten, gieße ein Glas Brühe oder Wasser hinzu, würze sie mit Muskat, Macis und Salz, tue eine Handvoll Makaroni hinein und lasse es kochen. Vor dem Anrichten rühre das gehackte Hammelfleisch darunter und gebe es recht heiß zur Tafel.

Pasteten kann man bereiten mit Wachteln, Rebhühnern, Lerchen, Schnepfen, Kalbfleisch, Makaronen und Trüffeln.

An *Braten* haben wir 34 Sorten, z. B. Vifle, Roulet, Krammetsvögel am Spieß, Wildente und alte zahme Ente, welscher Hahn und Austern auf dem Rost.

Auf nicht weniger als 66 Arten kann man eine *Fischspeise* bekommen. Folgende Fischarten sind aufgezeichnet; Stockfisch, Laberdan, Schellfisch, Hering, Karpfen, Sardellen, Hecht, Aal, Forelle, Lachs, Hausen, Krebs, Schleie, Barben, Barsch, Spierling, Bückling, Karauschen, Maifisch und alles zusammen — ergibt „*Ollapotrida",* wie folgt:

Man nimmt allerhand Flußfische, reinigt sie, macht die Gräte aus, und schneidet sie in Stücke; besonders muß man nicht vergessen, viel Aal darunter zu nehmen: thut sie in einen Kessel, nebst Karpfen- und Hechtlebern, Champignons, feingeschnitten Chalotten, Salbey und Petersilienkraut, beides fein gehackt, ferner: einige Zitronenscheiben, Nägelchen, Lorbeerblätter, Pfefferkörner und Salz. Läßt dies alles mit einem Stück frischer Butter nebst Wein und Wasser zusammen gehörig stoben und weich kochen. Zuletzt

verdicket man die Brühe entweder mit gestoßnem Zwieback oder mit einigen Eierdottern, und richte die Fische an.
Nun konnt *das feine Backwerk* mit 39 Rezepten. Es gibt da Mürbe Brezeln, Mandelbrot, grüne Spinattorte, Pomeranzentorte, Bisquit, Fingerlein, Magdalenenkuchen, Basler Backwerk, Nonnenbrot, Linzen-Torte und gar auch die *Kölnische Betschwestern-Brezel.*
An *Salaten* haben wir Kopfsalat, Endivien, Bohnen, Hopfen, Korb, Kräuter, Sellery, Gurken, Kraut und Kartoffelsalat, Härings, Sardellen und auch Schneckensalat, sowie solchen mit einem Ochsenmaul.
Den Schluß bildet das *Ökonomische Allerlei,* wie man Kirschen oder Kukumern einmacht, Senf herstellt, Champignons und Eier frisch hält, Fische und Ochsenzungen räuchert, Mehl gegen Milben sichert und aus Birkensaft Champagner macht. Es gibt Mittel gegen den Kahm des Weines und gegen müde Füße, Gesicht und Hände weiß zu machen und Haare schwarz zu färben, Mittel gegen Sommersprossen und zur Herstellung von deutscher Schuhwichse, kurzum eigentlich alles. Vielleicht probiert noch jemand das *Mittel gegen den Zahnschmerz* aus:
Man nimmt einen Theelöffel gestoßenen Zucker, eben so viel Pfeffer und eine gleiche Quantität Salz. Dieses wird in eine Tasse gethan, einige Tropfen Essigs darauf getröpft, an das Feuer gesetzt und gleichsam geschmolzen. Diesen Brei legt man auf den kranken Zahn.

Die Wirtschaftskunst von Wilhelmine von Sydow, 1840
Nach diesem Buch kann die tüchtige Hausfrau die unwahrscheinlichsten Sachen zu Hause selbst herstellen.
Nr. 55. Eine schöne Art, *Weinessig zu bereiten.* Dazu: 6 Pfd. Rosinen, $6^{1}/_{2}$ Quart [Viertelchen] Kornbranntwein, $^{1}/_{2}$ Pfd. Weinstein, für 1 Groschen Rosinenstengel und dazu der übrige Teil Wasser ...
Nr. 65: *Talglichte* zu bereiten, welche weit heller, als die gewöhnlichen, auch zweimal so lange brennen und nicht ablaufen. Man braucht: 8 Pfd. Hammeltalg, auf jedes Pfund 1 Quentchen Pottasche, 5 Pfund reines Flußwasser, 1 Loth gereinigter Salpeter, 1 Loth Salmiak, 4 Loth reinen Alaun usw.

Maiblumenschnupftabak:
Man pflückt die Maiblumenglöckchen von den Stielen, dörrt sie auf Papier scharf an der Sonne, reibt sie zu Pulver, und verwahrt es in Schachteln. Dieser Schnupftabak riecht nicht nur angenehm, sondern wirkt auch sehr nervenstärkend.

Flüssiges Potpourri.
Nimm 1 Maaß Weingeist, ½ Loth Lavendelöl, ½ Loth Quendelöl, 1 Loth Bergamottöl, 1 Quente Citronenöl und 1 Loth peruvianischen Balsam, setze diesem Gemisch zu: 3 Gran Moschus, mit etwas Rosenwasser abgerieben, ferner ½ Maaß Rosenwasser und ½ Schoppen Pomeranzenblüthwasser. Es ergibt ein wohlriechendes, dem Eau de Cologne ähnliches Gemisch zum Besprengen.

Braconots Wichse.
2 Pfund feinster gebrannter Gyps und ½ Pfund Kienruß werden mit soviel Bier, als nöthig ist, zu einem Teig eingekocht, dem man nachher 3 Loth Baumöl zusetzt. Diese Wichse ist besonders zu empfehlen für Stiefel der Wasserarbeiter, für Pferdehufe etc.
Des weiteren sind zu empfehlen

Reisteig zur Beförderung eines guten Teints.
Mittel bei aufgesprungenen Händen – Seifenartige Hand- und Hautpaste – Vorzügliches Zahnpulver – Rasirpulver – wohlriechende Seifenkugeln zum Rasieren – wohlriechende Pomade zur Beförderung des Haarwuchses – Jasminpomade – Veilchenpomade – Vanillenpomade – Rosenpomade – Moschuspomade – Pomade a la mille fleures.

Erprobte Zahntinktur.
Man nehme Myrrhenessenz, Guajatinktur, Chinatinktur und verdünne von dieser Tinktur nach jeder Mahlzeit einen halben Teelöffel mit soviel Wasser, als du zum Ausspülen des Mundes bedarfst.

Jonquillen-Pomade.
1 Pfund frisches Schweinefett, 3 Loth weißes Wachs, 4 Loth Puder, alles gelb gefärbt mit feinstem Curcumapulver. Schließlich kommt dazu: 1 Gran Moschus, 1 Gran Ambra, ½ Loth Bergamottöl, ¼ Quentchen Neroliöl, ¼ Quentchen Thymianöl, 2 Tropfen Rosenöl mit 1 Loth Eau de Lavande gemischt. – Der Moschus und Ambra müssen als harte Körper allemal vorher mit Spiritus abgerieben werden.

4. Spaziergang nach Eberstadt

Von einem Spaziergang nach Eberstadt und Einkehr im „Darmstädter Hof" erzählt ein Zeitungsbericht aus dem Jahre 1844.
„Munter und guter Dinge ging's nun der *Papiermühle* zu. Wir vermieden sorgfältig alle unheimlichen Punkte, und unsere Blicke weideten sich an den wildromantischen, waldumkrönten Felspartien, an dem Email der mit Millionen Gänseblümchen umwobenen

Matten, bevölkert mit munterem Hausgeflügel, und an dem durch reiche Mühlenbesitzungen in sanften Windungen dahinströmenden *silberhellen Bache,* der dem Ganzen Frische und Kühle verleiht. O, du herrliche, du liebliche Natur, ich möchte dir hier einen Altar bauen! Da, wo sich die Straße aus dem engeren Tale rechts abwendet, scheint sie capriciös zu werden und in gradem Laufe über die Dächer einer in der Tiefe liegenden Mühle setzen zu wollen. Das aber haben die Herrn Straßenbaumeister nicht zugegeben, sie ließen rechts einen ungeheuren Felsenkopf, der schon zu Adams Zeiten hier verweilt haben mochte, ganz kahl rasieren und die Straße darüber legen. Das war ein kühnes Unternehmen. Von Schwindel geplagte Leute haben sich wohl zu hüten, links in die Tiefe zu schauen, und wer Eile hat, der schaue ja nicht rechts hinauf, denn er bedarf der enormen Höhe wegen mindestens 15 Minuten, um auf die Spitze der senkrecht ansteigenden Felsenmauer zu blicken. Die Aussicht erweitert sich nun, und bald gewahrt man das *friedlich daliegende Eberstadt,* das seit kurzem der Lieblingsort des apfelweintrinkenden Publikums werden zu wollen scheint. Gleich beim Eingang zum Ort liegt links, nahe an der Brücke, das neuerbaute *Gasthaus zum Mühltal.* Herr Bauer befriedigt in vollem Maße durch Speise und Trank, besonders erquickt man sich da mit einem Glas Apfelwein. Auch in dem gegenüberliegenden *Wirtshaus des Herrn Delp* bekommt man einen vorzüglichen Liter. Der Neunkreuzerwein des Herrn Delp übertrifft den Zwölfer manches anderen Dorfwirtes bei weitem, und wenn es selbst hinter einem himmelblauen Schilde seine Waren anpreisen wollte. Wer in einem weiteren Tempel des Magenkultus seine Andacht verrichten will, *der verfüge sich zu Herrn Eisenbach.* Durch den Bau seines neuen Saales ist dieses Lokal ganz geeignet, die zahlreichsten Gesellschaften aufzunehmen. Besonders ist sein schöner Garten hinter dem Hause dazu gemacht, die Teilnehmer von Sommerpartien usw. in bezug auf die Lokalität zufriedenzustellen. Wir wissen, daß die Reinlichkeit nicht überall zu Hause, daß sie aber eine der ersten Bedingungen ist, wenn man mit Appetit essen und trinken will. Aber auch in dieser Beziehung können wir Herrn Eisenbach alles Lob spenden. Hält die Güte seiner Speisen und Getränke mit der Attention, die er auf die Bedienung seiner Gäste legt, gleichen Schritt, so kann es nicht fehlen, daß seine Wirtschaft eine der besuchtesten werden muß. Noch aber hat Eberstadt einen weiteren Vorzug vor vielen im Gebirge steckenden Orten. Wir wissen, daß die Weinwölkchen gewöhnlich gegen Abend den Horizont unziehen, und — was ist da wünschenswerter und erwünschter, als ein *guter und ebener Heimweg?*
Hier führt aber die Straße schnurgerade in den sicheren Port, wäh-

rend in den Charybden unsicherer Waldwege das Schiffchen, mit dem Ballast nach oben verladen, leicht umschlägt und den ratlosen Wanderer in der Pfütze stecken läßt. Rechts, rechts in die Gasse hinein, es ist noch hell genug, wir gehen heuten den alten Weg, und wahrlich, wir hatten es nicht zu beklagen, in der Abendkühle diesen Waldweg eingeschlagen zu haben.
Der alte Weg, welcher in einiger Entfernung östlich der Straße und fast mit derselben parallel hinläuft, mündet in der Nähe, wo die neuangelegte Kastanienallee am Fuße des Ludwigshöhe-Berges an der Waldspitze endet."
Leider ist uns der Verfasser dieser humorig-weinseligen Beschreibung nicht bekannt. Einige Erklärungen sind aber den Nachfahren sicherlich willkommen.
Der Spaziergang ging von Darmstadt aus über die „Vier Buchen" nach Trautheim, von da südwärts den Papiermüllerweg entlang ins Mühltal. Von hier kam man die Modau abwärts (O „silberheller Bach", wohin bist du entschwunden!) an den „ungeheuren Felskopf", der damals noch, zwischen Koppenmühle und alter Kaisermühle, nur der Modau einen engen Durchgang gewährte. Der Fels wurde 1839 weggesprengt und die Straße gebaut.

5. Mit der Lokomotive „Karl der Große" nach Heidelberg

Am 25. Februar 1843 war zwischen den Regierungen des Großherzogtums Hessen, des Großherzogtums Baden und der Freien Stadt Frankfurt *ein Staatsvertrag* abgeschlossen worden, der die *Erbauung und Einrichtung einer Eisenbahn* zwischen Frankfurt – Darmstadt – Heidelberg zum Ziele hatte. Drei Jahre später konnten die ersten Probefahrten auf dieser Main-Neckar-Bahn beginnen.
Erinnern wir uns *aus den früheren Berichten,* daß der gesamte Verkehr bis dahin über die Straße durch unser Dorf gegangen war. Pfarrer Johannes May hatte von der sehr frequenten Landstraße berichtet, die den „ansehnlichen Ort Eberstadt durchschneidet". Deshalb befanden sich hier auch die beiden großen Einstellgasthöfe *„Zur Sonne"* und *„Zur Güldenen Krone",* die bis zu 80 Pferde samt den Fuhrleuten, Wagen und Warengüter über Nacht aufnehmen konnten. Daneben gab es an der Durchgangsstraße noch die Gasthäuser „Zum Goldenen Hirsch", „Zum Ochsen", „Zum Goldenen Wolf", „Zum Weißen Schwan" und „Zur Traube". Es muß hier schon ein gehöriger Betrieb und ein reges Kommen und Gehen stattgefunden haben.

Ludwigsbahnhof Darmstadt

Stationshof Eberstadt

Mit dem Bahnbau beginnt jetzt *eine neue Epoche des Verkehrs* mit allen seinen Wirkungen. Gleichzeitig hatten sich freilich auch die warnenden Stimmen erhoben. In der Sitzung der II. Kammer der Hessischen Landstände (dem nachmaligen Landtag) erklärt ein Abgeordneter folgendes: „Hat man nicht überlegt, daß diese Unternehmung [der Bahnbau also] eine gänzliche Revolution in den bestehenden Verhältnissen unseres Volkes unfehlbar hervorrufen wird, tötet man dann nicht auf einen Schlag die Masse von Industrie, die durch hundertjährigen Verkehr auf unsren Straßen sich gebildet hat? Werden nicht Tausende von Familien zugrunde gerichtet? Ja, man sagt Ihnen noch mehr. Man behauptet, die Aufklärung, die Sitten, die Sitten!, die Wissenschaften werden gewinnen, wenn die Eisenbahnen ins Leben treten. Ich kann mir aber nicht denken, daß die Männer der Aufklärung und der Intelligenz ihre Studirstuben darum verlassen werden, um auf Eisenbahnfahrten sich ihres Pensums zu erledigen." Dies sei nur ein Beispiel aus dem großen Konzert des Für und Wider.

Die *Abstimmung* über den Entwurf des Gesetzes in der II. Kammer am 17. Juni 1842 ergab folgendes: Die Kammer erteilte dem Antrag der Staatsregierung auf Erbauung einer Eisenbahn von der nördlichen Grenze der Provinz Oberhessen bis an die südliche Grenze der Provinz Starkenburg *mit 24 gegen 23 Stimmen ihre Zustimmung,* unter der Bedingung, daß die Eisenbahn der Bergstraße entlang direkt in den Bahnhof zu Heidelberg geführt würde. Lesen wir nun in der „Großherzoglich Hessischen Zeitung", wie *die erste fahrplanmäßige Fahrt* von Frankfurt nach Heidelberg am 27. Juli 1846 vonstatten ging.

Der Zug traf um 9 Uhr dahier [in Darmstadt] ein und ging, nachdem man die Einrichtungen des hiesigen ausgezeichnet schönen Bahnhofes [Baumeister: Lichthammer & Eckhardt] besehen, um 9¾ nach der *Bergstraße* ab. Auch hier wurden die interessanteren Bauten, namentlich die schönen Stationshöfe bei Eberstadt und zu Bensheim in Augenschein genommen. In *Weinheim* traf man das provisorische Stationshaus mit Fahnen und Flaggen in den badischen Farben, mit Guirlanden und Blumen festlich geschmückt, viele hundert Menschen jeden Alters und Geschlechtes hatten sich versammelt und empfingen den Zug mit Jubel, den zugleich der *Donner der Geschütze von der Burg Windeck* begrüßte. Bei *Ladenburg* erreichen wir den Neckar und erblicken eine neue große und starke hölzerne Brücke hoch über dem Spiegel des eben kleinen Flusses.

Unsere Frankfurter *Locomotive „Karl der Große"* wird von der Spitze des Zuges hinter denselben gesetzt und schiebt solchen auf die Brücke, auf der er bis etwa zur Mitte fortrollt, dann wird er *von*

Die Eschollmühle
nach einer Zeichnung von Zernin um 1933

Neumühle, auch alte Kaisermühle genannt,
nach einer Zeichnung von Zernin um 1933

Arbeitern vollends hinüber gedrückt, wo ihn eine badische Locomotive empfängt. Die Operation ist kurz und ohne alle Gefahr. Man kann ohne alle Besorgnis in den Wagen sitzen bleiben. Die Station Friedrichsfeld ist augenblicklich erreicht. Heidelberg mit seiner grandiosen Schloßruine und seinen pittoresken Bergen zeigt uns ein neues romantisches Bild. Welch ein Land empfängt uns hier! *Tausende von Menschen grüßen in freudigem Jubel. Die Bürgerartillerie donnert* mit ihren Geschützen dazwischen, ein Musikcorps spielt freudige Weisen, und ein zahlreicher Sängerchor, mit den badischen Farben geschmückt, stimmt *ergreifende Gesänge* an, während in einer festlich decorierten Halle ein Frühstück serviert wird. Die Reisegesellschaft trennt sich hier. Was nicht in dem nahen neuen Hotel Schrieder bleibt, wird von den geputzten Wagen nach verschiedenen Punkten der Stadt, nach dem Schlosse, nach den entfernteren Gasthöfen usw. gebracht, und als man nach der Zahlung fragt, so heißt es „Nichts! Es darf nichts bezahlt werden!" Eine weitere Aufmerksamkeit der badischen Gastfreundschaft! Trotz des mehrfachen Aufenthaltes unterwegs waren wir schon um halb eins in der Stadt. Punkt 4 Uhr waren wir im Bahnhofe zurück, und um halb fünf setzte sich der Zug wieder in Bewegung, der ungeachtet der Aufenthalte in Ladenburg, Heppenheim usw. schon nach zwei Stunden Darmstadt erreichte und sofort nach Frankfurt weiterging. So ist denn nun das neue große Werk soweit vollendet, daß es vom 1. August [1846] an ganz dem Publicum eröffnet werden kann. Wie diese Fahrten auch den Verkehr vermehren und ziemlich entfernte Städte gleichsam zu einer machen, davon überzeugten wir uns heute so recht in *Heidelberg,* das fünfmal des Tags mit Karlsruhe durch die Eisenbahn verkehrt. Das Leben daselbst ist außerordentlich, und wir hörten von Leuten, die zweimal in einem Tage Heidelberg und Karlsruhe besuchen, hier und dort ihre Geschäfte besorgen. Wir zweifeln nicht, daß die neue Bahn auch uns so erfreuliche Früchte bringen werde, und wünschen ihr das beste Gedeihen!
Soweit der Bericht der „Gr. Hess. Zeitung". Es wäre noch nachzutragen, daß die Züge schon fast mit den gleichen Geschwindigkeiten fuhren wie heute. Von Darmstadt nach Heidelberg fuhr man fahrplanmäßig 2 Stunden und 16 Minuten, von Darmstadt nach Frankfurt 50 Minuten. Mit der Eröffnung der Main-Neckar-Bahn waren die jahrelangen Bemühungen und Hoffnungen der 1836 in Darmstadt gegründeten „Eisenbahngesellschaft für das Großherzogtum Hessen" endlich in Erfüllung gegangen.
Sehen wir uns noch ein wenig *im neuen Bahnbetrieb* um. Die *Zahl der Lokomotiven* war zuerst auf 18 festgesetzt worden, wovon Frankfurt und Baden je 3 und Hessen die übrigen 12 zu stellen hat-

ten. Während die erstgenannten pünktlich zum 1. August 1846 zur Stelle waren, fehlten von den hessischen 8 Stück, und eine weitere mußte nach wenigen Fahrten, ihrer Unzulänglichkeit wegen, wieder außer Dienst gesetzt werden. Man sah sich deshalb genötigt, 2 Maschinen von der Frankfurt–Offenbacher Bahn zu entleihen.

Die ersten *8 hessischen Maschinen* waren von *Sharp in Manchester* (England) bezogen und kosteten mit Zoll, Transport und Tender (letztere in Aachen verfertigt) das Stück 53 229 Mark.

Für die Wagen, im ganzen 252 Stück, *wurden im hessischen Anteil bezahlt*

6	Salonwagen	je 9356 M
14	gem. Wagen I. u. II. Kl.	je 7718 M
26	Wagen III. Klasse	je 3849 M
21	Wagen IV. Klasse (Steh-W.)	je 2986 M
28	Güterwagen offen	je 3120 M
28	Güterwagen gedeckt	je 2655 M
13	Reisegepäckwagen	je 3362 M
8	Postgepäckwagen	je 3108 M
16	Vieh- u. Equipagewagen	je 2405 M
4	Pferdewagen	je 3152 M

Der *Aufwand für das Betriebsmaterial* betrug insgesamt von

Hessen	1 359 915 M
Baden	454 375 M
Frankfurt	349 436 M
zusammen	2 163 726 M

für 18 Lokomotiven und 252 Wagen (Anmerkung: Die damaligen Gulden-Beträge sind hier schon in Mark umgerechnet.)

Vom *Personenverkehr* auf der neuen Bahn liegen genaue Zahlen aus dem Jahre 1847 vor. Der Gesamtverkehr der *ankommenden und abfahrenden Reisenden* betrug in

Frankfurt	295 050 Personen
Langen	71 304 Personen
Darmstadt	338 399 Personen
Eberstadt	72 871 Personen
Zwingenberg	81 819 Personen
Bensheim	118 997 Personen
Heppenheim	68 670 Personen
Weinheim	101 555 Personen
Heidelberg	119 268 Personen

Wir ersehen hieraus, daß Darmstadt die größte Personenzahl hat vor Frankfurt und vor Heidelberg. Und unser Eberstadt hat ihrer mehr als die Bahnhöfe in Langen und Heppenheim. Die Stationen auf hessischem Gebiet – Louisa, Isenburg, Sprendlingen, Egelsbach, Erzhausen, Wixhausen, Arheilgen, Bessungen, Bickenbach und Auerbach – gab es 1847 noch nicht. Deshalb sind sie in der obigen Statistik nicht enthalten.

Bringen wir zum Schluß noch eine *kleine Chronik aus den ersten 10 Jahren:*

1846. 1. August: *Eröffnung* der ganzen Bahn für den Personen- und Gepäckverkehr. 5. September: *Postbeförderung* durch eigene Packwagen für die Thurn- und Taxis'schen sowie die Badischen Postverwaltungen. 15 Oktober: Beginn des *Viehtransportes.*

1847. 15. Mai: Einführung von täglich *5 Zügen* unter Beibehaltung des Lokalzuges Darmstadt–Frankfurt.

1848. 24. August: Eröffnung der steinernen *Neckarbrücke* bei Ladenburg. 23. September: *Das erste Attentat auf die Bahn.* Bei Weinheim hatten Aufständische Schienen und Schwellen losgerissen, um die Beförderung von Militär nach Baden zu verhindern. Zwei Maschinen und 10 Wagen eines Leerzuges stürzten vom Bahndamm herab. Niemand verletzt, Schaden 10000 fl. [Gulden]. Hierauf Einrichtung eines *elektro-magnetischen Telegraphen.* 25 Oktober: Eröffnung zweier Haltestellen für Personenverkehr bei *Arheilgen* und *Bickenbach.*

1849. 18. Mai: *Einstellung* des Bahnbetriebes südlich von Heppenheim wegen des *Aufstandes in Baden.* 6. und 7. Juni: Stillegung des Zivilverkehrs auch zwischen Fankfurt und Heppenheim wegen zahlreicher *Militärtransporte* nach Baden. 27. Juni: Wiederaufnahme des ganzen Betriebs.

1850. Sommer- und Winterfahrplan. 11. August: Neue Personalhaltestelle bei *Auerbach.* 1. Oktober: Einführung eines direkten *Personen-, Gepäck- und Equipagenverkehrs mit Baden.*

1851. 15. September: Einführung eines direkten Güterverkehrs mit der Badischen Staatsbahn. 20. November: Der erste *Trittbrett-Springer* stürzt und wird überfahren.

1852. 15. Mai: Einführung eines direkten Personenverkehrs mit der *Main-Weser-Bahn* und später Eintritt der Main-Neckar-Bahn in den Mitteldeutschen Eisenbahnverband. 1. Oktober: Einführung eines *elektrischen Telegraphen* für den Dienst- und den öffentlichen Verkehr.

1853. 15. November: Erhebung der seit 1846 bestehenden Personenhaltestelle *Eberstadt* zur *Güterstation.*

1854. 1. Juni: Einführung von *Rundreise-Billets.* 15. November: Direkter Verkehr mit der *französischen Ostbahn* über Straßburg begonnen.

1855. 1. Mai: *Durchlaufende* Wagen I. und II. Klasse zwischen Frankfurt am Main und *Kehl.*

1856. Erster erfolgreicher Versuch, die Lokomotiven *mit Kohlen zu heizen,* anstatt, wie bisher, mit Koks.

Wir haben die Anfänge der Bahn hier geschildert, weil es immerhin für unsre ganze Gegend und nicht zuletzt für unser Dorf *ein Ereignis ersten Ranges* war – eine Eisenbahn!

6. Als Wanderbursche unterwegs

Wenn ein Handwerksgeselle zur weiteren Ausbildung auf Wanderschaft gehen will, braucht er ein „Wanderbuch" zur Legitimation. Behufs dessen stellt das Kreisamt Bensheim, zu dem Eberstadt noch gehört, unterm 14. März 1864 dem Gerbergesellen Georg Bär ein solches Dokument aus. Darin lesen wir: „Inhaber, welcher die Rothgerberprofession zünftig erlernt und seiner Militärpflicht genügt hat, auch geimpft ist, erhält hiermit Erlaubnis zum Wandern im In- und Ausland auf unbestimmte Zeit."
Das „Signalement" des Inhabers sieht so aus: „Gebürtig von Eberstadt, Profession Gerber, Alter 21 Jahre, Größe 6 Fuß 3 Zoll, usw."
Die „Bestimmungen für den Handwerksgesellen" besagen unter Nr. 5: „Da das Wanderbuch eine Nachweisung darüber enthalten muß, wo sich der Handwerksgeselle zu jeder Zeit aufgehalten hat und ob er gearbeitet hat oder nicht, so soll er es überall, wo er sich aufhält, der Polizeibehörde zum weiteren Visieren vorlegen, den Ort angeben, wohin er zu gehen gedenkt, und genau dem vorgezeichneten Wege folgen." Das heißt: er muß sich überall melden, wo er zur Arbeit bleiben oder auch nur einmal übernachten will.
Das Wanderbuch unseres Georg Bär enthält insgesamt 89 solcher Einträge aus fünf Wanderjahren zwischen 1846–1851. Sie ergeben ein anschauliches Bild über seine Kreuz- und Querreisen durch Deutschland, die Schweiz und das Elsaß. Hier eine kleine Auswahl.

Großherzogthum Hessen.

Provinz _Starkenburg._

Wander-Buch

für *Johann Georg Baer*

von *Eberstadt.*

Preis für Papier, Druck und Einband 16 Kreuzer.

Darmstadt,
im Verlag der Großh. Heff. Invaliden-Anstalt.

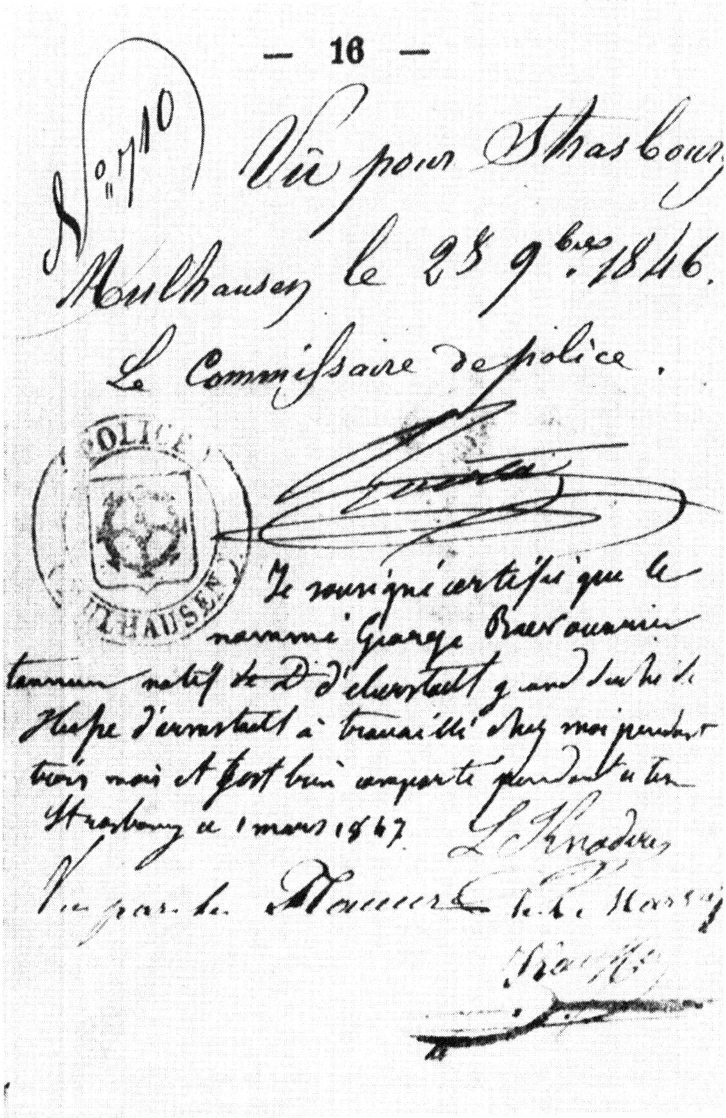

— 16 —

N° 1710

Vû pour Strasbourg

Mulhausen le 28 9bre 1846.

Le Commissaire de police.

[signature and police seal: POLICE MULHAUSEN]

Je soussigné certifie que le
nommé George Bär ouvrier
tanneur natif de D. d'elversstatt q and suche de
Hespe d'ernstatt à travaillé chez moi pendant
trois mois et s'est bien comporté pendant ce tems
Strasbourg ce 1 mars 1847. L. Knoderer
Vu par le Mannert le R. Hars
Kraft

**Aus dem Wanderbuch des Georg Bär:
Visum des Polizeikommissars Mülhausen 1846 zur Weiterreise nach
Straßburg sowie Bescheinigung des dortigen Meisters 1847**

1846

Ende März geht es über Freiburg, Basel, Aargau nach Liestal in der Schweiz mit einem Arbeitsaufenthalt bis Mitte September. Es folgen Balstal, Bern und Zürich, wo Georg Bär fünf Tage im Krankenhaus liegt, Ursache unbekannt.

Von Zürich wandert Bär nach Konstanz und geht von dort hinüber in das französische Elsaß. Den November über arbeitet er in Mülhausen (das im Wanderbuch halb französisch, halb deutsch geschrieben ist als „Mulhausen") und meldet sich von dort nach Straßburg ab.

1847

Hier „überwintert" unser Handwerksbursche bis zum 1. März. Der Meister schreibt ihm in sein Wanderbuch, daß er „à mon entière satisfaction", zur völligen Zufriedenheit gearbeitet hat.

Von Straßburg möchte Georg Bär wieder in die Schweiz, was ihm jedoch aus unbekannten Gründen verwehrt ist mit dem lakonischen Eintrag im Wanderbuch: „Das Wandern in der Schweiz ist verboten".

So verbringt er den Sommer in Usingen und Vilbel, das er aber plötzlich verläßt, um über Würzburg, Ochsenfurth, Rothenburg o. d. T. nach Nürnberg zu pilgern. Und hier bleibt er über den Winter in Arbeit.

1848

Im März verläßt Bär die Stadt, zieht nach Augsburg und tritt von da eine Fahrt mit dem neuen Verkehrsmittel an: mit der Eisenbahn. Das große Ereignis ist im Wanderbuch seitens des Königl. Bayerischen Stadtkommissariates vermerkt: „nach München mit der Eisenbahn". Nach wenigen Tagen verläßt unser Wandersmann die Stadt wieder und geht über Freising und Landshut nach Regensburg.

1849

In Regensburg verbringt Georg Bär eine lange Arbeitszeit, die bis zum April dieses Jahres dauert. Ob er allenfalls durch zarte Bande so lange hier gehalten wurde, steht nicht im Wanderbuch. Doch unvermutet treibt es ihn, nach Osten zu ziehen, nach Sachsen und Schlesien.

Die zahlreichen Stationen dieser Reise hält das Wanderbuch wie folgt fest: 28. April: Erlangen, 3. Mai: Gera, 7. Mai: Leipzig, 9. Mai: Zwickau, 12. Mai: Freiberg, 14. Mai: Dresden, 15. Mai: Königstein, 18. Mai: Zittau, 21. Mai: Bunzlau. Liegnitz: 22. Mai, Breslau: 31. Mai, über Franfurt/Oder nach Oels: 25. Juni, mit einigen Wochen Aufenthalt daselbst.

Durch Norddeutschland geht es dann langsam wieder der Heimat entgegen über Berlin, Stralsund, Lübeck, Kiel, Schleswig, Itzehoe, Glückstadt. In Darmstett bei Glückstadt wird Georg Bär vom Meister J. H. Pohlmann bescheinigt: „Bei gutem Betragen bei mir in Arbeit". Über Bremen und Stade kommt Bär am 3. November nach Bruchhausen, wo er über den Winter bleibt.

1850
Nach der Abmeldung von Bruchhausen am 4. März nimmt Bär die Arbeit auf in Hannover bis 5. August, in Eisenbach bis 23. September. Über Leipzig, Gera, Koburg, Suhl wandert er nach Königsee in Thüringen, wo er über den Winter bleibt.

1851
Der letzte Eintrag im Wanderbuch bescheinigt die Abmeldung nach Eberstadt: „Inhaber stand seit dem 28. October 1850 bis dato mit sehr gutem Betragen hier in Arbeit. Königsee, den 31. März 1851. Polizey Expedition. Behn."
Wann Georg Bär nach Hause kam, ist nicht bekannt. Seine Wanderung auf Erden ging dann überhaupt bald zu Ende. Er starb am 13. August 1852 ledigen Standes im Alter von 27 Jahren.
Georgs Eltern waren: der Küfermeister Georg Bär und dessen Frau Elisabeth, die nach dem frühen Tod ihres Mannes in zweiter Ehe den Maurermeister Christoph Pfeiffer heiratet, den Begründer der gleichnamigen Gerberbetriebe dahier. Der junge Georg Bär konnte nur wenige Monate die auf der Wanderschaft erworbenen Kenntnisse im hiesigen neuen Betrieb, Oberstraße 13 (später Drewes), anwenden.

7. Der erhöhte Kirchturm

Wir knüpfen noch einmal an den großen Kirchenumbau im Jahre 1604 an. Vierzehn Jahre später kam der Dreißigjährige Krieg (mit gewissen Pausen dazwischen) über das Land. Am Ende ist die schöne Kirche fast einer Ruine gleich.
Pfarrer M. Agricola berichtet darüber: „Als ich M[agister] Melchior Agricola Ao. 1650 anhero zur Pfarr gekommen, war kein Gestühl in der Kirche, stund auch das Pfarrhauß in einem gar bösen tach [Dach] und wollte der Collator [der „Kirchenherr" von Frankenstein] nichts bauen, und der Gotteskasten [die Kirchenkasse] hatte nichts. Da habe ich die Nachbarn [Gemeindeglieder] erbeten, daß sie einen neuen gibel und tach [Giebel und Dach] an das Pfarrhauß und die stühle [Gestühl] in die Kirche haben machen lassen."

Die kostbaren Kirchengeräte waren während des Krieges offenbar in Sicherheit gebracht worden. Von der großen Stiftung des Junkers Philipp von Frankenstein (s. o. IV/5) waren nach einem Verzeichnis noch vorhanden: „Zwei silberne übergülte Kelch, zwei Patinchen [Patenen für Hostien] aus Silber und übergült, 1 zinnern Lädchen, da man Ostien innen thut, 3 mäßige [1 Maß fassende] Altar Kanden [Abendmahlskannen], 1 messinge Becken [Taufschale] und ein messinge Kand [Taufkanne], sowie Taufzeug, ein schwarz wüllen [wollenes] Altartuch und ein schwartz wüllen Cantzeltuch, 2 leinen Altartücher und 1 Handzwel [Handtuch]."

Auch neue Stiftungen gingen ein: „Anno 1650 ließ Johan Schöffer, Schuhmacher zu Darmstatt, ein Tuch auf den Altar machen, und Jost Keil verehrte ein Leichentuch. 1655 verehret Herr Johan Jost Wüst, damaliger Fürstl. Schönburgischer Keller, zwo Kanden auff den Altar."

„Ao. 1663 haben die Underthanen zusammengeleget und ein glock 5 Zentner schwer zu Heydelberg gießen lassen, hielt aber kein Jahr, sondern zersprang und mußte umgegossen werden, kam das Gewicht auf 5 Zentner und 8 lb. [Pfund], und kostet der Zentner 30 Reichstaler."

Zu einer gründlichen Erneuerung der Kirche kam es erst in den Jahren 1687/1688, nachdem Stoffelius seine großen Kollektantenfahrten beendet hatte (s. o. VI/5). Der damalige Pfarrer sammelte persönlich in Frankfurt und brachte 184 Gulden zusammen. Dafür übersandte die dankbare Gemeinde dem Bürgermeister zu Frankfurt 100 ausgesuchte Krebse aus der – Modau (!). Der Landgraf Ernst Ludwig gab ganze 40 Gulden mit dem Hinweis, daß die Herren von Frankenstein Anno 1604 zum Kirchenbau auch nicht viel geleistet hätten.

In den folgenden sechzehn Jahrzehnten geschah an der Kirche (außer einem Sakristeianbau 1735) so gut wie nichts. Aus mancherlei zeitgenössischen Zeugnissen erfährt man, daß die Kirche die schlechteste im ganzen Lande sei, und man wartete auf einen Neubau. Zwar kam auch dieser im Jahre 1850 noch immer nicht zustande, jedoch erfolgte hier eine gründliche Renovierung des Kircheninneren sowie die Erhöhung des Kirchturmes um ein Stockwerk – letzteres gegen den ausdrücklichen Willen des zuständigen Hess. Bauamtes in Bensheim.

Pfarrer Kißner, der 1852 hier aufzog, berichtet: „Die Kirche ist jetzt ein recht freundliches und ansprechendes Gotteshaus. Besonders werde hier erwähnt, daß das Dach, welches bisher ein Ziegeldach war, nun mit Schiefern gedeckt ist, daß anstatt der hölzernen Säulen gußeiserne in die Kirche gekommen sind, und ebenso eine gußeiserne Kanzeltreppe. Der Taufengel, welcher beibehalten

**Die alte Kirche mit erhöhtem Turm 1851
(Aquarell Steinhäuser)**

wurde, ist 1735 von dem Unterwiesenmüller Heinrich Hochschild gestiftet worden."
Die Wiedereinweihung wurde am 10. August 1851 durch den Darmstädter Prälaten Dr. Zimmermann vorgenommen. Man traf damit (vermutlich ohne es zu wissen oder zu wollen) genau den Tag des hl. Laurentius, des einstigen Patrons der ältesten Eberstädter Kirche an diesem Platze. Dieser Tag, der 10. August, löste zugleich den ehemaligen Kirchweihtag am 2. Oktober ab.

8. Dorfbeschreibung 1857

Der fleißige Pfarrer C. F. Kißner stellt 1857 eine Dorfbeschreibung zusammen, die eine gute Basis für die nachfolgende Entwicklung bildet. „Die Gemarkung ist 7148,70 Morgen groß und hat seit unvordenklichen Zeiten in diesem Umfang bestanden. Weinberge hat man nur noch etwa 1 1/2 Morgen, während früher ein großer Teil der Gemarkung aus solchen bestand. Man hat es aber vorteilhafter gefunden, dieselben allmählich eingehen zu lassen und dafür Kartoffeln, Korn und Klee zu pflanzen, da die Jahre, wo der Wein hier gut wurde, zu den seltenen gehörten. Freilich in 1857 war der in den noch vorhandenen 1 1/2 Morgen gewachsene Wein ein vortrefflicher.
Die Zahl der Häuser in Eberstadt beträgt 349. An öffentlichen Gebäuden hat man hier, außer der Kirche und den Pfarrgebäuden, das in 1847 neu erbaute Rathaus, worin sich zugleich 4 Schulsäle und Wohnung für 1 Lehrer befinden. Ganz nahe dabei steht das Wachhaus für den 1. Orts- und Polizeidiener.
Die Seelenzahl beträgt zur Zeit 2468 Seelen.
Eberstadt hat nur einen Geistlichen, und die Gemeinde ist eine lutherische, da nur 3 Reformierte hier wohnen.
Ortsschulen sind dahier 4 mit zusammen 447 Schülern. [Anm.: Schule ist hier gleich Schulklasse.] Auch ist eine Industrieschule hier, in welcher wöchentlich an den Mittwoch- und Samstag-Nachmittagen in Handarbeit unterrichtet wird.
Gegenwärtig hat ein praktischer Arzt hier seinen Sitz, der gegen ein Fixum aus der Gemeindekasse die Armen des Orts unentgeltlich zu behandeln hat.
Auch wohnt hier der *Oberförster des Forsts Eberstadt,* dem die Gemeinde, um seinen Wegzug in eine andere Gemeinde wegen Mangels dahier an geeigneten Mietwohnungen zu verhindern, durch Ankauf eines Hauses nebst Garten für eine Dienstwohnung gesorgt hat, wofür derselbe als Miethe 4 % Zinsen des gegen 3000 fl. [Gulden] betragenden Ankaufskapitals bezahlt.

Auch eine *Ortseinnehmerei* befindet sich hier. [Da waltete der Steuereinnehmer seines Amtes].

Zum Orte gehören *11 Mühlen*, deren Besitzer theils Handels-, theils Kundenmüller, theils beides zugleich sind. 1. Die *Eschollmühle* (Ludwig Engel II). 2. Die des Peter Ranzenberger, früher Teppichfabrik im Besitz von Daniel Schulz I (†), jetzt Mahlmühle. [Anm.: Es dürfte dies die *alte Dorfmühle*, heute vor der Gerberei Pfeiffer, Mühltalstraße, gewesen sein.] 3. Die *Rosenmühle* (Wendel Krug I.) [Anm.: Heute Mühltalstraße 19/21]. 4. Die *Unterwiesenmühle* (Johannes Hochschild). 5. Die *Oberwiesenmühle* (Georg Ludwig Friedrich). 6. Die *Walkmühle* (Wilhelm Dörner I.) [Anm.: Diese wurde inzwischen abgerissen]. 7. Die Mühle des Wilhelm Dörner II. (früher Peter Dörners Mühle genannt). 8. Die des Johannes Heppenheimer (früher Georg Dörners Mühle). [Anm.: zu 7. und 8.: Hier handelt es sich um die „alte" und die „neue" Kaisermühle.] 9. Die des Valentin Grüning II. (früher Spieß'sche Mühle, wird auch die *Koppenmühle* genannt) [Anm.: An der Mühlstraße rechts, kurz vor dem „Kühlen Grund"]. 10. Die des Georg Engel *(Engelsmühle)*. 11. Die des Wendel Jakob Mahr in der Mordach [Anm.: Die *Waldmühle* an der Straße nach Nieder-Beerbach]. Die übrigen Mühlen liegen in der Gemarkung Nieder-Ramstadt, Scheuch, alte Pulvermühle, Papiermühle, Frankenberger Mühle, Entziehungsheim „Burgwald".

Auch *4 Bahnwärterhäuser*, darunter der Bahnhof, befinden sich in der Gemarkung.

Fabriken sind gegenwärtig keine dahier.

Bierbrauereien hat man hier noch 6, mit denen theils Oekonomie, theils Essig- und Liqueur-Fabrication, theils Wirthschaft verbunden ist. Das Geschäft des Johann Hilß [Anm.: Früher „an's Hilße Eck"] ist jetzt das ausgedehnteste unter allen.

Wirthschaften hat man hier viele (Man möchte sagen: zu viele). Fast bei keiner ist sie indessen das alleinige Geschäft. Seit der Entstehung der Eisenbahn sind *viele Wirthschaften eingegangen,* namentlich die für Straßenfuhrleute, welche öfters mit 60 Gutwagen [Anm.: zur Güterbeförderung] dahier übernachteten. Wie der Ort überhaupt, so haben insbesondere die Wirthe durch die Eisenbahn viel verloren. Doch haben sich, wie an andern, ähnlich betroffenen Orten, die Bewohner des hiesigen Ortes mit desto regerem Fleiß der Landwirtschaft zugewendet, wovon sich die erfreulichsten Folgen im Wohlstand und sonst noch immer mehr offenbaren.

Man hat hier *8 Bäcker, 4 Schmiede* und *3 Wagner,* die fast alle ihr Geschäft mit erwünschtem Eifer betreiben. *Schuhmacher und Schneider* liefern Arbeiten, die für Eberstadt die Stadt fast überflüssig machen. Auch ist für *Zimmerleute, Maurer, Schlosser,*

Weißbinder und Schreiner, von welchen Handwerken es hier an tüchtigen Meistern nicht fehlt, im Orte selbst und durch die Nähe der Stadt viel Verdienst. Als Maurer- und Weißbindergesellen und Lehrlinge gehen von hier täglich am frühen Morgen vielleicht *an 100 nach Darmstadt zur Arbeit* und kehren abends hierher zurück. [Anm.: das macht zusätzlich zwei Stunden Fußmarsch!] Solche Gesellen verdienen täglich 1 fl. [Gulden] und noch mehr. *Glaser- und Spenglerarbeit* wird ebenfalls hier meisterhaft gefertigt. Daß fast *alle jungen Leute ein Handwerk erlernen,* hat einen Mangel an *Taglöhnern* für die Feldarbeit jetzt schon zur Folge, der aber erst fühlbarer werden wird, wenn die alten Taglöhner nach und nach abgegangen sein werden. Überhaupt fehlt es dem, der gesund ist und arbeiten will, nicht an Gelegenheit zu Arbeit und gutem Verdienst.

Ansichtskarte vom „Darmstädter Hof"

XI.
Notizen aus der Chronik

1. Endstation Wartehalle
(1858–1886)

Seit 1858 gibt es eine echte Eberstädter Chronik, die von Amts wegen vom Pfarrer geführt werden muß. Sie ist allerdings nicht auf das Kirchliche nur beschränkt, sondern umfaßt das gesamte Dorfleben. Die hier folgenden Auszüge ergeben ein deutliches Bild von der allmählichen Strukturveränderung des alten Bauerndorfes.

1858
Trockenheit. Viele Mühlen konnten wegen Wassermangels nicht mahlen. Trat auch Trinkwassermangel an sehr vielen andern Orten ein, so wurde derselbe hier nicht empfunden, weil die Quellen aus den benachbarten Bergen, welche unsre Röhrenbrunnen versorgen, das nötige Wasser lieferten. Der hiesige Bürgermeister Johannes Harnischfeger gibt an, im August dieses Jahres sei die Modau so wasserleer gewesen, daß er in dem Bette derselben von der Pfungstädter Grenze an bis an hiesigen Ort trockenen Fußes habe gehen können, denn es seien nur noch Pfützen zu sehen gewesen, die man im Flußbette alle habe umgehen können.

1862
Kartoffelpreis
Die Kornerndte war hier mittelmäßig gering, die Kartoffelerndte aber gut. Der Preis der Kartoffeln war – wohl hauptsächlich in *Folge des Amerikanischen Kriegs,* der die *Baumwollenweberei* und hiermit den Gebrauch von *Stärkemehl* sehr vermindert hat – sehr gesunken, bis zu 1 fl. 30–1 fl. 40 Cr. [Kreuzer] pr. 200 Pfund.

1864
Modaubrücke
In 1864 wurde eine neue Brücke über die Modau *in der Kirchgasse* mit einem Aufwand von 2500 fl. [Gulden] erbaut.

Eiserne Röhren
Auch wurden die seitherigen *hölzernen* Brunnenröhren durch eiserne ersetzt. Die Sache, die eine große Ersparung zur Folge haben wird, hat gegen 3000 fl. [Gulden] gekostet. Es wurde auch ein

Abbildung rechte Seite:
Kulisse für das Darmstädter Hoftheater, C. Beyer, vor 1850:
Rechts: Kirchenaufgang mit Pfarrhaus, Röhrenbrunnen, alter Dorflinde und Kirche. Links: Phantasiebild

Pumpbrunnen am Eingang des Friedhofes zur Begießung der mit Sträuchern und Blumen bepflanzten Gräber hergerichtet. Die Zahl der *Gemeinde-Röhrbrunnen* beläuft sich jetzt auf 13 und die der *Gemeinde-Pumpbrunnen auf 5.* [Anm.: Die alte Röhrenleitung lief vom Steckenborn her, die alte Straße entlang noch bis vor kurzem in den „Schwanen", Hilß'sche Brauerei, Bickelhaupt – Pfungst. St., heute Muth –, Jakob Jakob – Oberstr. 16 – usw.]

1866
Krieg!
Die Rüstungen in Preußen und Oesterreich wirkten nachtheilig auf alle Geschäfte ein. In deren Folge fand auch ein bedeutendes *Sinken der Werthpapiere im Cours* statt. Da alle deutschen Staaten rüsteten, so blieb auch der unsre nicht zurück. Das Scharfschützencorps wurde zur Einübung *hierher verlegt.* Samstag, den 21. Juli, kamen, nachen auch der Rest unsrer hessischen Truppen das Land verlassen hatte und den Truppen im Felde nachgezogen war, *die ersten Preußen hierher,* zu ⅓ Husaren, zu ⅔ Infanterie (Westphälinger). Letztere besetzten, nicht wissend, ob feindliche Truppen in der Nähe oder im Anmarsch sich befänden, und einen Überfall befürchtend, die Eingänge des Orts und lagerten theils im Freien, theils in passend gelegenen Hofraithen.
Zu den letzteren rechneten sie auch *den Pfarrhof nebst Scheune, Waschküche pp.,* und brachten mir 2 Compagnien, nachdem ich bereits 2 Husarenoffiziere, 1 Infanterieoffizier, 8 Mann und 12 Pferde *in Kost und Logis* hatte. Die Gemeinde hatte für geschlachtete Ochsen, Brod, Kaffee, Reis, *Cigarren und Bier* reichlich sorgen müssen. Die Disciplin der Preußen war aber musterhaft, es fiel nicht das mindeste Ungehörige vor.
Den folgenden Tag frühe um 5 Uhr zogen sie weiter über Reinheim, nachdem in der Nacht Ordre gekommen war. Auf ihre Requisition mußten etliche 30 Pferde benebst der erforderlichen Wagen mit, die sie *nebst den Fuhrleuten* zum Theil 10 und mehr Tage bei sich behielten und auf den Kriegsschauplatz mitnahmen. Später hatten wir noch 4 bis 5 Wochen lang 130 Mann Preußische Husaren nebst ihren Pferden zur Einquartierung, und als diese weg waren, Großherzogliche Bagagewagen nebst dazugehörigen Leuten und Pferde längere Zeit. Der *Aufwand für das alles* und insbesondere für jenen einen Tag, wo die 2500 Mann im Ort waren, der später von der Gemeinde vorlagsweise bezahlt wurde, hat wenigstens 6000 Gulden betragen. Hieraus kann man den Schluß ziehen, wohin es in einer Gemeinde kommen muß, wenn sie eine ähnliche Einquartierungslast nur einen oder einige Monate im Kriege zu tragen hätte.

Familie des „Kirchenwiemers",
Schneidermeister Heinrich Wiemer um 1860

1870
Deutsch-französischer Krieg
Die Kriegserklärung versetzte zwar männiglich mit Grund in Angst und Schrecken, doch war bald Muth und Hoffnung überwiegend. Der so natürliche Wunsch: „Wenn es doch gelänge, daß Frankreich zum Kriegsschauplatz gemacht würde" – ging in Erfüllung. Der Eisenbahn verdanken wir, daß wir von Truppendurchmärschen gänzlich verschont geblieben sind. Am allgemeinen Bettage vor Beginn des Krieges war, wie allerwärts, das Gotteshaus gedrängt voll von Betenden, wie noch nie.
Man kann annehmen, daß in hiesiger Gemeinde gegen dritthalb Tausend Gulden für den Hilfsverein für kranke und verwundete Krieger, sowie zur Unterstützung der Soldaten im Felde und deren Familien zusammengebracht worden sind.

1871
Friedensfest
Am 2. Sonntag n. Trin. wurde das Friedensfest nach glorreich beendigtem deutsch-französischem Kriege gefeiert. – *Der Friedensschluß* brachte Deutschland die ihm früher geraubten Provinzen Elsaß-Lothringen zurück und legte den Besiegten eine Kriegsentschädigung von frcs. 5 Millionen auf. Möge Deutschland bewahren und behalten, was es wieder hat!

1873
Soziale Fabrikherren
Den 3. März verunglückte Georg Dreißigacker in der Strohpapierfabrik, wo ihn ein Maschinenrad ergriff und den Kopf zerquetschte. [Anm.: Die Fabrikherren haben *ihre Mitarbeiter versichert,* und es erhielt die Witwe ein Abfindungskapital von 1000 Gulden.]

Das Tageblatt
Von diesem Jahre an soll, der Verfügung des Großh. Kreisamtes Darmstadt gemäs, das Darmstädter Tageblatt, als Amtsblatt angeschafft und für die Kirche aus deren Mitteln gehalten werden. Kostet ca. 4 Gulden. [Anm.: jährlich!]

1875
Leere Kirche, volle Wirtshäuser, ungezogene Jugend.
In einem Bericht des Kirchenvorstandes lesen wir: Die *Sonntagsheiligung* entspricht nicht einmal den billigsten Ansprüchen. Die bestehenden Verordnungen werden teils nicht gehalten, gar nicht beachtet, teils so klug umgangen, daß ihre Anwendung nicht möglich ist. Man bedenke nur, daß gar manche Wirtschaften während

**Eberstädter Blasmusik 1872,
später Feuerwehrkapelle**

des Gottesdienstes den zahlreichsten Zuspruch haben, während die Kirche im Vergleich zu der starken Bevölkerung leersteht. — Schwer ist's, ein allgemeines Urteil über die Sittlichkeit einer mehrere 1000 Seelen zählenden Gemeinde zu fällen. Gerade in unseren Tagen ist ein wahrer Streit entbrannt über Zu- oder Abnahme der Sittlichkeit. Manche stellen unsere Zeit hoch in dieser Beziehung, andere wollen beweisen, daß Roheit, ja Verwilderung erschreckend zunehmen. Und diese verschiedenen Urteile kann man auch in unserer Gemeinde hören. *Eine* Erscheinung läßt sich nicht leugnen, und diese ist die Quelle vielleicht der meisten Klagen. Das ist der Mangel an Zucht, welche an der Jugend geübt werden sollte. Hier trifft viele Eltern ein schwerer Vorwurf. Es sieht so aus, als ob viele Eltern eine wahre Furcht hätten, ihren Kindern ein ernstes Wort zu sagen. Dahin sollte allseitig gewirkt werden, daß die Eltern den Mut zeigen, ihre Kinder in Zucht zu nehmen und zu halten. Das würde auch auf die Sittlichkeit in Eberstadt bessernd einwirken. Ja, an gutem Vorbild der Alten und an Überwachung der Jünglinge und Jungfrauen von seiten der Eltern fehlt es vielfach.

1879

Kindergarten

Auf Anregung einiger wohlhabender Familien wurde ein Fröbelscher Kindergarten für Kinder von 4 bis 6 Jahren errichtet. Dieser, von einer Lehrerin geleitet, wird von durchschnittlich 60 Kindern besucht. Die Unterhaltung desselben wird theils durch Schulgeld der einzelnen Kinder und theils durch freiwillige Schenkungen bestritten.

Heizung in der Kirche!

Die große Kälte, mit welcher 1879/8 begann, veranlaßte den Kirchenvorstand, die Kirche durch Anschaffung von Öfen heizbar machen zu lassen. [Anm.: Von 1523—1878 saßen die Leute kalt.] Die Sache wurde aber in die Länge gezogen. Man konnte sich nicht darüber einigen, ob die Gemeindekasse oder die Kirchenkasse die Öfen bezahlen sollte. Schließlich war der Kirchenvorstand willig, aber der Winter war über dem allem herumgegangen.

Dekanats-Synode in Eberstadt

Am 29. September wurde in der Kirche dahier, nachdem sich ein festlicher Zug vom Rathaus nach dem Gotteshaus gebildet hatte, von den Mitgliedern der Dekanats-Synode des Evangelischen Dekanats Eberstadt die ordentliche Dekanats-Synode für 1880 abgehalten. Nach der Predigt von Pfarrer von Wachter zu Ober-Ramstadt wurde unter anderem die von der oberen Kirchenbehörde vorgelegte Frage behandelt: „Was können die Dekanats-Synoden der

Verbreitung irreligiöser und sittengefährlicher Schriften gegenüber tun?" Es wurde eingehend darüber gesprochen. Nachmittags um 2 Uhr versammelten sich die Synodalen nebst den hiesigen Kirchenvorstandsmitgliedern im „Darmstädter Hof" zu einem einfachen Mahle.

1881
Pfennigsparkasse
Am Anfang des Jahres konnte auch eine Pfennigsparkasse gegründet werden, die in kurzer Zeit sehr erfreuliche Fortschritte machte. Besonders viele Kinder und alleinstehende Fabrikarbeiter und Arbeiterinnen legten wöchentlich Ersparnisse ein.

1882
Regnerischer Sommer
Durch die Unbeständigkeit des Wetters war die Ärnte-Arbeit vielfach erschwert. So wurden auch *ohne Bedenken eines Sonntags Nachmittags* die Kornhaufen heimgefahren, während Pfarrer und Katechismusschüler in der Kirche Gottesdienst hatten.

Die Preise sind billig
Die Preise sind für den Landmann zu billig. Korn a 200 Pfund = 15 Mark, Waizen = 19 Mark, Gerste = 16 Mark, Hafer = 12 Mark. Kraut, groß und fest, pro Hundert = 5 Mark.

Die Frage des Vagabundenthums
Am 1. Advent predigte hier Nachmittags in der Kirche der Reiseprediger der Südwestdeutschen Conferenz für Innere Mission: Deggau aus Darmstadt, und erörterte namentlich die Frage des Vagabundenthums.

Fabriken und Industrie
Am 7. Mai machte der Frankfurter Verein Deutscher Ingenieure einen Nachmittagsbesuch zur Besichtigung der *Papierwarenfabrik Ude und Klebe* dahier. Diese Fabrik ist im Jahr 1862 als Duttenfabrik [Anm.: lies: Tütenfabrik] begründet worden und betreibt seit 1878 als ihre Specialität die Fabrikation der Papierbedarfs-Artikel für Konditoreien. Es werden täglich 40 Centner der besseren Papiersorten verarbeitet bei einem Personal von 130, *meist weiblichen Arbeitern*. Die Spitzen- und Torten-Papiere werden auf gravierten Stahlplatten mit Bleihämmern in vielen Mustern aufgeschlagen. Die Betriebskraft wird durch eine *achtpferdige Dampfmaschine* geliefert. Die Druckarbeiten für die Erzeugnisse der Fabrik werden durch fünf Schnellpressen und drei Bostonpressen geliefert.

Der *Verdienst der Arbeiter* beträgt etwa *2½ Mark,* für die in der Mehrzahl beschäftigten Mädchen: *1 Mark täglich* [Anm.: Die tägliche Arbeitszeit beträgt 10–12 Stunden!]. Nun hat diese Fabrik gewiß der auf Handarbeit angewiesenen Bevölkerung einen erheblichen Verdienst dargeboten, *aber auch durch Staub und Dunst in den Fabrikräumen manchem Mädchen zur Lungenschwindsucht und zum Tode verholfen!* – Die Fabrikanten machen indeß *gute Geschäfte* und haben ihre *eigenen Equipagen.*

Vespergottesdienst mit Kinderbescherung
Er fand am 30. Dezember statt. Bei beleuchteter Kirche [Anm.: Es waren Petroleumlampen aufgehängt worden] erhob sich auf dem Altar (!) ein großer, im Lichterglanz strahlender Weihnachtsbaum. Die Zahl der Kirchenbesucher war außerordentlich groß. Am Schlusse bescherte der hiesige Armenverein 134 Kinder, welche sonst hätten auf diese Freude verzichten müssen, mit einem neuen Hemde nebst Äpfeln und Bretzeln.

1884
Verbandsfest der Feuerwehren
Am 29. Juni wurde hier der Starkenburger Feuerwehr-Verbandstag abgehalten. Es fanden sich die Feuerwehren von 12 Ortschaften, meistens mit ihren Feuerspritzen und sämtlichen Löschapparaten und in blanker Rüstung, gegen Mittag ein. Nach dem Schluß des Vormittagsgottesdienstes, denn der des Nachmittages mußte ausgesetzt werden, fand in den festlich geschmückten Straßen ein buntes Treiben statt. Es hatten sich Tausende von auswärts eingefunden, um die Übungen der verschiedenen Feuerwehren im Löschen an mehreren Häusern [welche als brennend gedacht wurden] anzusehen. Die Hauptübung geschah von der Darmstädter Feuerwehr *an dem Kirchengebäude.*
Um 4 Uhr machten sämtliche Feuerwehren mit ihren sämtlichen Löschapparaten einen Festzug durch die Hauptstraßen und sammelten sich schließlich auf dem Festplatz in der Schwanenstraße, wo sich die Sache zu einem großen Volksfest gestaltete.

Kirchenbeleuchtung
Es ist im Laufe des Jahres gelungen, die nöthigen Anschaffungen zur Beleuchtung der Kirche selbständig zu erlangen. Sie bestehen in Wandleuchtern von Blech und Lichterträgern. Die Beleuchtung geschieht durch Stearinkerzen, deren etwa 80 nöthig sind, welche für 14 Pakete a 6 Stück im Preise für 1 Paket von 65 Pfennig = Mk 9,10 kosten und *dreimal benützt* werden können.
Während der Dienstzeit des Pfarrvikars Roemheld [1881/1882] war *die Kirchenheizung eingerichtet, und für* die Beleuchtung

beim Gottesdienst in der ungeeignetsten Weise gesorgt worden, indem aus verschiedenen Localen und Etablissements *Petroleum-Lampen geliehen* und in der Kirche aufgehängt wurde, was für Benützung und für Öl jedesmal 12,– Mark kostete! [Anm.: Pfr. Schüler war ein sparsamer Haushalter, und man spürt seinen redlichen Zorn über solche Vergeudung.]

Eine neue Glocke und viel Ärger
Die kleinste der drei Glocken im Kirchthurm war im Mai 1885 gesprungen und unbrauchbar geworden. Da die Glocken von der Gemeindekasse bezahlt werden, so bestellte der Gemeinderath ohne Zuziehung des Kirchenvorstandes eine neue Glocke bei Glockengießer Hamm in Frankenthal. Am Abend des 29. August kam die Glocke per Bahn hierher und wurde auf Sonntag früh in den Thurm aufgehängt, wobei nicht irgendeine Nachricht vorher mitgeteilt, und irgend eine kirchliche Feier und Weihe der Glocke nicht möglich geworden, um so weniger, als der pastor loci [Ortspfarrer Schüler] von Dekanats wegen auswärts Dienst tat. Das erste Läuten der neuen Glocke mit den anderen geschah also in höchst formloser Weise, da ein Lesegottesdienst durch den Lehrer gehalten wurde, wobei der Glocke natürlich mit keiner Silbe gedacht wurde. [Anm.: Im sogen. Lesegottesdienst las der Lehrer nur eine gedruckte Predigt vor.]

Die Volkszählung
Im Deutschen Reich fand allenthalben am 1. Dezember 1885 eine Volkszählung statt. Sie ergab für Eberstadt

an männlichen	1835
und an weiblichen Einwohnern	1879
zusammen	3714

Unter diesen befinden sich 3446 Evangelische, 174 Katholische Christen, und außerdem leben hier 84 Israeliten, 9 Freireligiöse und 1 Mennonit. – Die Zahl der Häuser beträgt 451, die der Haushaltungen 767.

1886

Dampfstraßenbahn Eberstadt–Darmstadt
Im Laufe des Jahres 1885 war von der Bank für Handel und Industrie zu Darmstadt der Plan gemacht worden, eine Straßenbahn von Darmstadt nach Griesheim anzulegen. Infolgedessen wurde auch zu Eberstadt der Gedanke wieder aufgenommen, eine Dampfstraßenbahn zwischen Eberstadt und Darmstadt ins Leben zu rufen, auf welche man schon vor 4 und 5 Jahren das Augenmerk gerichtet hatte. Es bildete sich zu diesem Zwecke ein Comité, dem

Fastnachtsscherz: Die „Strampelbahn" hält am „Darmstädter Hof"

Dampfstraßenbahn
in Höhe der ehemaligen Oberförsterei, 1903

nach den vorbereitenden Schritten am 5. Mai 1886 die landesherrliche Genehmigung zum Bau erteilt wurde. Dieser begann am 28. Mai und war in drei Monaten so weit vollendet, daß die Bahn geprüft und am 30. August *dem öffentlichen Verkehr übergeben* werden konnte. Nur der Wartesaal, welcher zu Darmstadt errichtet wird, war zu dieser Zeit noch nicht fertiggestellt.
Groß ist die Befriedigung, welche in Eberstadt durch diese Nebenbahn hervorgerufen worden ist; die einflußreichen Personen in Darmstadt, welche zum Bau derselben mitgewirkt hatten, sind deshalb von dem Comité auf den Ludwigstag, den 25. August, zu einer *Einweihungsfestlichkeit* hierher eingeladen worden und mit einem Extrazug erschienen. Sie wurden in einem *Wirthsgarten des Brauers Jakob* [Anm.: nachmals Jakob Jakob, Oberstraße 16] bewirtet und fetirt, wofür die Bahnverwaltung ihren Gastgebern und Freunden auf Sonntag, 29. August, einen Extrazug nach und von Darmstadt zur Verfügung stellte. Das Fest hat für die Betheiligten und Beitragenden zu Eberstadt nahe an 500 Mark gekostet.
Die eigentliche Eröffnung geschah am Montag, dem 30. August. Der Verkehr gestaltete sich so gleich zu einem recht zahlreichen. Schon gegen Abend dieses Eröffnungstages *benutzte der Carnevalsverein zu Darmstadt die Bahn,* um in Zahl mehrerer hundert Teilnehmer nach Eberstadt zu kommen und in einem Wirthsgarten Faschingsscherze mit Lampions zu veranstalten.
Die Bahn fährt gegenwärtig *elfmal täglich* nach Darmstadt und zurück. Die Preise für eine einfache Fahrt sind in 3. Klasse = 20 Pfennig, in 2. Klasse = 40 Pfennig. Für Arbeiter und Schüler sind Wochenbillette zu haben, welche für tägliche Hin- und Rückfahrt 20 Pf., also für die einfache Fahrt 10 Pfge. kosten.

2. Eine Vorstadt wächst heran
(1887—1899)

1887
Reichstagswahl
Große Bewegung war im Volke, als im Januar der Deutsche Reichstag aufgelöst wurde. Es handelte sich um eine Vermehrung der deutschen Armee um 40 000 Mann, den frechen Kriegsdrohungen der Franzosen gegenüber, und zur Erhaltung des Friedens, wozu der Reichstag *keine Einwilligung* geben mochte. Am 21. Februar fand die Neuwahl statt. Die Spannung ist außerordentlich groß, denn die Frage steht *auf Krieg oder Frieden,* je nachdem, ob auf sieben Jahre die Heeresverstärkung vollzogen wird oder nicht.

Durch Vereinigung der Konservativen mit der Nationalliberalen Partei gelingt auch in Eberstadt eine günstige Wahl – nach mehreren, sehr bewegten Wahlversammlungen – in der Person des Bierbrauers Ulrich zu Pfungstadt. Von 713 Wählern [Anm.: in Eberstadt] hatten 499 abgestimmt, und zwar 256 für den nationalliberalen Candidaten, 90 für den deutschfreisinnigen, aber auch 153 für den socialdemokratischen Wirt Müller zu Darmstadt.

Die Konfirmanden und die Disziplin
Die Confirmation fand in diesem Jahr anders, als in der seitherigen Weise, statt und wird so auch fernerhin gehalten werden, nämlich daß am ersten Pfingsttag die Knaben und am zweiten Pfingsttag die Mädchen eingesegnet werden. Zu dieser Abänderung hat die große, bisher nicht erreichte Zahl der Confirmanden genöthigt, welche in 39 Knaben und 48 Mädchen bestand und in keiner Weise mehr den erforderlichen Platz in der Kirche gefunden hätte. [Anm.: Das war lange vor der Kirchenerweiterung 1912.] – Aus sehr *wichtigen Gründen der Dicziplin* war bereits im vorletzten Jahr angefangen worden, den Unterricht der Knaben und Mädchen getrennt zu erteilen, wobei der Pfarrer allerdings keine Erleichterung hat, aber trotzdem mehr mit den Kindern erreichen kann, als wenn ihm diese Stunden im Kampf für die Disciplin bei gemischten Geschlechtern und doppelter Zahl der Confirmanden verdorben werden.

1888

Das Drei-Kaiser-Jahr
Heute am 8. März kam die Nachricht von der bedenklichen Erkrankung des unvergleichlichen *Kaisers Wilhelm,* für dessen Geburtstagsfeier am 22. März hier schon Vorbereitungen zu treffen angefangen worden war. Am 9. März war schon um 10 Uhr vormittags die Trauerkunde hier, daß der Kaiser entschlafen sei. Er hatte – außer an Altersschwäche – in den letzten 5 Tagen an Steinkrankheit gelitten. – Am 18. März fand in der Kirche *die Gedächtnisfeier für denselben statt* [Text: I. Chron. 18. 8.], welche aber *nur von der Minderzahl* des Kirchenvorstandes und der Patricier dahier besucht war.
Kaiser Friedrich III., der Sohn des Kaisers Wilhelm, ist nach 99tägiger Regierung an Kehlkopfkrebs nach langem, schwerem Leiden gestorben, und ihm folgte in der Regierung sein dreißig Jahre alter Sohn, *Kaiser Wilhelm II.*, umgeben von den besten Hoffnungen und treuester Anhänglichkeit der deutschen Fürsten und deutscher Nation.

1890
Volksbibliothek
Auf Anregung des Geistlichen nahm zunächst der Schulvorstand die Gründung einer Volksbibliothek in die Hand, die auch gelungen ist. Man wollte damit dem Lesebedürfnis der geringeren Leute entgegenkommen, deren Geschmack in solchen Dingen sich leicht verirrt, wenn er nicht in die richtige Bahn gewiesen wird.

1892
Lesebedürfnis und Zeitungen
Hierüber hatte der Vorstand der Inneren Mission einen Fragebogen an die Pfarrämter versandt, der für Eberstadt folgendes Ergebnis der hier gelesenen *Zeitungen* erbrachte:

	Abonnenten
Tägliche Rundschau Berlin	5
Berliner Morgenzeitung	3
Frankfurter Journal	3
Frankfurter Zeitung	3
Frankfurter Generalanzeiger	56
Frankfurter Kleine Presse	26
Darmstädter Zeitung	6
Darmstädter Täglicher Anzeiger	118
Darmstädter Tagblatt	64
Neue hess. Volksblätter (Darmst.)	93
Bergstr. Anzeigenblatt (Bensheim)	8
Eberstädter Zeitung	16
Eberstädter Wochenblatt	100

An *Kirchenblättern* wurden hier gehalten:

Hessisches Kirchenblatt	67
Württemb. Kirchenblatt	50
Die Kirche	17
Der Arbeitsfreund	60
Blätter aus dem Rauhen Haus	16

1893
Erstes Eberstädter Wasserwerk
Nachdem die Anlage des für Eberstadt zu errichtenden Wasserwerkes planmäßig aufgestellt war und die behördliche Genehmigung gefunden hatte, wurden die zu 75 000 Mark veranschlagten Ausführungsarbeiten einer öffentlichen Submission unterbreitet. Bei der Eröffnung der einlaufenden Offerten – es waren ihrer 14 – blieb die Baufirma Holzmann aus Frankfurt am Main die mindestfordernde. Die Vergebung der Arbeit fand sofort statt, und es wur-

de unter Leitung des Ingenieurs Scharrvogel der Anfang im Woog gemacht. Nachdem dort das Bassin gebaut und die Leitung bis zum Dorf geführt war, begann auch hier in den einzelnen Straßen die Röhrenlegung. Nach Pfingsten wird man mit den Zuleitungen zu den einzelnen Häusern beginnen, von welchen sich *über ⅘ zum Anschluß an die Wasserleitung bereit gestellt haben.* [Anmerkung: Mit dem „*Woog*" ist nicht der Große Woog in Darmstadt gemeint, sondern das Flurstück am hiesigen Steckenbornweg in der Nähe vom Melittabrunnen. Von dorther lief übrigens auch die alte Holzröhren-Wasserleitung in die Eberstädter Brauereien.]

1894
Der Leichenzug mit Prinz Alexander von Hessen
Samstag, den 4. August, in der Frühe gegen 6 Uhr ist die Leiche des weiland Prinzen Alexander von Hessen von Darmstadt nach dem neugebauten Mausoleum auf dem Heiligenberg bei Jugenheim übergeführt worden. Auf Wunsch der hohen Familie „Battenberg" wurde während der Durchfahrt durch unsern Ort mit den Glocken geläutet. Voran zog $\frac{1}{2}$ Eskadron Dragoner, dann kam der Sarg, auf einer Lafette gefahren und mit der hessischen Fahne bedeckt. Hinter demselben folgten zunächst zwei höhere Offiziere und dann die andere Hälfte der Eskadron. Ich hielt es für angezeigt, die Leiche durch den Ort im Ornat zu begleiten; es schlossen sich dem die Mitglieder des Ortsvorstands, des Kirchen- und Schulvorstands, insbesondere der Kriegerverein mit seiner Fahne an.

1895
Berufs- und Gewerbezählung
Bei dieser hat sich ergeben, daß hier vorhanden sind:
Haushaltungen	934
landwirtschafl. Betriebe	488
Gewerbe	191
Einwohnerzahl	4310

1897
Apotheke, Straßenpflasterung, Neubauten
Die Bemühungen um Errichtung einer *Apotheke* sind mit Erfolg gekrönt worden. Die Regierung hat Eberstadt gestattet, eine Apotheke auf eigene Kosten einzurichten, und hierzu ist das Haus des Fabrikanten Klebe in der Obergasse für 22 000 Mark von der Gemeinde angekauft worden, während Herr Klebe künftig das Haus seiner verstorbenen Schwiegermutter, das er neu herrichten läßt, das Jacob Wolffsche Haus in der Heidelberger Straße [heute Hei-

delb. Landstraße 246], bewohnen wird. Zum Verwalter der Apotheke hat die Regierung einen *Herrn Dambmann*, seither Provisor in der Merckschen Hofapotheke zu Darmstadt, ernannt.

Auch ist man gegenwärtig mit der *Kanalisation und Neupflasterung* der Darmstädter und Heidelberger Straße beschäftigt, welches höchst nothwendige Werk die Gemeinde ca. 30 000 Mark kosten wird.

Auch im Privatkreisen herrscht *große* Baulust. Außer einigen Villen im Mühltal wurden ca. 20 größere und kleinere Häuser zum größten Theil auf Bestellung gekauft.

Von Gasthaus zum „Hirschen" zur Privatklinik
Ein Wohnhaus und Klinik hat Herr Dr. Cremer neben das neu erbaute und von Gärtner Seikel angekaufte Haus *auf das Territorium des ehemaligen Gasthauses „Zum Hirsch"* in der Heidelberger Straße gestellt. [Anm.: jetzt Heidelb. Landstraße 295. Diese frühere Privatklinik heißt heute noch das „Landheim". Hier befand sich, wie wir oben sehen, das sehr alte Gasthaus „Zum Güldenen Hirsch", das dem Neubau weichen mußte.]

1898
Thusnelda im Zigeunerwagen
Das erste „außergewöhnliche Ereignis" dieses Jahres ähnelt manchen Vorkommnissen von heute, – oder auch umgekehrt: es zeigt, daß es solches auch früher schon gegeben hat. In Griesheim entdeckt die Tochter eines Einwohners ein junges Mädchen, das seit einem Jahr vermißt wird, *in einem Zigeunerwagen*. Die Entdeckung gelingt „trotz ihrer nachlässigen Zigeunerkleidung und der, unter einem schmutzigen Kopftuch verwahrlosten Gesichtszüge". Es ist Thusnelda N. aus Darmstadt. Als die Polizei das Mädchen fassen will, gehen die Zigeuner auf und davon, werden hier im Mühltal gestellt, entkommen wieder und werden erst bei Reinheim endgültig eingefangen. „In der Nacht vom 14. auf 15. März campierte die ganze Bande im hiesigen Sprungstall, streng von der hiesigen Feuerwehr bewacht." [Anm.: Der „Sprungstall" ist der ehemalige Dragoner-Reitstall und heutiges CVJM-Heim an der Schloßstraße.] Bei der späteren Gerichtsverhandlung stellt sich zur allgemeinen Verblüffung heraus, daß die Zigeuner das Mädchen keineswegs gestohlen hatten. Sie hatte sich ihnen in Zwingenberg freiwillig angeschlossen. So schließt die Geschichte denn auch: „Den Zigeunern wurde ungehinderter freier Abzug bewilligt und das Mädchen seinen durchaus achtbaren Eltern, die 500 Mark für ihre Auffindung ausgesetzt hatten, ausgeliefert. Die 14 Jahre alte Tochter soll sehr heruntergekommen sein."

Gründung einer Krankenschwesternstation
Nach langen Vorverhandlungen kann Pfarrer Zentgraf endlich im Sommer dieses Jahres vermerken: Die Mittel für die Station wurden vonseiten des Ortsvorstandes zur Verfügung gestellt, ein Logis im Hause des Landwirths Gußmann gemiethet, hergerichtet und möbliert, so daß die *Schwester Catharine Stork* am 1. Sonntag nach Trinitatis von Pfarrer Steiner – dem Pfarrer des Elisabethenstifts zu Darmstadt – in der Nachmittagskirche eingeführt werden konnte. Die Schwester hat sich nun im Laufe des Sommers eingelebt und wird bereits als ein Segen empfunden.

Bauthätigkeit
Im Laufe des Jahres sind hier 30 neue Häuser gebaut worden. Auch wurde die Brücke über die Modau in der Langgasse abgebrochen und neu aufgeführt.

1899
Die Officierinnen der Heilsarmee
Auf den 6. März hatte die Heilsarmee aus Darmstadt eine Versammlung in dem Saal des Darmstädter Hofes zu Eberstadt angekündigt. Dort diente ein Frauenzimmer, das mit den „Officierinnen" bekannt geworden war. – So beginnt der Eintrag in der Chronik, den wir, schon der Länge wegen, nicht vollständig bringen können. Es sei deshalb kurz berichtet, daß der Versammlungsleiter, ein Baron Wasmer, den Pfarrer schriftlich eingeladen hatte, unter Beifügung zweier Schriften: „Der beste Weg", von Prof. Dr. Hilty in Bern, und „Warum habe ich brüderliche Gemeinschaft mit der Heilsarmee", von Pfr. Bollier in St. Aubin im Kanton Neuenburg. Der Pfarrer warnte jedoch in der Kirche vor dem Besuch der Versammlung: „Nicht einmal die Neugierde sollte uns treiben, an dem unweiblichen und unbiblischen Auftreten dieser Officierinnen und Soldaten uns zu betheiligen, denn der Apostel wollte nicht, daß ein Weib lehre. In der Gemeinde solle sie schweigen. Auch seien wir Christen deutscher Reformation und wollten darum mit diesem fremdländischen Wesen unverworren bleiben."

Straßenbeleuchtung mit Gas
Am 12. August ist das neuerbaute Gaswerk, das jenseits der Bahnstation Eberstadt–Pfungstadt steht, vollendet worden, so daß die erste Probebeleuchtung stattfinden konnte.
Die Bremer Firma hat das Werk auf ihre Kosten errichtet und läßt sich nur den Gasverbrauch bezahlen. Das Gasglühlicht wird nun künftig unsere Straßen erleuchten.

Das Eberstädter Volksbad
In diesen Tagen ist das nun glücklich errichtete Volksbad eröffnet worden. Bauunternehmer Rückert, Schlossermeister Wolf und Gärtner Mayer haben 3000 Mark durch Antheilscheine aufgebracht, die fehlenden 5800 Mark durch 29 Mitglieder, welche je 200 Mark zeichneten. Für dieses Geld ist an der Modau, unmittelbar vor dem Orte, ein größeres Bassin ausgegraben und cementiert worden, an dessen Rand auf der einen Seite die Auskleideräume und auf der gegenüberliegenden die Badzellen für Einzelbäder errichtet wurden. Alle Woche wird das Schwimmbassin, das fort und fort Zu- und Abfluß hat, gründlich gereinigt. Der Zuspruch ist in Folge dessen auch von Darmstadt her, wo das Baden im großen Woog nicht jedem zusagt, ein nicht geringer. Das Baden aber ist bei der Hitze im Juli eine wahre Erquickung.

Stadtfernsprecheinrichtung
Am 20. August ist die neue Einrichtung (Telephon) in Betrieb genommen worden.

5207 Eberstädter
Die Bürgermeisterei hat veröffentlicht, daß — während im Jahre 1890 hier in 470 Wohnhäusern 3714 Menschen wohnten und im Jahre 1895 in 530 Wohnhäusern: 4363 – jetzt in 635 Häusern 5207 Menschen leben. Dies ist das Ergebnis der Volkszählung vom 1. Dezember.
Die gleichzeitige *Viehzählung* ergab folgende Zahlen: 187 Pferde, 207 Stück Rindvieh, 632 Schweine, 738 Ziegen, 4539 Stück Federvieh und 23 Bienenstöcke.

3. Zwischen der Jahrhundertwende und dem 1. Weltkrieg

1901
Neues Schulhaus, Oberförsterei und Pfungstädter Straße
Die Gemeinde läßt ein neues Schulhaus bauen, das sehr von Nöthen ist, der Fiskus[= Staat] eine Oberförsterwohnung. Ebenso wird *endlich die Pfungstädter Straße gepflastert,* [Anm.: Wie mag es bisher dort ausgesehen haben?]

1902
Der erste kath. Lehrer
In diesem Jahre kam der erste katholische Lehrer, ein Schulverwalter hierher.

Innenhof der ehem. Dörner-Diefenbach'schen Brauerei,
Oberstraße 16 (abgerissen)

„An's Hilße Eck",
ehemalige „Güldene Kron" (abgerissen)

Blick in die Oberstraße 1903

**Das neue Pfarrhaus von 1893 mit Dorflinde,
Brunnen und Kirchenaufgang 1903**

1903

Kirche, Austritt aus derselben
So steht es am Rande. Der Eintrag selbst besagt, daß in diesem Jahre der erste Kirchenaustritt stattgefunden hat, den man hier je erlebt. Es handelte sich um einige gut kirchliche Gemeindeglieder, die zu der „Apostolischen Gemeinde der Irvingianer" überwechselten.

Reichstagswahl
Bei der Reichstagswahl am 16. Juni ist der Socialdemocrat Cramer aus Darmstadt mit 14 147 Stimmen wiedergewählt worden. In Eberstadt fielen auf ihn *638 von 996* abgegebenen Stimmen.

Provinzial-Pflegeanstalt
Am 1. November ist die nach den Plänen des Herrn Oberbaurath Klingelhöffer erbaute Provinzial-Siechenanstalt ihrer Bestimmung übergeben worden.
So beginnt die genaue Beschreibung der neuen Anstalt in unsrer Chronik. Wir entnehmen daraus, *wie modern* – sicherlich für jene Zeit – vor allem die technischen Einrichtungen gewesen sind: Beide Hauptgebäude sind mit Personen- und Speiseaufzug versehen, auch sind außen mehrere Nothtreppen und Leitern angebracht, die im Falle eines Brandes das rasche Verlassen aller Stockwerke ermöglichen. Hinter dem Verwaltungsgebäude liegt das Maschinenhaus. Ein Anbau enthält die Wachküche, die mit *einer Dampfwaschmaschine und einer Centrifuge* ausgestattet ist. Die Maschinen, zwei riesige Expansionsmaschinen, erzeugen Licht und Kraft. Im Kesselhaus sind *2 Flammrohrkessel* untergebracht, für die *Zentraldampfheizung*. Unter dem Maschinenhaus arbeiten die *Elektromotoren,* die die ganze Anstalt mit elektrischem Licht versehen. Hinter dem Kesselhaus befindet sich ein *Desinfektionsraum* mit den nöthigen Apparaten und *die Baderäume.* Vor der Hand sollen ca. 50 Männer und 50 Frauen hier Aufnahme finden. Im Bedarfsfall können *550 Sieche* untergebracht werden. – Diesem Bericht sei noch angefügt, daß das Gelände für die Anstalt samt Garten- und Ackerland mit rund 25 Morgen von der Gemeinde Eberstadt unentgeltlich zur Verfügung gestellt wurde. Der erste leitende Arzt war *Dr. Textor,* der erste Verwalter Herr *Korell.*
[Anm.: Im 1. und 2. Weltkrieg diente die Anstalt als Lazarett. Jetzt ist sie ein Teil der Städtischen Kliniken.]

1904

Kleinkinderschule
Die hiesige Kleinkinderschule, deren seitherige Inhaberin und Leiterin, Frau Graumann, im Herbst vorigen Jahres starb, ist in *die Hände der hiesigen Gemeinde* übergegangen.

[Anm.: Die neu angestellte „Schulschwester" wohnte mit den beiden Krankenschwestern aus dem Darmstädter Elisabethenstift im früheren Mädchenschullehrerhaus gegenüber der Wartehalle. Das Schulgebäude im Hinterhof, das vor etlichen Jahren abbrannte, enthielt zwei Säle, deren einer noch eine Schulklasse beherbergte. Im andern lief der Kindergartenbetrieb mit etwa – 100 Kindern!]

1905
Volkszählung
Bei der Volkszählung am 1. Dezember wurden *in Eberstadt* gezählt:
5620 Evangelische
  448 katholische Christen
    2 Mennoniten
    1 Baptist
    1 Dissident
    1 Religionsloser
  15 Apostolische
  85 Juden
zusammen: 6173 Einwohner.

1906
Friedhofshalle
An Stelle der alten Leichenhalle ist eine neue Friedhofshalle gebaut worden, die zur Rechten die Wohnung für den Friedhofsaufseher enthält. [Anm.: Der öffentliche Leichenzug zum Friedhof ging trotz der neuen Leichenhalle weiter bis lange nach dem 1. Weltkrieg.]

Automobilverbindung Darmstadt–Bensheim
Sie wurde im Frühjahr eingerichtet, doch war die Fahrgelegenheit – 3mal am Tage Darmstadt–Bensheim und zurück – nicht gerade fleißig benutzt, da man mit der Straßenbahn öfter und billiger nach Darmstadt gelangen kann. So ging das Unternehmen auch bald wieder ein. [Anm.: An dieser Stelle wird zum erstenmal in unserer Chronik ein Automobil erwähnt. Es wird aber auch schon als selbstverständlich genommen, daß es dies gibt.]

Kirchenparade am Sedanstag
Da der diesjährige 2. September auf einen Sonntag fiel, hatte der hiesige Kriegerverein eine Kirchenparade angeordnet, der sich die Soldatenkameradschaft und der Turnverein anschlossen. Ich glaube, meine *Predigt über die geistliche Taubstummheit* hat den Männern nicht gefallen. Sie kommen eben auch nur bei solchen Ge-

legenheiten, um zu hören, sind aber sonst taub für Gottes Wort und stumm zum Beten, Loben und Danken. Am Nachmittag hat *Pfarrassistent Wiegand* den Stein geweiht, den der hiesige Turnverein seinem verdienten *Präsidenten und Ehrenpräsidenten Mahr* auf dem Friedhof gesetzt hat.

1907
Katholische Pfarrei
Unter dem 21. April wurde die katholische Pfarrei Eberstadt-Pfungstadt errichtet und mit dem Pfarrer Joseph Daus besetzt. Bis dahin gehörten die hiesigen Katholiken zu Bessungen.

1908
Selbstmorde
Dieses Jahr ist in der Chronik hauptsächlich durch eine Reihe von Selbstmorden gekennzeichnet.

Arbeitslosenhilfe
Da sich bei einer Zählung der hiesigen Arbeitslosen herausgestellt hat, daß ungefähr 300 Menschen ohne Beschäftigung sind, darunter gegen *200 Familienväter,* beschloß der Gemeinderath, noch in diesem Winter den Weg, der von der Ringstraße nach der Kirche geführt werden soll, anlegen zu lassen. Der Weg wird ganz auf Gemeindekosten hergestellt. Soweit er auf den Totenhof [Anm.: heutiger Kirchberg, ehemaliger Friedhof um die Kirche] zu liegen kommt, geht das Eigentum daran an die Ev. Kirche über.

Grundsteinlegung der katholischen Kirche
Am 4. September, nachmittags 5 Uhr, fand die Feier der Grundsteinlegung der katholischen Kirche statt. Als Vertreter des Bischofs war Domkapitular Gödeker erschienen, als Vertreter des Kreisamts Regierungsrath von Werner. Bei einer Nachfeier im Gasthaus zur Eisenbahn redete Rechtsanwalt Geßner von Darmstadt. Mehrere katholische Vereine von Darmstadt waren mit ihren Fahnen erschienen.

Verabschiedung des Pfarrers Zentgraf
Bei der hier am 28. September tagenden Synode des Decanates Eberstadt verabschiedete der Decan den Pfarrer Zentgraf, der in den Pensionsstand tritt und seine Wohnung in Darmstadt nimmt. Mit diesem Eintrag schließt auch dessen Berichterstattung in der Chronik, die jetzt vom Nachfolger, Pfarrer Paul, übernommen wird.

**Neue katholische Kirche St. Joseph,
erbaut 1911**

Alte evangelische Kirche im neuen „Jugendstil" 1912

1911

Amtsantritt
Pfarrer Paul [der, wie hier, von sich selbst stets in der 3. Person spricht] bekam mit großen Schwierigkeiten zu kämpfen, weil für den bisherigen Pfarrassistenten in der unerhörtesten Weise Propaganda gemacht worden war. Der Kirchenvorstand war beim Gr. Oberkonsistorium [Anm.: der damaligen Kirchenleitung] und beim Großherzog selbst für ihn vorstellig geworden, und es war eine Petition mit 2500 Unterschriften dorthin gegangen. Trotz der unendlichen Schwierigkeiten, auf die er vom Gr. Oberkonsistorium aufmerksam gemacht worden war, trat Pfarrer Paul die Stelle an.

Einschub
Soweit Pfarrer Paul. Um der Gerechtigkeit willen möge nun auch die Gegenpartei zu Wort kommen, die damals ein Flugblatt verteilte, das an Deutlichkeit nichts zu wünschen übrig läßt. In der Sache hatte das Ob. Konsistorium recht; es sollte kein unständiger Pfarrer auf seiner 1. Stelle definitiv angestellt werden. Die Behandlung der Angelegenheit aber hat in der wachsenden Arbeitergemeinde verständliche Empörung und Entfremdung ausgelöst, die noch lange nachschwang. Wir zitieren aus dem Flugblatt, das 1910 ausgegeben wurde.

An die Einwohnerschaft Eberstadts
„Es ist Zeit – der Kampf bricht los. Lange genug haben sich die Eberstädter evangelischen Einwohner an der Nase herumführen lassen, lange genug habt ihr vor den hohen und höchsten Behörden im Staub gelegen und gewinselt, jetzt steht, macht Rückgrat und Nacken steif und ruft laut und vernehmlich:
Wir wollen unser Recht.
Wir hatten gehofft und geharrt
und sind getäuscht und genarrt.

Am 22. Oktober 1910 wurde seitens der evangelischen Kirchengemeindevertretung die Bitte an das Großh. Oberkonsistorium gerichtet, den Pfarrassistenten Wiegand, der bereits 6 Jahre zur Zufriedenheit der evangelischen Bevölkerung hier tätig war, nicht zu versetzen, sondern in unserer Gemeinde tätig zu belassen. In der hierauf folgenden Antwort erklärt Großh. Oberkonsistorium, daß bei Einlauf des Briefes die Besetzung der Pfarrstelle durch den Großherzog schon vollzogen gewesen sei. Auch wurde in der Antwort noch mitgeteilt, daß ernste Gründe das Großh. Oberkonsistorium veranlaßt hätten, dem Gesuch der Kirchenverwaltung nicht zu entsprechen. Das Gesuch war unterzeichnet von sämtlichen

Vertretern der Kirchengemeinde. Darauf wurde eine Deputation zum Großherzog geschickt, der gegenüber erklärt wurde, daß in der Angelegenheit nichts mehr zu machen sei und die Versetzung nicht wieder rückgängig gemacht werden könnte.
Soll unsre Meinung gar nichts gelten? Sind wir bloß zum Zahlen da? Warum hat man denn damals, als sich Herr Pfarrer Wiegand fortgemeldet hat, ihn nicht fortgelassen? Warum wird er nach 6 Jahren, wo er sich die Zuneigung der Einwohnerschaft erworben hatte, durch das Konsistorium von hier fortgejagt? Vielleicht deshalb, weil er verschiedenen besseren Herren nicht genug geschwänzelt hat, weil er als Pfarrer für sich das Recht heraus nahm, die Welt nicht durch die kirchliche Brille zu betrachten, sondern sich als Mensch unter Menschen bewegte und *die Not und Entbehrung der Arbeiter aus eigener Erfahrung kennen lernte* und auch Anteil an ihrem Geschick nahm? Oder ist es deshalb, weil er sich erdreistete, den *„Volksfreund" zu lesen?*
Hier wie überall finden wir: Wer die Gewalt hat, verwandelt die Gewalt in Recht und übt seine Gewalt aus und sagt, es sei Recht. Nur wir einfachen, schlichten Leute haben ein anderes Rechtsempfinden und meinen, daß es gerecht gehandelt gewesen wäre, wenn Herr Pfarrer Wiegand nach 6-jähriger Dienstzeit in Eberstadt die freigewordene Pfarrstelle erhalten hätte, um so mehr, als er ja auch nicht mehr so jung ist und auf eine sichere Stelle wohl berechtigten Anspruch gehabt hätte.
Darum ihr Protestanten Eberstadts, zeigt, daß ihr wirkliche Protestanten seid. Besucht die Versammlung, welche in nächster Zeit stattfindet! Die Vertrauensleute.

Einweihung der katholischen Kirche
Am 1. Pfingsttag wurde die neugebaute katholische Kirche eingeweiht. Einladung an den evangelischen Pfarrer war nicht erfolgt. [Anm.: So war das damals noch, im Gegensatz zu heute.]

Familienabend
Am 10. Dezember fand ein evangelischer Familienabend im Saal „Zum Schwanen" statt. Der Gesangverein Germania sang in anerkennenswerter Weise einige Lieder. Pfarrer Paul hielt einen Vortrag über „Religiöse und religionslose Moral?". Die Herren Horan und Pfeiffer hatten einige instrumentale Solo-Vorträge übernommen. [Anm.: Solche Familienabende, die es bisher nicht gab, bürgern sich jetzt ein.]

Einweihung der neuen katholischen Kirche
Die neuerbaute Kirche St. Joseph wurde am 1. Pfingsttag, den 4. Juni, eingeweiht.

1912

Umbau der evangelischen Kirche

Nachdem ein völliger Neubau der alten evangelischen Kirche auf dem Kirchberg sich als untunlich erwiesen hatte, begann ein größerer Umbau nach den Plänen unter Leitung des Kirchenbaumeisters Prof. Friedrich Pützer, Darmstadt. Am 3. Adventssonntag, 16. Dezember, wurde die Kirche wieder bezogen. Die Baukosten betrugen rund 60000,– Mark, die zunächst durch ein Darlehen der Hessischen Landeshypothekenbank gedeckt wurden.

1913

Einweihungsgottesdienst

Der feierliche Festgottesdienst in der umgebauten Kirche fand am 22. Juni statt. Er war bis zur Fertigstellung der Kirchbergsanlagen und der Aufstellung der neuen Orgel hinausgeschoben worden.

1914

Elektrische Straßenbahn

Am 1. Mai geschah die Umwandlung der bisherigen Dampfstraßenbahn in eine elektrische mit Viertelstundenbetrieb. Es war ein großer Rummel, als die letzte „Strampelbahn" abfuhr und die wirklich tadellosen neuen elektrischen Wagen kamen. Bei Jakob Jakob [Oberstraße] wurden von der „Heag" die Bürgermeister und Potentaten der interessierten Dörfer Eberstadt, Seeheim und Jugenheim und der Stadt Pfungstadt bei einem Schinkenbrötchen „eingeseift", damit die Durchführung der Bahn nach Jugenheim und nach Pfungstadt nun auch noch glücken konnte. Die Beendigung der elektrischen Bahn durch Eberstadt selbst bis zum Friedhof wird mit dem 1. Juli erwartet.

2 Autounfälle

Am 4. Juli wurde die Witwe Göbel an der Modaubrücke innerhalb des Dorfes von einem Auto angerannt und tödlich verletzt. Schon zwei Tage später überschlug sich auf der Straße, die nach Malchen führt, ein Auto, als es einem die Straße kreuzenden Niederbeerbacher Fuhrwerk, das obendrein noch einen Anhängerwagen hatte, in der Dunkelheit ausweichen wollte, und begrub den Besitzer und den Chauffeur unter sich. Ersterer, ein Baden-Badener Herr, Inha-

Abbildung rechte Seite:
Letzte Fahrt der Dampfstraßenbahn 1914
mit dem Gemeinderat, Fahrpersonal und Zuschauern

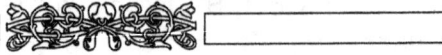

Die neue elektrische Straßenbahn

ber der Zigarettenfabrik Batschari, war tot; letzterer kam mit einem Beinbruch davon.

Mobilmachung und Krieg!!
Am 2. August kam endlich mit dem Mobilmachungsbefehl das erlösende Wort. Abends um 6 Uhr. Größte Begeisterung allenthalben. Um 7.30 Uhr abends Kriegserklärung an Rußland. *Nun, der allmächtige Gott helfe unserem deutschen Volk in diesem fürchterlichen Ringen! Denn ganz Europa scheint zu brennen.*
An diesem Punkte brechen wir ab, um das Weitere einem nachfolgenden Chronisten zu überlassen.

4. Erster Weltkrieg – Nazizeit – Zweiter Weltkrieg – Zusammenbruch

Die folgenden Notizen sind nach der ev. Pfarrchronik, mündlichen Berichten sowie dem Werk „Darmstadts Geschichte", 1980, Roether (Abk.: DaG) zusammengestellt.

1914
Mobilmachung, Kriegsbeginn
Am 2. August kam endlich nach dem Mobilmachungsbefehl das erlösende Wort. Abends um sechs Uhr. Größte Begeisterung allenthalben. Um 7.30 Uhr folgte die Kriegserklärung an Rußland. Nun, der allmächtige Gott helfe unserem deutschen Volk in diesem fürchterlichen Ringen. Denn ganz Europa scheint zu brennen.
Am gleichen Tage: Abendmahlsgottesdienst für die ausrückenden Eberstädter Krieger.
8. August: Dankgottesdienst für die Erstürmung Lüttichs, große Begeisterung in der ganzen Gemeinde.
Kriegsbetstunden, Volksküche, Hilfsausschuß für die Familien der Soldaten, Kriegskrippe, Einrichtung der Prov. Pflegeanstalt zum Kriegslazarett.
Dankgottesdienste: Siege bei Namur, Maubeuge, St. Quentin, – Tannenberg (Ostpreußen), Masuren, Lodz und Przemysl.

Abbildung linke Seite unten:
Glockenablieferung zu Kriegszwecken 1917
Vorne: KV (Kirchenvorsteher) Heinrich Müller, gen. Papiermüller, KV Jakob Hoffmann, Pfarrer Hans Paul, Bürgermeister Karl Schäfer, KV Heinrich Neusel
Mitte: KV Duchardt, Kirchenrechner, Architekt Sauer, Hauptlehrer Müller
Hintere Reihe: Kirchendiener Wilhelm Meckel sowie die KV Adam Leining, Philipp Eysenbach, Peter Gußmann, Ludwig Büttel, Georg Kölsch und Adam Flick.

Es wurde jedesmal nach einer Siegesmeldung der abendliche Gottesdienst durch eine am Kirchturm herausgehängte Fahne und Glockenläuten angezeigt. Die Gottesdienste wurden über die Maßen gut besucht.

1915
Siegesfeiern: Warschau, Invangorod (800 Gottesdienstbesucher), Brest-Litowsk, Belgrad. Sammlungen: für die Kaiserspende deutscher Frauen (254,18 Mark), Hinterbliebene der Gefallenen (3000,– Mark), deutsche Kriegsgefangene in Rußland (400,– Mark), Weihnachtsliebesgaben für die deutschen Truppen (1326,35 Mark) und das Rote Kreuz (1484,– Mark).

1916
Volksspende für die deutschen Kriegs- und Zivilgefangenen: 793,15 Mark. Goldabgabe („Gold gab ich für Eisen"), Erlös: 1200,– Mark. Kollekte für die Kriegsbeschädigten: 50,19 Mark. Kollekte am Totensonntag für die Hinterbliebenen der Gefallenen: 82,07 Mark. Am 2. Advent: Siegesfeier zur Einnahme von Bukarest.

1917
Februar: Die Lebensmittel werden immer knapper. Die gelieferten Kartoffeln sind zum Teil faul. Sie werden durch Unterkolrabi und Gelberüben gestreckt. An Fleisch wird jeden Samstag ein Quantum von 200–250 gr. pro Kopf für die Woche verabfolgt, an Butter je 125 gr.
10. März: Einführung von Milchkarten. Seit Mitte April: nur noch 3 Pfund Brot pro Woche, statt seither 4 Pfund.

Ablieferung der Glocken
Am 9. Juli wurden die beiden kleinen Glocken im Kirchturm von der Militärbehörde beschlagnahmt und abgenommen [s. Abbildung Seite 296].
[Anm.: Die alte Glocke „St. Anna" von 1512 blieb wegen ihres hohen Alters im Turm zurück.]

1918
Lebensweise
Im allgemeinen war die Ernährung im Frühjahr besser als 1917. Vor allem fehlte es weniger an Kartoffeln. Fleisch gab es hingegen durch mehrere Wochen überhaupt nicht. Die Brotration betrug anfangs 200 gr. pro Person in der Woche, seit 16. Juni nur noch 1600 Gramm.
Das Volk trägt die Entbehrungen, weil es nichts anderes mehr weiß. Der lange Krieg hat müde und auch mürbe gemacht. Die Got-

tesdienste sind besucht, wie in den satten Friedenszeiten, daß heißt: schlecht.

Verschärfung der politischen Lage
Durch den für uns gänzlich unerwarteten überstürzten Rückzug unsrer Truppen in Flandern wurde in der Heimat tiefe Niedergeschlagenheit hervorgerufen. Schon wurden hie und da Drohungen laut. Das Wort „Revolution" war noch unausgesprochen, aber es lag in der Luft. Als das Waffenstillstandsangebot von deutscher Seite erfolgte, ging es wie ein Aufatmen durch das Volk: „Wenn nur erst mal das Morden selbst aufhört! Alles andere ist zunächst nicht die Hauptsache."

Revolution
Die Revolution am 9. November kam überraschend schnell. In der Nacht hörten wir in Darmstadt schießen, dachten aber an einen Fliegeralarm. Am Morgen wurden wir die wahre Ursache gewahr: die Truppen in den Darmstädter Kasernen hatten die Revolution ausgerufen.
Am Samstag Nachmittag wurde ich [sc. Pfarrer Paul] Zeuge der feierlichen Proklamierung Hessens als Republik und der Absetzung des Großherzogs. Vom Balkon des Ständehauses in Darmstadt geschah vor versammeltem Publikum die Proklamierung.

In Eberstadt
Hier vollzog sich der Umsturz ohne jegliches Blutvergießen. Wir sahen nur ab und zu einen bewaffneten Reiter (Eberstädter Burschen der miesesten Sorte) durch die Straßen sausen und sich wichtig machen.

1919
Regierungsbildung (nach DaG)
Das politische Leben stand schon ab Ende November 1918 im Zeichen des Wahlkampfes. Erstmals waren hier auch die Frauen wahlberechtigt. Am 19. Januar wurde für die Weimarer Nationalversammlung und eine Woche später für die hessische Volkskammer gewählt, wobei die Sozialdemokraten die höchste Stimmenzahl erhielten. Bei der Reichstagswahl betrug dann deren Anteil in Arheilgen und Eberstadt über 60 %. In der verfassunggebenden Volkskammer verfügte das Ministerium Karl Ulrichs über 57 von 70 Mandaten. Diese Koalition sollte den Volksstaat Hessen bis 1933 regieren.
Die Wohnungsnot stieg in Eberstadt bedenklich. Sie zwang allenthalben zu Zwangseinmietungen.
Bei der Gemeinderatswahl im Juni wurden hier 7 Mehrheitssoziali-

sten, 5 Demokraten und 3 Deutsche-Volksparteiler gewählt. Der seitherige Bürgermeister Karl Schäfer wurde ohne Gegenkandidaten wiedergewählt.

Friedensschluß
Als der schmähliche Friede von Versailles am 29. Juni unterzeichnet war, predigte Pfarrer Paul im folgenden Gottesdienst über Psalm 18, 36: „Wenn du mich demütigst, machst du mich groß".

1920
Glockenweihe
Am 18. Juli wurden die neuen Glocken geweiht. Kostenpunkt: 60 680,– Mark (Inflationsgeld). Der Gottesdienst war mit 800 Teilnehmern überfüllt.

1922
Zunehmende Teuerung
Mitte Oktober stand der amerikanische Dollar auf ca. 3000,– Papiermark. Es kosten: 1 Pfd. Rindfleisch: 450,– Mark, Schweinefleisch: 500,– Mark, 1 Zentner Kartoffeln: 450,– Mark. Das Jahr schloß mit den trübsten Aussichten. Die Besetzung des Ruhrgebietes durch die Franzosen wurde stark befürchtet. Gott helfe uns bald aus dem Elend und Wirrwar heraus!

1923
Mitte Januar geschah die unerhörte Gewalttat Poincarés: die Besetzung des Ruhrgebietes durch Frankreich.
Das Jahr schloß damit, daß 1 Billion Papiermark = 1 Goldmark war. Aber trotz aller trüben Aussichten hofft man auf die Stabilität der neuen Rentenmark.

1925
Eberstadt zählt 8097 Einwohner. Die Arbeitslosigkeit steigt und steigt.

1928
Am 12. Januar wurde Dr. Curt Uecker zum ersten Eberstädter Berufsbürgermeister gewählt.

1929
In Darmstadt und Eberstadt wird der erste SA-Sturm aufgestellt. Erste gewalttätige Auseinandersetzungen zwischen „Braunen" und „Roten" ereignen sich in Ober-Ramstadt und Eberstadt (DaG).

1930

Arbeitslosigkeit
Die wirtschaftlichen Verhältnisse bringen der Landwirtschaft, dem Handwerk und der Geschäftswelt große Not und haben eine erschreckende Arbeitslosigkeit zur Folge. Man fragt sich, wohin das alles noch führen soll.

Reichstagswahl
Die Wahl vom 14. September brachte für Eberstadt folgendes Ergebnis:

Sozialdemokraten	2362 Stimmen
Zentrum	183 Stimmen
Kommunisten	304 Stimmen
Deutsche Volkspartei	366 Stimmen
Nationalsozialisten	1323 Stimmen

Daneben gab es noch zehn Splitterparteien mit zwischen 2–118 Stimmen.

Friedhofshalle
Am 22. Oktober wurde die neue Friedhofshalle ihrer Bestimmung übergeben. Damit fanden die seitherigen „Leichenzüge" durch die Ortsstraßen ihr Ende.

1930
Am 7. Dezember wurde das neue evangelische Gemeindehaus unterhalb der Kirche eingeweiht.

1932

Winterhilfsausschuß
Auch in diesem Jahr wurde ein solcher Ausschuß gebildet von der Arbeiterwohlfahrt (Gemeinderat Pritsch), Caritas (Pfr. Braun), Innere Mission (Pfr. Weißgerber), Rotes Kreuz (Eisenb. Sekr. König), Israelitische Wohlfahrt (Kaufmann Max Kahn) und „Fechtverein Waisenschutz" (Oberkontrolleur Platt).

1933 (nach DaG)
Am 20. Februar kam es zu SA-Überfällen auf jüdische Geschäfte in Eberstadt und am Tage des Reichstagsbrandes zu blutigen Prügeleien mit Darmstädter und Eberstädter Hitlerjungen und SA-Leuten in Griesheim, Ober-Ramstadt und Lindenfels.

Reichstagswahl
Diese Wahl hatte in Eberstadt folgende Ergebnisse: Nationalsozialisten: 2600 Stimmen, Sozialdemokraten: 1800 Stimmen, Kommunisten: 550 Stimmen.

Am 9. März (4 Tage nach der „Machtergreifung") wurde bei den Führern der hiesigen Arbeiterschaft eine Razzia durchgeführt. Am 6. Mai wird der Gauleiter der NSDAP Sprenger zum „Reichsstatthalter in Hessen" ernannt (DaG).

1934
Am 14. März wird Otto Wambold als Oberbürgermeister in Darmstadt eingesetzt, „ ein im Grunde biederer, für seine Vaterstadt engagierter Mann, dem auch die Gegner den guten Willen attestieren mußten" (DaG).

1937
Die Eingemeindung
Unterm 6. Januar verfügt Jakob Sprenger die Eingemeindung von Arheilgen und Eberstadt nach Darmstadt. In den erhaltenen Eberstädter Gemeindeakten wird nachdrücklich unterstrichen, daß dies gegen den Willen der Bevölkerung geschah.
Eberstadt zählt um diese Zeit 8923 Einwohner.

1938
Brandstiftung an den Synagogen
„Spätestens die gegen die Beteiligten (nach 1945) durchgeführten Prozesse haben erwiesen, daß es sich hier um eine generalstabmäßig geplante Unternehmung der Darmstädter SA-Standarte handelte, die mit ihren zivilkostümierten Einsatztrupps in jener Nacht – vom 8. auf 9. November – in Darmstadt sowie Eberstadt, Arheilgen, Gräfenhausen, Messel, Lindenfels und anderen Orten insgesamt 34 Synagogen und jüdische Schulen angesteckt und zerstört hat." (DaG)

Zur Geschichte der Eberstädter Synagoge sei angemerkt, daß diese im Jahre 1914 erbaut und am 4. September eingeweiht wurde. Vorher stand hier das alte Eberstädter Rathaus von 1564, das die Gemeinde im Jahre 1847 an die jüdische Religionsgemeinde verkauft hatte. Es diente danach als Synagoge, Schule und Wohnung des Religionslehrers. Heute erinnert eine Gedenktafel an die 1938 schandbar zerstörte Synagoge (Platz an der Modaubrücke, Heidelb. Landstraße).
Dieser Zerstörung folgten ebenso gemeine Übergriffe gegen jüdische Einwohner, darunter auch den Vorsteher, den oben genannten allseits geachteten Kaufmann Max Kahn.
Bis zum Jahre 1941 gelang – dank gemeinsamer Zusammenarbeit und ausländischer Hilfe – vielen jüdischen Bürgern noch die Auswanderung nach New York, New Orleans und Portland, wie die Ab-

meldelisten zeigen. Die gleichen Listen enthalten aber danach mehr und mehr als „Zielort" die Schreckensnamen von Buchenwald, Theresienstadt, Sachsenhausen und Auschwitz (DaG).

1939
Am 1. September begann der 2. Weltkrieg. Im Gegensatz zu 1914 war diesmal von „Begeisterung" nichts zu spüren.
In den ersten Monaten gab es gegenüber den Kirchen und christlichen Einrichtungen seitens der NSDAP eine Art „Burgfrieden". Das hielt jedoch nicht lange an. Dann gingen die heimtückischen Schikanen und Nachstellungen, wie gewohnt, weiter.

1944
Das Inferno über Darmstadt
Gegen Eberstadt kam es zu einem Fliegerangriff am 27. August, der hauptsächlich die Kirchstraße (heute Alte Eberstädter Kirchstraße) mit 5 Todesopfern und zahlreichen zerstörten Häusern traf. Der Ort selbst blieb jedoch, obwohl zwischen der Stadt im Norden und der Muna (Munitionsanstalt) im Süden gelegen, bis zum Kriegsende verschont. Um so schauriger brach am 11. September das Inferno über Darmstadt herein. Eine ausführliche Schilderung findet sich in DaG.
Zahlreiche Tote aus der Bombennacht wurden auf dem hiesigen Friedhof begraben. Zugleich fanden Hunderte von Überlebenden bei Verwandten und Bekannten in Eberstadt eine erste Zuflucht und Unterkunft. Die Hilfsbereitschaft war in diesen Tagen spontan und allgemein.

1945
Kriegsende
Nachdem am 21. März noch die Muna durch Fliegerbomben zerstört war, rasselten am 24. März die ersten amerikanischen Panzer von Pfungstadt her durch die leeren Straßen. Die seitherige Führerschicht hatte sich vorher abgesetzt. Die unsinnigen Panzersperren waren von den Einwohnern beseitigt worden. Vom Kirchturm flatterte ein großes Tischtuch aus dem Pfarrhaus als weiße Fahne. Die Leute saßen in den Kellern, aber es ist nichts Sonderliches passiert.

5. **Hoffnungsvoller Neuanfang**

Der Stadtteil Eberstadt ist bis etwa 1944/1945 mit seiner Ausdehnung und den Geschehnissen in ihm noch einigermaßen überschaubar. Von da an ändert sich das Bild grundlegend, was sich schon im Anstieg der Bevölkerungszahlen von rd. 9000 auf 22 000 Einwohner dokumentiert. Dementsprechend müssen wir hier von der chronikmäßigen Darstellung abgehen und uns mit einer kurzen Übersicht begnügen, um den Rahmen dieses Buches nicht über Gebühr zu sprengen.

Noch im März 1945 setzt die US-Militärregierung den Rechtsanwalt Ludwig Metzger in Darmstadt als Oberbürgermeister und den Schlosser Fritz Dächert in Eberstadt als Leiter der Bezirksverwaltung ein.

Fritz Dächert versieht sein gewiß nicht leichtes Amt als „ungekrönter Bürgermeister" mit Tatkraft, Vernunft, Toleranz und einer guten Portion vorwärtsdrängender Dickköpfigkeit zum Wohle der Gemeinde. Die vordringlichste Aufgabe ist die Überwindung der Wohnungsnot, zu deren Vergrößerung noch die Besatzungsmacht ihr Teil beiträgt, indem sie die gut erhaltenen Häuser in der Villenkolonie kurzerhand für eigene Zwecke beschlagnahmt. Dazu kommt der große Strom der Vertriebenen aus dem Osten, hier vor allem zahlreiche Sudetendeutsche. So entsteht im Einsatz vieler Helfer als „sozialer Wohnungsbau" die erste große Neusiedlung an der Stelle der ehemaligen Munitionsanstalt (Muna).

Eine nicht geringe Bedeutung kommt einer „neuen Mitmenschlichkeit" im Gegensatz zu dem endlich ausgestandenen Naziterror zu. Äußerlich zeigt sie sich darin, daß die Vereine sich wieder zusammenfinden, Jugendgruppen sich bilden, neue politische Aktivitäten sich entfalten. Im August 1945 gründen sich neu die SPD, die Deutsche Aufbaubewegung (Vorläuferin der CDU), die KPD und (etwas später) die LDP, heute FDP.

Nicht zuletzt bilden sich allerlei „Eberstädter Besonderheiten" heraus, von denen die folgenden genannt seien.

Die „Rathausabende" im ehemaligen Sitzungssaal des Gemeinderates versammeln die Jugend zu Vorträgen aller Art (von Bernhard Grzimek bis Martin Niemöller), zu langen Aussprachen, zu Musikvorträgen und gemeinsamem Singen. Die Abende werden getragen von den vier Gruppen: Bündische Jugend (die „Frankensteiner"), Evangelische Jugendgemeinde, Naturfreundejugend und „Quickborn", Katholische Jugend.

Eine nicht alltägliche Gemeinsamkeit erweist sich in der inzwischen zur festen Tradition gewordenen Friedhofsfeier zum Gedenken der Gefallenen, der Opfer des Naziregimes und der Verstorbenen aus der Gemeinde am Totensonntag. Sie wird von der Bezirksverwaltung zusammen mit den evangelischen und katholischen Pfarreien veranstaltet. In dieser wie in vielen andern Neueinrichtungen tut sich zugleich das neu erwachte ökumenische Bewußtsein kund.

Ein beredtes Zeichen wird dafür die Beisetzung des ersten Leiters der Bezirksverwaltung, Fritz Dächert, am 12. November 1963. Er wurde in der Dreifaltigkeitskirche aufgebahrt, deren Kirchenvorsteher er war. Die Liturgie versieht der zuständige evangelische Pfarrer. Zu Herzen gehende Gedenk- und Dankesworte sprechen der Oberbürgermeister der Stadt, Dr. Engel, und der katholische Pfarrer von St. Joseph, Geistl. Rat Anton Mohr. Von der Kirche aus wird der Verewigte in einem langen, stillen Zug zum Friedhof geleitet.

Das gesellschaftliche und kulturelle Leben wird in seinen vielfältigen Erscheinungen von den Vereinen getragen. Auch hier hat Eberstadt wieder eine Besonderheit: Die „Interessengemeinschaft der Eberstädter Vereine", die auch in der anstehenden Zwölfhundertjahrfeier eine gewichtige Rolle spielt.

Zum großen Volksfest wird die alte „Kerb", die Kirchweihe, wieder erweckt – mit der Aufrichtung des Kerwebaumes und Bieranstich durch den Bezirksverwalter am Samstag, dem inzwischen voll integrierten Festgottesdienst am Sonntag in der alten Kirche, (an dem sogar die „Kerweburschen" teilnehmen) und dem gleichzeitigen Gedenken in der Kirche St. Joseph; der große Festzug am Nachmittag wie auch der „Kommunale Frühschoppen" am Montagvormittag schließen das Fest ab. Der Frühschoppen vereint viele führende Persönlichkeiten der Stadtverwaltung mit den hiesigen Bürgern zum offenen Gespräch.

In alledem (und noch vielem mehr) ist die starke Eigenständigkeit zu erkennen, die von der langen Eberstädter Geschichte geprägt ist, zugleich aber auch nach neuen Formen strebt.

Statistische Notizen

Die folgenden Zahlen vermitteln einen guten Ein- und Überblick in die Entwicklung Eberstadts.

Gemarkung Eberstadt: rd. 1800 ha, etwa 15 % des Stadtgebietes.

Hof- und Gebäudeflächen	306 Hektar
Straßen etc.	196 Hektar
Gärten und Ackerfeld	436 Hektar
Wald	795 Hektar

Bevölkerung

1791 (n. Pfr. May)	1000 Einwohner
1857	2500 Einwohner

1885	3700 Einwohner
1900	5200 Einwohner
1905	6200 Einwohner
1925	8000 Einwohner
1946	12000 Einwohner
1961	16000 Einwohner
1976	23000 Einwohner
1981	21800 Einwohner

NB. Die heutige Bevölkerung beträgt rd. 16 % der Gesamtbevölkerung Darmstadts.

Arbeitsstätten

Produz. Gewerbe	167 =	2100 Beschäftigte
Private	419 =	1550 Beschäftigte
Sonstige	37 =	790 Beschäftigte

Landwirtschaftliche Betriebe

1895	488
1978	23

Viehhaltung

	Pferde	Rindvieh	Schweine	Ziegen
1883	163	372	427	686
1900	187	207	632	738
1979	45	98	150	

Kraftfahrzeuge 1978

Motorräder	195
Pkw	8199
Lkw	259
Sonstige	107
	8760

Friedensglocken läuten den Sonntag ein

Im Jahre 1949 kam die Dreifaltigkeitskirche auf eigenartige Weise zu drei neuen Glocken. Das wichtigste Material hierzu fand sich in den Bunkern der zerstörten Muna: eine große Zahl von Zündern aus Kupfer, die nicht mehr zu Granaten verwandt worden waren. Jetzt wurden Friedensglocken daraus!

Diese Glocken wie später auch die neuen Geläute der sämtlichen hiesigen Kirchen wurden auf die noch vorhandene alte Glocke „St. Anna" von 1512 eingestimmt. Beim Sonntagseinläuten erklingen sie alle 22 zur gleichen Zeit, und St. Anna gibt den Ton an.

Unter solchen Zeichen der Erinnerung und der Hoffnung sei dieses Buch beschlossen.

Literatur und Quellen

Adam, Ernst: Vorromanik und Romanik, Umschau-Verlag, Frankfurt 1968
Au, von der, Hans: Flurnamenbuch Eberstadt, Gießen 1941; Eberstädter Naturpfad, Darmstadt 1953.
Beiträge zur Geschichte des Klosters Lorsch, Lorsch 1978.
Beiträge zur Erforschung des Odenwaldes p. p., Breuberg-Bund, Neustadt 1980.
Demandt, Barbara: Mittelalterl. Kirchenorganisation in Hessen, Marburg 1966.
Demandt, Karl E.: Geschichte des Landes Hessen, 2. Aufl. Kassel 1972; Die polit. u. kulturellen Voraussetzungen der hess. Residenz Darmstadt, Darmstadt 1968; Die Orientfahrten der Katzenelnbogener Grafen, Archiv f. hess. Geschichte und Altertumsforschung (AHG) 33/1975.
Dieffenbach, Ferdinand: Das Großherzogtum Hessen, Darmstadt 1883.
Diehl, Wilhelm: Hassia sacra Bd. II, V u. XII, Darmstadt.
Dietrich, Joseph, Pater: Bericht einer Reise zum Frankf. Büchermarkt 1684, Benziger Verlag, 1967.
Franz, Eckhart G.: Darmstadts Geschichte, Eduard Roether Verlag, 1980
Friese, A.: Zwei spätmittelalterliche Seelbücher, Archiv f. Mittelrheinische Kirchengeschichte, Speyer 1955.
Gensicke, H.: Untersuchungen zur Genealogie der Herren von Frankenstein..., Jahrbuch d. hess. kirchengeschichtl. Vereinigung, Darmstadt 1963.
Glöckner, K., u. K. J. Minst: Lorscher Codex Deutsch, Verlag „Laurissa", Lorsch 1968.
Gockel, Michael: Karolingische Königshöfe am Mittelrhein, Vandenhoek und Ruprecht, 1970.
Gunzert, Walter: Die Große Landgräfin, Darmstadt 1961.
Haupt, Georg: Die Bau- und Kunstdenkmäler der Stadt Darmstadt, Textband, Eduard Roether, Darmstadt 1952.
Heer, Friedrich: Karl der Große und seine Welt, Fritz Molden-Verlag, 1973.
Kruse, Irmgard: Goethes Eberstädter Tagebuchblatt, Darmstadt 1971.
Lorscher Codex Deutsch: K. Glöckner und K. J. Minst, Verlag „Laurissa", Lorsch 1968; Urkunde Eberstadt v. 1. 9. 782, Bayr. Hauptstaatsarchiv München, Abt. I, Bestand Mainz, Lit. 19, Nr. fol. 40.
Möller, W.: Stammtafeln westdeutscher Adelsgeschlechter im Mittelalter, 1922 ff.; Möller u. Krauß, Frankenstein, Darmstadt 1925.
Müller, Adolf: Aus Darmstadts Vergangenheit, Darmstadt 1929.
Müller, Wilhelm: Hessisches Ortsnamenbuch, Darmstadt 1937.
Pörtner, Rudolf: Die Erben Roms, Econ-Verlag, Düsseldorf-Wien 1964.
Reinowski, Hans J.: Ja, wir lieben dieses Land, Rebe-Verlag, Darmstadt.
Sabais, H. Winfried: Darmstädter Ansichten, Darmstadt 1972.
Schreyer, Ferdinand: Denkschrift zum 50. Jahrestag der Eröffnung der Main-Nekkar-Bahn, Darmstadt 1895.
Scriba, H. E.: Die Herrschaft Frankenstein, AHG 1851 und 1853.
Staab, Franz: Untersuchungen zur Gesellschaft am Mittelrhein in der Karolingerzeit, Franz Steiner-Verlag, Wiesbaden 1975.
Stockhausen v., Juliana: Schloß Eberstadt, Heimatheft Eberst. üb. Osterburken Land.
Wolfert, Alfred: Die Wappen der edelfreien Familien des Odenwaldes, Breuberg-Bund, Sonderheft 1972.

Bildnachweis

S. 11/12   Bayer. Hauptstaatsarchiv München.
S. 15   Friedrich Heer: Karl der Große und seine Welt. Verlag Fritz Molden, Wien, 1977.
S. 18   Ernst Adam: Vorromantik und Romantik. Umschau-Verlag, Frankfurt, 1968.
S. 21   desgl.
S. 24   siehe S. 15.
S. 42   Eduard Roether Verlag, Darmstadt.
S. 47   Verlag Wolfgang Weidlich, Frankfurt.
S. 57   Skizze von Peter Schmuck.
S. 58   Wilh. Gerling sen., Dst.-Eberstadt.
S. 67   Aquarell von Hans Ludwig Hauß nach einem Gemälde von Heinrich Hoffmann.
S. 69   Hess. Staatsarchiv Darmstadt.
S. 71   Stadtarchiv Darmstadt.
S. 74   Ernst Selinger, Darmstadt.
S. 87   Frankensteinisches Archiv Ullstadt. Mikrofilm: Hess. Staatsarchiv Darmstadt.
S. 99   M. Basilea Schlink, Sinai heute. Evang. Marienschwesternschaft, Dst.-Eberstadt.
S. 116/117   Photo Richard Smith, Dst.-Eberstadt, 1982.
S. 123   Hess. Staatsarchiv Darmstadt.
S. 154   Eduard Roether Verlag, Darmstadt.
S. 174–177   Reproduktionen: Photo Richard Smith, Dst.-Eberstadt.
S. 181   Reproduktionen: Photo Richard Smith, Dst.-Eberstadt.
S. 221   Photo: Darmstädter Tagblatt (Das Haus wurde inzwischen abgerissen).
S. 231   Aquarell von Heinrich Zernin.
S. 233   Kopie von Heinrich Zernin.
S. 235   Stadtarchiv Darmstadt.
S. 253   Nachlaß Best, Stadtarchiv Darmstadt.
S. 258/259   Im Besitz von Fritz Pfeiffer, Dst.-Eberstadt.
S. 266   Im Besitz von Gretel Laun, Dst.-Eberstadt.
S. 273   Im Besitz von Karl Sorg, Dst.-Eberstadt.
S. 278 oben   Im Besitz von Gretel Laun, Dst.-Eberstadt.

Dieses Buch erschien 1982 zur 1200-Jahrfeier von Eberstadt im Eduard Roether Verlag, Darmstadt. Zu ihrem 25-jährigen Bestehen gibt die Buchhandlung H. L. Schlapp in Darmstadt-Eberstadt diesen Nachdruck heraus.
Das Foto auf Seite 2 zeigt den Autor Pfarrer Wolfgang Weißgerber bei der Buchpremiere der ersten Auflage am 6. August 1982 in der Buchhandlung H. L. Schlapp in Darmstadt-Eberstadt (Foto: Jürgen Schmidt).
Umschlaggestaltung: Karl Horst Passet, Seeheim-Jugenheim

ISBN 3 87704 057 8

Alle Rechte vorbehalten.
© 2004 H. L. Schlapp Buch- und Antiquariatshandlung GmbH & Co KG, D-64297 Darmstadt-Eberstadt.

Herstellung: Books on Demand GmbH, Norderstedt.
Dies ist ein Book on Demand und kann bei Libri, Georg Lingenbrink GmbH & Co KG über den Buchhandel oder über das Internet bestellt werden.

www.ingramcontent.com/pod-product-compliance
Lightning Source LLC
Chambersburg PA
CBHW052053230426
43671CB00011B/1896